唐君毅全集卷六

中國人文精神之發展

臺灣學生書局印行

目錄

中國人文精神之發展

第一部

第二部

第三部

柒、百年來中國民族之政治意識發展之理則……一五五

第四部

第五部

中國人文精神之發展

本書於一九五七年由香港人生出版社初版，一九七四年經作者校訂，交臺灣學生書局重版，至一九七九年三月，共發行五版。全集所據爲學生書局版，並經全集編輯委員會重新校訂。

重版序

本書於民國四十六年由香港人生出版社出版，初版售盡後，常有人來函要買此書。但因我在此十數年中之工作，皆在純粹之學術研究與教學方面，對一般社會文化之問題，較少論述；覺此書亦無重版之必要，故迄未加以重版。但最近二三年，我對中國與世界之社會文化問題又比較關心；覺我前此之論述，仍對當今及未來之時代，尙有其意義與價值。故一方決定將二十年前由新亞研究所出版之人文精神之重建一書，由新亞研究所重印；並將此十五六年來論一般之人文學術及社會文化之文，輯爲一册，名中華人文與當今世界，交臺灣之學生書局印行；同時再將此書亦交學生書局重版。因我個人之思想學問二十年來，亦有若干進步與發展，及在寫作時所感受之時代問題不同，故三書內容，自亦有異。然根本思想方向，則前後一貫。此書中對種種問題所持之論點，亦大多仍是我現在之所持。我想對於他人之關心此種種問題者，仍當有多少啓發開導之作用。故今除校正少數錯字外，照舊重印。

一九七四年三月十日唐君毅於南海香州。

本書旨趣

(一)本書正名中國人文精神之發展，別名科學、民主建國、與道德、宗教。正名乃由本書第一篇之題目來，但亦與本書內容相應者。

(二)本書乃繼拙著人文精神之重建而作。其中心思想與該書無異，亦同爲由若干一般性論文合成，而非專門之學術著作。諸文先曾發表于民主評論、祖國、人生等刋，今皆略有改正，特此致謝。

(三)本書與該書不同者，在該書乃泛論人類人文精神之重建。而本書則注目在中國之人文精神之今後之發展。該書歸結於說明一般社會性及世界性之文化理想，如自由民主與和平悠久之類。而本書之言自由民主，則扣緊中國之建國問題言。至對如何發展中國人文精神，以與科學、民主建國、及宗教思想相融通，以重建吾人之道德生活，更爲本書所特用心之處。故以內容言，前書所涉及者較廣博。而本書則較能深入于今之中國人之文化精神生活之內部，而討論其問題。

(四)本書第一篇，總論中國過去人文精神之發展之諸階段，意在指明中國過去之人文思想之成就。在本文之結論中， 兼畧說明中國人文精神之發展至今日， 理當求與世界之科學思想民主政治之思想，及宗教思想有一融通。

(五)本書第二篇第三篇，論西方人文思想之發展。意在以西方人文思想與中國人文思想相照映比較，以見中國人文思想尚有進于西方之人文思想者在。

（六）本書第三篇至第六篇，論科學與中國文化之關係。意在一方說明西方之科學精神與中國之人文精神之不同，因而二者可相衝突，一方再進而說明衝突之可化除。此化除衝突之道，則除確認人之仁心為科學的理智之主宰外，尚須確認科學理智之發展，對于中國文化之發展，及人之仁心之流行開拓，所表現之價值。由此而可兼肯定純理論的科學與實用科學之價值。

（七）本書第七至第十篇，論百年來中國人求民主建國，所經之歷史上之諸曲折，及思想上之諸歧途，而歸結于一種依個人理性心靈、道德心靈，求客觀化其自己，以建立民主國家之政治思想之說明。即以此思想，融解中國重德性之人文思想，與西方重個人自由、重國家、重社會組織之各種之政治思想之衝突，而使中國人今後之努力于民主建國之事，為成就中國人文精神之發展之事。

（八）本書第十一篇至第十四篇，論數十年來以中西文化觀念之衝突而生之中國知識分子道德之墮落，遂重提出中國固有之反求諸己之道德精神，加以發揮；進而說明如何將此反求諸己之精神之內涵，加以擴大，使一切似有求于外之科學哲學中之理智精神、及宗教生活、民主政治生活，與多方面發展之社會文化生活，皆可與此精神不相悖，而皆為助成此精神之擴大，亦兼為此精神之所主宰運行之地，由此以建立一剛健獨立而內恕孔悲的道德心情。

（九）本書第十五篇至十六篇，則在說明由人之道德心情之充量發展，或由人之求價值之生發與實現之超越的完滿與悠久之要求，人必有宗敎性之信仰。由是而吾人必須肯定宗敎之價值。然對于今存于中國之各種宗敎之衝突，則吾人必須有一疏解之道。而中國自昔儒者之敎中所重之三祭，卽當爲純粹之中國人與世界不屬其他宗敎之人，所以寄其宗敎性之信仰者。此三祭之價值，亦正有高于其他宗敎者在。此文之肯定宗敎之價值，兼發揮中國儒者之敎中，所重之三祭之價值，亦卽所以謀中國人文思想與宗敎之融通，而發展中國人文思想，以與超人文之境界接觸者。

（十）總而言之，本書宗旨，不外說明中國人文精神之發展，係于確認中國人德性生活之發展，科學之發達，民主建國之事之成功，及宗敎性信仰之樹立，乃並行不悖，相依爲用者。而中國數十年來流行之思想，盖罕能灼見其所以能並行不悖，而相依爲用之故。于是言科學民主者，絀道德宗敎以爲虛玄。言宗敎道德者，以言科學民主者，皆卑無高論。而言科學者，則重理論者與重實用者相爭。言民主者，則重個人者與重羣體者相謗。言道德者，則重內心生活、個人修養者，與重向外奮鬭，成就社會事業者相違。言宗敎者，則異敎相譏，異端相斥。是皆莊生所云：「譬諸耳目口鼻，皆有所明，不能相通」之見。道術既爲天下裂，世之爲政施敎者，乃多往而不返，歸于鹵莽滅裂，而生民道苦。區區之意，凡遇此類之偏執矛盾之見，皆在更高之勝義上立根，加以疏解。疏解之道，則要在分別就問題之所在，順偏至之論之所極，以見其非會偏歸全，不能解決問題。

（十一）本書之各類文，分別對一問題而作。在吾作一類之文時，心中卽只有此一類問題，而暫忘他類問題之存在，亦暫不問，吾在他文之所說者爲何。然寫成之後，乃自然發現諸類文義理之相配合。故讀者讀任何一類文時，亦宜暫忘其他文所說，方更能與我之本意相應。我之寫任一類文時，多有一時節因緣，載于原文中。如寫論科學與中國文化之時節因緣，卽爲愛因斯坦之逝世。此時節因緣，對諸文之義理言，本爲不必然相干者。而今之不加以刪節者，亦卽所以使讀者更能將各類文各視作一單元而讀之也。

(十二)此書諸文之結論，皆道中庸而致平實之論。然此書之文，如有任何價值，皆不在其結論本身，而在其如何經曲折崎嶇之思想之路，再夷平之，以成平實之處。吾常謂吾人今日所遭遇之文化思想之衝突，如羣流之相激，非會通之無以成浩瀚之江流。昔人言長江發原于岷江。吾嘗溯岷江之原至灌縣，謁秦時治水之李冰祠堂。知李冰之治水，只本于六字曰：「深淘沙，寬作堰」，而低迴留連不忍遽去。因悟吾人對一切人生文化問題之解決，皆係于淘其沙礫以致深閎，寬其堤堰以納衆流。而吾之爲學運思行文，亦竊有慕於此。然才力所限，終不能逮。而中國文化之重建，亦終非一人之事。是望吾神明華冑共發大心，以成此不廢江河萬古流之事業也。四十五年十二月

壹、中國人文精神之發展

(一)人文、非人文、次人文、超人文及反人文之概念

從一方面說，一切學術思想，都是人的思想，一切文化，都是人創造的。因而一切文化之精神，都是人文精神。討論任何種之學術思想，都是討論一種人文中之思想。但是，這樣說，則人文思想、人文精神一名之涵義，無所對照，而彰顯不出。我們當說，在人的人文思想人文精神以外，尚有人的非人文，超人文，或次人文、反人文的思想或精神。

我所謂「非人文的思想」，是指對人以外的所經驗對象，或所理解對象，如人外的自然、抽象的形數關係等的思想，此卽如自然科學數學中所包括之思想。

我所謂「超人文的思想」，是指對人以上的，一般經驗理解所不及的超越存在，如天道、神靈、仙佛、上帝、天使之思想。

我所謂「次人文的思想」，是指對於人性、人倫、人道、人格、人的文化與文化的歷史之存在與其價值，未能全幅加以肯定尊重，或忽畧人性、人倫、人道、人格、人文與其歷史之某一方面之存在

與價值的思想。

我所謂「反人文的思想」，是指對人性、人倫、人道、人格及人之文化歷史之存在與價值，不僅加以忽畧，而且加以抹殺曲解，使人同化於人以外、人以下之自然生物、礦物，或使人入於如基督教所謂魔鬼之手，使人淪至佛家所謂餓鬼道、地獄道之思想。

由上，故知我們所謂人文的思想，卽指對於人性、人倫、人道、人格、人之文化及其歷史之存在與其價值，願意全幅加以肯定尊重，不有意加以忽畧，更決不加以抹殺曲解，以免人同於人以外、人以下之自然物等的思想。

人文的思想與非人文的思想、或超人文的思想之不同處，在人文的思想之發自人，而其對象亦是人或屬人的東西。非人文的思想與超人文的思想之對象，則爲非人或超人。人與非人或超人，可以同時存在。故人文的思想，與非人文或超人文思想，亦可同時存在，而二者之關係，是一邏輯上之相容之關係。但是在人去反省他對自然神靈等非人或超人之存在的思想時，人同時可自覺此思想，亦是屬於人的，是人的科學思想，宗教思想。則人可思想：他自己對於非人超人的思想何以會發生？此思想對人有何影響？會把人帶到那裏去？當此非人文、超人文的思想本身，成人之思想的對象時，則非人文的超人文的思想，亦卽包含在人之人文的思想之內。因而在人之人文的思想中，亦當求肯定尊重非人文或超人文之思想或學術之價值。否則人之人文的思想，亦不能圓滿完成，而成次人文的思想。由此而人的人文的思想，對人之非人文、超人文的思想之邏輯關係，又可是前者包涵後者，前者亦依賴於後者的關係。

一切次人文的思想與人文思想的關係，亦都是後者包涵前者之關係。此乃由全體之思想包涵片面之思想。其理易明，不須多說。

至於人文的思想與反人文的思想，則從邏輯上看，二者是不相容的矛盾關係。如人文的思想爲眞，則反人文思想爲妄。如反人文思想爲眞，則人文思想爲妄。故講人文思想，則必須反反人文思想。但是反人文思想，亦是人的思想。從學術史上看，人文思想之興盛，恆由超人文、非人文、次人文的思想之先行，亦恆由反人文思想之先行。於是人之反省其人文思想，亦須反省：反人文思想之何以發生。此反省本身，仍是人之人文思想中應有之一部。由此而人之最高的人文思想中，必須一方包括反「反人文思想」之思想，另一方又必須包括，對反人文思想何以發生加以說明的思想。

我們了解人文思想與非人文、超人文、次人文、及反人文思想之分別與關係，才可討論中國人文思想之發展。人文思想之發展，一方由人對於人文本身，逐漸加深加廣的思想，同時亦即由人文思想與非人文、超人文、反人文等思想，互相發生關係，而相依相涵或相反相成以發展。在此發展歷程中，我們可以看見非人文的思想之擴大人文思想的領域，超人文的思想之提升人文的思想，次人文的思想之融會於人文的思想，及人文的思想之不斷以新形態出現，以反反人文之思想。此相續不斷的人文思想發展歷程中，便顯出一種人類之精神的嚮往。這種精神，我們稱之爲人文精神。而本文之論中國人文思想之發展，亦卽可名爲論中國人文精神之發展。並非泛論中國之思想與文化也。

本文論中國人文精神之發展，卽論中國人文思想之發展。而論中國人文思想，又要牽涉到非人文、超人文之思想，此又無異於要論到整個之中國思想史。這當然非一短文之所能及。所以本文只打算將中國人文思想之發展歷程中，幾個較大階段之轉捩的關鍵與特質所在，加以指出，這似是一些中國文化思想史家與我過去，未能斬截分明的。今從「人」與「文」及「超人文」、「非人文」、「反人文」之概念去看，便更明白了。最後我再由歷史的聯續，以指出今日中國之人文精神，未來發展的方向。許多話都是只說出結論，而理由與根據，亦不擬多說。希讀者諒之。

(二)中國人文精神之起源

中國人文精神之發展的第一階段，乃孔子以前之一時期。此時期我們可稱之爲中國人文精神表現于具體文化之時期。在此時期中，嚴格說並沒有多少人文思想。但是中國文化之根源形態，卽在此時期中確定。此形態卽爲人文中心的。中國後來之人文思想，亦多孕育於此時期之中國人之心靈中。此所謂人文中心，不是說此時期人之宗敎性信仰不濃，亦不是說此時期之人對於自然不重視。重要者在對宗敎性的天帝與對自然物之態度。這只要與當時印度、希臘文化情形一比，便完全明白。人對自然物，簡單說有三種態度。一種是利用厚生的態度。一種是加以欣賞或以之表現人之情感德性之審美的藝術態度。一種是視之爲客觀所對，而對之驚奇，求加以了解的態度。只有第三種態度，可產生純粹的客觀的自然思想。而此則是希臘之科學與自然哲學之所自始。這個態度所生之思想是直傾向自然，而初是趨於忘掉人自己的。據說希臘之第一個科學家兼哲學家泰利士，曾仰觀天象而掉落井裏。又說有一哲學家看了天上太陽，於是想道：如果他能到太陽中去，而知太陽之構造，雖葬身烈燄，亦所不惜。這才是眞傾向於對非人文的自然的思想，而不惜姑忘掉人自己的精神態度。這種態度，正是中國古代人所缺乏的。中國古代人對物只偏在利用厚生的態度與審美的藝術態度。中國古人主要是依此二態度，成就其文物之發明與禮樂生活。中國古代的聖人，如伏羲、神農、堯、舜，皆兼被視爲文物之發明者，人倫政制之訂立者。以文物或利用厚生的工具之發明及製造之多而精巧上說，在二百年前，中國實超過於西方。但這却不能證明，中國文化原是重自然思想富於科學精神的。這是我不能同意一些朋友的意見的。因爲眞正的自然思想或純科學精神，是應爲了解自然而了解自然，爲求眞而求眞的，此即希臘哲人之所以看不起技術工作，亞基米特之羞於記述其所發明之器物。反之，中國古代之重文物或利用厚生之工具之發明，却可證其缺乏純粹的自然思想、客觀的科學精神。中國古人發明文物或利用厚生之工具，當然亦要對自然用思想。但對其所成之器物，則只視爲供人之求生存於自然之用，與成就禮樂與生活之用者。則此思想，根本是人文中心的，而隸屬於人文思想之下。

其次，中國古代人對上帝、天、鬼神之信仰亦非不篤。「文王陟降，在帝左右」，即人死後可與上帝同在之思想。但是如印度宗敎家之思及人死後之有無盡的輪廻，而產生種種如何解脫之思想，明是中國古人所未有。如希伯來人由視上帝有其不可測之獨立意志，而生之寅畏，如西方中古神學家，對上帝本身屬性、內向動作、外向動作等之討論，中國古人亦是不了解的。總而言之，卽純視一死後之世界或神界爲一獨立自存之對象，而對之加以思索之超人文思想，是中國古人之所缺乏。同時，覺人生如幻而不實在之感、在神前充滿罪孽之感，亦中國古人所缺。由此而專爲神人之媒的僧侶巫覡之地位，亦較不重要。中國古代帝王之直接祀天，而上承天命以施政，以及「天視自我民視，天聽自我民聽」，「天意」見於「民意」之思想，天之降命於人，視人所修德而定之思想，卽使「天」、「君」、「民」與「人之德性」，四觀念相融攝而難分。亦卽使中國古人之宗敎意識、政治意識、道德意識，相容攝而難分。中國古代之宗敎思想，亦卽隸屬於一整體之人文思想中，不能自成一超人文之思想領域。

我們了解中國古代之缺乏對非人文之純自然的思想，對超人文之死後世界及神界之思想，便知中國文化乃是一在本源上卽是人文中心的文化。此文化之具體形成，應當在周。古人說「夏尚忠，殷尚質，周尚文」。因至周而後有禮樂之盛。古代聖人之創制器物，大禹之平水土，表示中國人之先求生存於地上，能制御萬物。此中器物之價值，多在實用的方面。在周代有禮樂之盛後，實用器物乃益化爲禮器樂器，物之音聲顏色，亦益成表現人之情意、德性之具，而後器物之世界，乃益有其審美的藝術的人文意義。夏殷之較重祀鬼神，表示中國人之先求與神靈協調。此時之禮樂，當主要是和神人之禮樂。至周而後禮樂之意義，更重在通倫理，成就人與人間之秩序與和諧。故文之觀念之自覺，亦當始於周。文王之謚爲文王，與後來公羊家之說「人統之正，託始文王」。禮記之說「三年之喪，人道之至文也」、易傳之說「觀乎人文，以化成天下」，都當是指周代禮樂之盛所表現之人文中心的精神。

我們方才所引之幾句話，都是春秋以後人才自覺的說出的。畢竟春秋以前的人，對其所生息之周代文化中之人文精神，究竟自覺至何程度，頗難說。大約在西周之封建貴族的禮樂之文化，是一生命力極健康充盛而文雅有度的文化。這時人之精神或內心的德性，即直接表現於其文化生活中。因而自覺反省的思想，亦不需要很多。我現在只引國語周語中一段話，以爲此種人文精神之說明。

「言敬必及天，言忠必及意，言信必及身，言仁必及人，言義必及利，言智必及事，言勇必及制，言敎必及辯，言孝必及神，言惠必及和，言讓必及敵。……敬，文之恭也。忠，文之實也。信，文之孚也。仁，文之愛也。義，文之制也。智，文之輿也。勇，文之帥也。敎，文之施也。孝，文之本也。惠，文之慈也。讓，文之材也。」

此段話之將人之一切德性如敬等，視爲屬于禮文，並與天等事物連貫而說，正是一種「人內心德性，直接表現於文化生活的精神」之一種最好的說明。這一段話中的思想發生的時間，雖仍不能十分確定，但是我相信，用以說成周盛世之人文精神，當是最切合的。

(三)孔子孟子之人文思想與墨子之次人文、莊子之超人文、及法家之反人文思想

眞正對於中國傳統之人文中心的文化精神，加以自覺了解，而抒發其意義與價值者，乃孔子所開啓之先秦儒家思想。而由孔子至秦之一時期，卽可稱爲中國人文思想之自覺的形成時期。孔子一生之使命，不外要重建中國傳統之人文中心的文化。當時的時代問題，是周衰而夷狄之力量興起，是貴族階級之墮落與無禮，是士庶人之逐漸要求提高社會地位。總而言之，是傳統的禮之壞，樂之崩。卽中國人文世界之內部敗壞，與反中國人之的夷狄勢力，對中國人文的威脅。孔子一方佩服周公，佩服倡尊王攘夷，使他不致被髮左衽的管仲，一方卽要當時居貴族與平民間的士人，負起保護與重建中國人文的責任。士本是武士，武士本是執干戈以衞社稷的。而孔子則敎士人「忠信以爲甲冑，禮義以爲干櫓」，「仁以爲己任，死而後已」，以衞「文王旣沒」後之「斯文」。這正是解決當時的時代問題唯一的呼召。孔子作春秋寓褒貶，不同於耶穌之說要再來作末日的審判。這是一對當時之政治人物之一直接的審判。末日的審判，是超人文世界的事業。直接的審判，則是人文世界中的事業。耶穌反對法利賽人的僞道德、僞法律，因而歸到我們的國在天上。孔子則痛心於當時貴族階級人物之僭竊禮樂，因而說「禮云禮云，玉帛云乎哉？樂云樂云，鐘鼓云乎哉？」他要人知內心仁德，乃爲禮樂之

本。孔子雖以質勝文則野，文勝質則史。文質彬彬，然後君子，但我們從孔子之屢說「巧言令色，鮮矣仁。」「巧言令色足恭，左丘明恥之，丘亦恥之。」又說「先進於禮樂，野人也：如用之，則吾從先進。」「行有餘力，則以學文。」「敏而好學，不恥下問，是以謂之文也。」便知孔子之所謂文並非重在禮樂之儀文，而尤重在成此禮樂之文之德。此德卽文之質。「虞夏之質，不勝其文。殷周之道，不勝其敝」。孔子明是要特重「文之質」或「文之德」，以救當時之文敝。簡言之，卽孔子之敎，於人文二字中，重「人」過於重其所表現於外之禮樂之儀「文」，而要人先自覺人之所以成為人之內心之德，使人自身先堪為禮樂之儀文所依之質地。這才是孔子一生講學之精神所在。亦是孔子之人文思想之核心所在。這樣一來，孔子遂在周代傳下的禮樂儀文之世界的底層，再發現一人之純「內心的德性世界」。而由孔子與弟子之以德性相勉，孔門師弟遂自成一「人格世界」。孔門師弟與後儒關於德性與人格之如何形成的智慧思想，亦自成一人文思想之新天地。其意義與價值，亦可比孔子之尙論古代之人物與文化，及作春秋以寓對當時人褒貶，尤為廣遠。

孔子以後，把孔子之人文思想，再推進一步者是孟子，而激發孟子之人文思想者，則是墨子之次人文的思想。

我們說墨子之思想，是次人文的。這是因為墨子承認人民的經濟生活之重要，尙賢尙同的政治社會組織之重要，亦承認兼愛的道德，無攻伐的國際和平之重要。但是他忽畧禮樂之重要，儒家所重之孝弟之重要。他主節葬非樂以非儒，他不能對全面人文之價值，皆加以肯定。這卽使他之思想，只成次人文的。而他之重天志與明鬼，則又似爲一超人文的思想。不過其動機仍爲實用的，故不能眞發展爲宗敎。他之以利害爲是非善惡之準繩，則尙可使他之思想成反人文的。不過此點，可姑不多論。

孟子之人文思想，所以能答復墨子對儒家之攻擊，而重新說明儒家所重禮樂及家庭倫理之價值，則在孟子之能肯定心性之善，而由人之心性要求，以言禮樂之表現爲人情之所不容已。他由人性之仁愛之流行之次序，必由近及遠，以論人人親其親長其長而天下平。並由人性之爲天所與我者，以言盡心知性則知天，把人道與天道通貫起來。中國儒家之人文思想發展至孟子，而後孔子所言之人文價值，與人內心之德性，乃有一先天的純內在的人性基礎。而「人之心性的世界」之存在，亦可謂首由孟子自覺的加以樹立。

中國先秦之人文思想，再進一步之發展，則爲荀子之思想。荀子之思想之重點在言禮制，卽言文化之統類，或人文世界之結構。孔子重言禮樂之意，孟子重言禮樂之原。荀子言禮制，而復重禮樂制度之實效。此實效卽樹立人文世界，以條理化自然之天地與自然之人性。「天地生君子，君子理天地」，而後「自然之世界爲人文之世界所主宰」。此乃莊子之「以天爲宗」，尙自然而薄人文的超人文思想之一倒轉。至於中庸、易傳、樂記之言誠爲天之道，言盡其性卽盡人性以及物性，言天地具元亨利貞之德，言禮樂中之和序卽天地萬物之和序，則皆爲以人文世界中之概念，去說明「超人文之天地」之價值意義。這是先秦儒家人文思想之由人道以通天道之發展。

我們說墨子思想是「次人文的」。莊子思想是「超人文的」。至於如騶衍之言大九州，言天地開闢之歷史，則我們可稱之為「非人文的」。這都不必是反人文的。先秦思想中之「反人文的思想」，乃法家由商鞅至韓非之思想。這種思想與墨子莊子等思想之所由起，都是由於周之文敝。墨子鑑於禮樂之為王公大人奢侈品，而非禮樂。莊子鑑於禮法之束縛人性命之情，鑑於人之立功立名之心，使人失去自己，而要與造物者遊，以成天人。商鞅、韓非、李斯、則由要富國強兵，而反封建反宗法，以及一切維繫封建宗法制度之禮樂、仁義、孝悌等由周傳下之文化；亦反對當時一切馳騁談辯以取富貴之游士，而連帶反對儒墨道之學術思想。但是他們之富國強兵之人文目標何在，他們却說不出，亦未說是為人民百姓之福利。他們視富國，只是「摶力」，強兵而向外攻戰，只是「殺力」。要殺力必須摶力，已「摶力」又必須「殺力」（商君書所說）。故必須兼重耕戰或富國強兵，求富強而又以「權為君之所獨制」，「其行制也天，其用人也鬼」。（韓非一些文章中所說），這即成一純粹之反人文的思想。而此反人文的思想，經李斯秦始皇之手。即形成了他們之焚書坑儒，而統制思想，統制言論，戕賊民力的極權政治。此政治暫時結束了先秦之人文思想之發展。

（四）漢人之通古今之變之歷史精神

先秦之人文的思想與一切非人文、超人文、次人文的思想，經秦代法家之反人文的思想與政治力量之壓迫，而沉入社會底層，自然互相混雜。超人文的道家思想所化出的神仙思想，非人文的陰陽家思想，與儒家之人文思想，三者互相混雜的產物，即始于秦漢之際而盛于西漢之讖緯思想。這種思想附託於儒家之經與孔子之人格，而將孔子神格化，並造成若干對未來世界之預言，及對於宇宙開闢、人類原始之歷史之推測的神話。這是人的思想受了現實上的壓迫，無法直接伸展而出以向外表現，便只有向過去與未來遙望猜想的結果。而當漢代秦興，原來被壓伏的思想，得重新表現時，人之不雜迷信的回顧過去，以復活之于現在之精神，則爲漢代人求通古今之變的歷史精神。此「通古今之變的歷史精神」，亦卽形成漢代人文精神之進一步發展。

中國文化自來是重歷史的。但是先秦以前的史官與各國春秋之紀事，只是直接就事紀事。孔子作春秋，亦只是就事論事。眞正的歷史精神，應當是一種由現在以反溯過去，而對古今之變，沿源溯流，加以了解的精神。這種歷史精神只在中國人文之發展，經了秦之一頓挫，漢代人再來求加以承續時，才能眞正顯出。此秦之一頓挫，對中國人文之發展言，如依辯證法說，是由正面轉至反面。漢之反秦，是一反之反。此反之反，同時卽回抱回顧原先之正面。此回抱回顧，卽眞正的歷史精神，所以爲歷史精神之本質所在。而司馬遷之史記，卽一劃時代歷史著作，而表現漢人之歷史精神最好的一部書。司馬遷作這部書，其意在承繼孔子作春秋之精神。但是他此書之歷史價值，實已超過了春秋。歷史書之最大價值在回顧過去，重述過去，而復活過去，如在目前。史記能使過去中國之人文世界、人格世界復活於一切讀其書者之心靈之前。而春秋不能。自此點說，即史記之歷史價值，超過了春秋。

歷史精神是一回顧過去，復活已逝去之人文世界、人格世界，同時亦即一承載負戴過去至今人文發展之一切成果的精神。承載與負戴，乃中國易之哲學中所謂地道。漢人之厚重、樸實、敦篤，正處處表現地德。漢人在哲學思想中，如在董仲舒思想中，尊天而視天如有人格，如人之曾祖父，而要人體天心，法天道，及各種天人感應之論，同是一種「高度的承載負戴的精神」之表現。漢人之天人感應論，非一種人卑遜戰慄於天帝前，認罪求賜恩之宗教意識，亦非要成就一種對天帝本性作客觀了解之神學。而只是原自一種認定人之行為，負擔着天地間祥瑞災變的責任意識。過去之歷史文化，人須要負擔在身上。自然世界之風調雨順，海宴河淸，亦負擔在人身上。這種愚不可及的漢人精神，正與漢人之所以能在地上，造成堅實而博大的統一國家，依於同一的厚重、樸實、敦篤的德性基礎。

漢末之王充思想，是批評漢人一切陰陽五行、天人感應、及是古非今的思想的。他以天地為自然之氣，以歷史傳說多不可靠，他是一自然主義者。但是他之自然主義的思想，只是用來作懷疑批判一切虛妄之說之用。他亦非為了解自然而了解自然的科學家。他之懷疑批判一切虛妄之說，是要歸到一種平情近理的自然主義的人文觀。這種人文觀，恰足為淸理漢代思想中，一切牽强比附與迷信的成份之用，解除漢人精神上不必要而過重的負擔，而結束了漢代思想。

（五）魏晉人之重情感之自然表現

漢代以後的魏晉淸談所開啓的思想，通常稱爲玄學思想。這種思想，大體上是輕名敎而貴自然。故亦被視爲自然主義。但這種自然主義，並非如近代西方根據自然科學來建立之自然主義。此所謂自然，初只爲指人所自然表現的情感之哀樂等。貴自然，初只是說作人要率眞。阮籍、嵇康之非堯舜、薄湯武，以禮豈爲我輩設，只因他們看淸當時之漢魏晉間之禪讓，與世之君子之「委曲周旋儀」，整個是一假借，一文飾，一虛僞。因而寧作一任情適志的自然人。這只是重人過於重文。大約中國人文思想之發展，卽在重人與重文間，畸輕畸重。周公重「文」，孔子重「人」略過於重「文」。孟子重「人」，荀子重「文」。漢儒畧重「文」。魏晉思想初期，則是重「人」。不過孔子重「人」，是重「人之德性」。孟子重人，乃重「此德性所本之心性」。魏晉思想重人，則初是重「人情感之自然表現」。由重情感表現，而重人之風度、儀表、談吐，而成過江名士之淸談。此淸談中，有人物的才性、風度、儀表互相欣賞，亦有玄言妙論互相稱美。魏晉人對自然物、對人，都能以一藝術性的胸襟相與。於是自然物與人物的個性、特殊性，都由此而易於昭露於人之心目之前。這使魏晉六朝，成一文學藝術的時代。亦是在人生社會政治思想中，尙自然，尙無爲，尙放任，尙自得，尙適性的時代。王弼、何晏、郭象、向秀之思想，卽此時時代精神的註釋。此時代精神，與漢人精神相比，正全相反。

漢代人是厚重、樸實、博大、敦篤。學者之精神，要負載歷史，尊天崇聖，通經致用。整個社會文化，在要求凝結、堅固。這使漢人完成了摶合中國民族為一大一統的地上國家的歷史任務。魏晉六朝的時代，在政治社會上看，明是衰世。整個中國之世界在分裂。於是人之個人意識，超過民族意識、國家意識。人要求表現自我，發抒個性，不受一切禮法的束縛、政治的束縛。這時代最特出的詩人、藝術家、思想家，都可說是比較缺乏對整個天下國家之責任感的人，或有責任感，而自覺無法負責任的人。而這時人之精神之最好的表現，則是人在減輕了、卸掉了責任感之後，人的精神亦可變得更輕靈、疏朗、飄逸、清新、瀟灑。這種精神之表現於魏晉時代之文學藝術中者，是漢人無論如何亦夢想不到的。魏晉人談名理玄學的哲學文字之清通、朗澈、透闢、簡要，雋永，亦同是人的思想上去掉了傳統學術的負擔，亦暫不要求負擔甚麼治國平天下移風易俗之大責任後，自由揮灑運用其智慧，才能達到的境地。我們如果說，漢人精神表現厚重之地德，漢人之精神與思想之毛病，在太滯礙、太質實，如有泥土氣；則魏晉之文學藝術哲學中，却可說是脫淨了此泥土氣，而優游於自然界與人間世，望之「飄飄然若神仙中人者」。這是中國人文精神之另一種形態之新發展。

(六)佛學之超人文思想之興起

從南北朝到隋唐，是佛學入中國，為中國學術思想之主流的時代。佛學之思想，應當說是超人文的。因而佛學之精神，並不一定能與南北朝隋唐之一般社會文化精神相配合。漢代之思想，能與漢代之文化配合。我上文論魏晉之玄學思想，亦與魏晉人生活及文學藝術之精神，合併討論。由南北朝至隋唐，則是中國民族由分散再到凝合成大一統的國家時代。唐代文化，整個來說，是表現孟子所謂充實之謂美，而光輝及於世界的文化。此時代之政治上人物與詩人藝術家，多皆是有規模，有局度，有風骨，富才情的。這與魏晉人之瀟灑優游之精神不同，亦與佛家之超人文的出世精神不同。故對佛家超人文之思想之所以注入中國思想，其理由當在魏晋南北朝以來，中國當時之學術思想與文化之缺點與流弊中求之。

當時中國文化之缺點，在失去固有之宗敎精神、道德精神。表達思想之文字多爲散文斷句，而缺組織構造。魏晉之玄學中之言无、言自然、言獨化，根柢上是一觀照欣賞優游的藝術精神之表現。一切觀照欣賞優游的藝術精神，都不能使人生自己有最後的安身立命之地。這種精神之本質，可以當時王羲之蘭亭集序一段話說完。「即當其欣於所遇，暫得於己，快然自足，曾不知老之將至。……及情隨事遷，感慨係之矣。……死生亦大矣，豈不痛哉」這種精神，善于隨所遇而欣賞之。但亦正因其善于隨所遇而欣賞之，則其欣賞之事，亦「隨所遇」之去而俱去。於是人生無常之感，在所必生。死生之問題，在所必有。而此種欣賞之精神，在遇着人生無常或死生問題時，又一無辦法。佛學之所以入中國，則正是要解決人之生死問題，滿足中國人之宗敎要求。佛學經論較長於組織與構造，亦爲才智之士所甘低首降心，加以研究者。至於佛學在南北朝隋唐之盛與，則我們可說其原因之一，在佛學之超人文之精神，亦正可糾正南北朝之文人「連篇累牘，不出月露之形，積案盈箱，唯是風雲之狀」的浮華之習。此種浮華，是又一種文敝。周之文敝，使孔子重質，使墨子反禮樂，使莊子要遊於人世之外，終於有商鞅、韓非、李斯之反人文思想。漢之人文思想與陰陽家言之混雜糾纏，使王充之自然主義出現，使魏晉人反名敎，而任情感重個性。魏晉至南北朝文人之尙風花雪月的文敝，亦宜有主張超語言文字、超人文，以求證寂淨之涅槃境界的佛家思想，來清洗文人之色相，以滿足人求向上一着之精神要求。

佛學入中國，在中國建設了無數的廟宇，帶來無數新的人生宇宙之思想，亦幫助開拓了中國文學藝術之新境界。而佛敎中之高僧大德，亦常不免兼爲詩人與畫家，這是一種佛敎之超人文精神與中國之人文精神之互相滲透。而佛敎之出世精神、出家生活，與儒家之在家生活、入世精神，互相滲透成的佛家思想，則有由天台、華嚴之中國佛學之敎理逐漸轉化出之禪宗思想。而再進一步復與中國固有之人文精神之思想，則爲宋明之理學。

(七)宋明理學中之立人極之精神

說宋明理學，受佛家、道家思想之影響，是可以的。但宋明理學之本原，則只是儒家之人文思想。而其思想之內容與精神，從一方面說，亦確有超過以前儒家的地方。漢儒尊天崇聖，視聖人如天降而不可學。宋明儒之共同信仰，則劈頭一句，便是聖人人人可學。第二句是聖人能與天合德，天或天地並不高於聖人。這是眞復興了先秦儒家論、孟、中庸、易傳的思想，而超過了漢儒。本來先秦儒家思想之發展到易傳，卽成立了一個對於宇宙之究極的概念，是爲太極。漢儒用元氣來註解太極，魏晉人或用无來說明太極。宋儒則在太極之外再立一個「人極」。並逐漸以理來說明在天之太極。理在人卽爲性。人極之立，亦卽由人之盡其性而天理流行以立。以理來貫通天與人，太極與人極，而人道人文，遂皆一一有形而上的究極的意義。此外宋明儒如陸王之言心，乃卽「人心」卽「天心」。亦有一形而上的絕對意義。這中間的哲學，是以人道透視天道，以天道保證人道。於是宋明儒之「人文精神」，卽透到「超人文非人文之世界」，而「超人文非人文之世界」，亦可視如「人文世界」之根原所在。宋明理學家，可謂在超人文非人文之世界與人文世界間，眞看見一直上直下的道路。所以宋明儒一方是反對佛老之忽人道，而在另一方，他們所最喜言的，却是去人欲，存天理。這個思想頗爲清代以後人反對。去了人欲，豈不成非人？只存天理，人又到那裏去了？但是這些問題，不是這樣簡單。如要簡單說，則「存天理」，是「人要去存天理，使天理下來」，「去人欲」是「人自己內部之天理要去人欲」。人欲去了，人才成一與天合德的人。這不是漢人之外在的天與人感應之說。這亦不是懸空的哲學玄想。這是一種最誠敬的道德生活中，所感之一種實事的叙述。這種最誠敬的道德生活，因是要立人極，使人道有形而上的究極意義，所以其中涵有一宗教性。惟從此宗教性上看，才知宋明理學，是中國文化經了佛學之超人文的思想刺激後，進一步的儒家精神的發展。這發展，是發展出一種「自覺能通貫到超人文境界之人文精神」。這種人文精神之最高造詣，亦是「人」重於其所表現之「文」。「堯舜事業，何異浮雲過太虛」，宋明理學家在一個時候，都可如此看。自宋明理學家看，如魏晉人所尙的人之情感生活，漢唐人所尙的人之氣質之美，都不足見人之所以爲人之眞心眞性所在。此眞心眞性，要把人之一般情感生活中之「嗜欲」，天生的「氣質」中之駁雜成份，與眞志相混之「意氣」，與眞知相雜之「意見」，層層剝落，然後能見到。而此眞心眞性，亦天心天理之直接呈露。孔子五十知天命，又有知我其天之感，孟子有盡心知性則知天之言，中庸易傳亦同有天人合德思想，而由人文以通超人文境界。但先秦儒者之悟此境界，似由充達人之精神，至乎其極而悟。宋明儒者則由不斷把人的生活中，心地上，一切不乾淨的渣滓汚穢，一一掃除而得。這便開闢出另一條「由人文世界，以通超人文世界之天心天理」的修養道路。

（八）清代學術之重文物文字及人文世界與自然世界之交界

對於清代之人文精神，我們如果專自其異於以前各時代之人文精神或所偏重之點而言，我們可說清代人對中國學術之最大貢獻，在考證、訓詁、音韻、校刋、輯佚等，以整理古代傳來之文獻。這一種精神，自最高處言，乃依於一種由文物文字之硏究，以重構已往之人文世界之圖像，爲求當今之治平事業之用。自其最低處言，則不免以文物文字所在，爲文化或思想之所在，而或使人玩物以喪志。除此以外，清代人在學術思想方面，則大均反對宋明儒之忽畧人之自然情欲之地位，重靜而輕動，重先天之心性之會悟，而忽畧後天之習慣之養成，又忽畧民生日用及現實社會中之種種問題。如顏李戴焦之思想，皆由此等處反對宋明儒。從此二者看，則我們可說清代之人文精神，比以前各時代之人文精神，是更能落到人之「感覺經驗可直接把握的實際」。文物文字，是感覺可直接把握的，情欲行動習慣及民生日用之問題，亦是一般的感覺經驗世界的問題。我們須知「感覺經驗世界」亦卽「人文世界與自然世界之交界」。在感覺經驗世界中之文物，或飮食男女之事，究竟屬於人文世界與自然世界，是很難分的。譬如考證文物，而至於發掘出古物，問到究竟這一塊具石斧形狀之物，是由人所造成或自然長成，是很難辨的。自然世界的風霜水火，對于古人所遺留下之文物，究竟有些什麼影響，是考證學家亦最需要了解的。人之飮食的方式，男女結婚的方式，那些是原于自然情欲本能，那些是由于人文之陶冶，亦是很難辨的。由此我們要了解此感覺經驗中之事物，卽除須有人文歷史之知識外，兼須有種種對非人文的自然之知識。而淸代人之注重感覺經驗世界的問題之人文精神，便同時是一必然要引人注意到「非人文的自然世界的人文精神」。專研究非人文的自然世界之思想，卽自然科學之思想。由此而由清代之人文精神，卽理當接到對西方輸入之自然科學思想之重視。而清代大學者，亦多已能重視天文輿地與數學等科學。民國以來之中國人，更無不承認中國文化應吸收西方之科學，其中卽包含人文科學與自然科學。

（九）現代之反人文之馬列主義思想何以征服中國大陸之故

但是中國人文精神之發展到現在，同時是中國大陸之社會政治文化，爲馬列主義的極權主義所主宰的時期。馬列主義的極權主義，在根本上明是反人文的。其唯物史觀之理論，以經濟爲人類文化形態之決定者，卽無異抹殺經濟以外之「人類文化之獨立性」。其以人之一切文化思想，皆爲其階級意識之所反映，卽無異否認「一切文化思想本身的眞理價値」。其極權的一黨專政，使人權無保障，卽不是眞「把人當人」的。而一切「人格之尊嚴」、「個性之價値」，在其唯物論之哲學下，亦皆成爲無意義之名詞。故其精神根本是反人文的。這已是人所公認，亦不必再多說。

現在的問題在：何以中國人文思想之發展到最近，竟然是一反人文的馬列主義的極權主義之征服中國？這問題的答案，有一部是政治性、軍事性、經濟性的。但純從學術文化思想方面說，亦不是莫有理由可說。此簡言之，卽由于清代之學術文化中人文精神之無力。其所以無力，在其學術之太重文物文字之末。學人之精神，太限于書齋。這是又一種文敝。至于清代之哲學，要人多重實際的民生日用，雖然並不錯，但他們因此而反對宋明理學便錯了。宋明理學是要人「作人」，作一頂天立地的人。清代的哲學，則重在要人「做事」。宋明理學之末流到「無事袖手談心性」，固然該反對。但眞正第一流宋明理學家，無不重「作事」，亦能「作事」。清代哲學家反對宋明理學家爲教人「作人」而倡的心性之學，是要人「作事」。但實際上則除顏習齋以外，皆只是「作書」。其作事之精神，反不及宋明儒。實際上人要眞能「作事」，正必須先「作人」。清中葉以後，曾國藩、羅澤南等等之比較能作事，正因他們之講學，能以宋學精神爲本。故反對宋明理學的清代哲學與其考證訓詁之學，同不免是表現：「只在人文之末、人生實際事務之末上用心，而另無深厚之本源，因而亦無力氣」的人文精神。而此種精神之流波，一直貫注到民國新文化運動時。民國新文化運動時之人，仍是念念不忘顏李焦戴，而本之以反理學。而由當時所開之整理國故之風，亦一直未脫清代以來瑣屑支離破碎之學風。此風直傳至後之中央研究院。這種人文精神，當然是抵當不住馬列主義，亦應當被反的。至在新文化運動時，所提倡之科學思想與自由民主思想，誠是自西方輸入，並非承清代精神而來，亦本當是反馬列主義者。但是只講自由民主，而不在人文人格之觀念上立根，又不能形之于一政治制度，則自由民主之口號，亦將只有破壞打倒已成之社會政治力量之用。提倡科學，而不重實際的科學研究工作，却只以科學方法邏輯分析技術，作爲批判傳統文化或恫嚇中國舊式知識份子之用，則科學之口號，亦無助于中國文化之發展。而同可爲反人文的馬列主義，征服中國之擁篲先驅者。這些都可說是馬列主義之所以能征服中國大陸之文化思想上的一些緣因。

（十）中國人文精神當有之發展

但是中國民族是一有數千年歷史經驗的民族。中國人文精神之發展，亦經了多次的頓挫與曲折。中國今所遭遇反人文的馬列主義的極權主義，正如其在秦代所經過的反人文的法家之極權主義。法家之極權主義通過皇帝而實現。馬列主義之極權主義，則通過嚴密的政黨組織，並假借無產階級或人民之名以推行。而其統制思想控制人文之手段，因與現代之科學技術配合，亦更厲害。但是人類文化與學術思想之發展，自來都是在艱難中求奮鬥，迷津中求出路。道高一尺，魔高一丈是常事。但魔高一丈，道亦可再高十丈。光明與黑暗，對照而顯。道亦由與魔對照而顯。人眼可看見黑暗，則眼中自有光明。人知魔是魔，便會更去求道。一切反面的東西，必再被反。這是依于人性總是要向光明向道的必然。故反人文的馬列主義之征服中國大陸，是我們現代的中國人的不幸。但未必是中國人文精神之未來發展的不幸。因為正由此反人文的馬列主義之征服中國大陸，才使我們更能反省中國固有人文精神之有價值的在那些方面，缺點在那些方面，而使我們更發揮保存其有價值的方面，而求補足其缺乏的方面。而且百年來自西方傳入的科學精神、民主自由之精神等，亦只有在對照着馬列主義的極權主義，以致條束縛科學的進步，以集中營對待不同政見的人時，然後才更顯出其價值。這樣說來，則中國人文精神之未來發展之更遠大的前途，亦可正由此而可望見。關于這一層，我只簡單的提出幾點意見，以供人之進一步的研究。（第六、七、八、第九等四篇，可以參考拙著「人文精神之重建」一書。及本書其他文）。

（一）我們從中國數千年的人文精神的發展，每一時代皆表現一新階段，但並未與過去之歷史截斷，卽可使我們相信中國未來之人文精神之發展，亦可能屆一新階段，而將不能與過去之歷史截斷。

（二）我們從漢代秦興，而漢代之思想，是先秦各家思想之大融合的局面，我們可以預測在反人文的馬列主義之極權主義被否定後，當是爲馬列主義所反之一切學術思想互相融合的局面。無論從中國說，從世界說，都應當如此。

（三）對于中國傳統的人文精神，如周代的「禮樂精神」，孔子之重「人德」，孟子之重「人性」，荀子之重「以人文世界主宰自然世界」，漢人之「歷史精神」，魏晉人之「重情感表現之具藝術的風度」，唐人之「富才情」，宋明人之重「立人極，于人心見天心，于性理見天理」，清人之重「顧念人之日常的實際生活」，這些精神，皆可互相和融，互爲根據。我看不出其不能保存于中國未來文化中之理由。但是我們認爲情感或才情之發抒，及人日常生活之安排，如眞要求合理，而表現人文價值，以助人德性之養成，必須賴于人對人之天性與本心，有切實之覺悟。故孟子與宋明理學之中之心性之學，吾人必須對之先有認識，而發揮光大之。否則我們無論講中國過去或未來之人文思想，皆爲無根之木、無源之水。

（四）我們看魏晉人在思想上尙放任尙自由，而文學藝術哲學，皆能表現個性。然在政治上，則爲衰世。漢代人在學術思想上，能力求承繼古人加以融合，而社會政治上，則爲大一統之盛世。然漢人之才情，又不如魏晉人之煥發而淸俊，思想亦不如魏晉人之朗澈而新穎。故知一時代精神 重羣體之統一，與重個性之發抒，乃各有所長，各有所短，而極不易兼備者。然我們看唐代之盛世，則一方國力充盈，德威遠播，而一方則文人、詩人、藝術家、與高僧大德，皆能卓爾成家，自抒懷抱。是又足證此二者未嘗不可兼備于一時代之文化中。而吾人眞欲綜合兼重羣體之統一，與重個性之發抒之精神，則宜兼懸唐代文化之規模，以資嚮往。

（五）我們從一時代文化之文敝來看，大皆原于文勝質。卽「人」自身之德，不足以持其所成之「文」。西周之文敝，始于禮樂儀文只存形式，諸侯大夫之「僭竊禮樂之儀文」。魏晉南北朝之文敝，爲「尙浮華綺麗之辭藻」。禪宗與理學末流之文敝，爲「袖手談心性」。淸學之文敝爲「沈溺于名物訓詁之末」。禮樂之儀文，文學之辭藻，及談說與文字名物，皆人類文化生活之表現于外者。凡對此等等人類文化生活之表現于外者，過度着重，無不可導致文敝。故救文敝之道，莫如尙「質」。尙質卽重「人」過于其所表現于外之「文」。以人爲主而言文，是爲「攝末歸本」。以文爲主而忘人，是爲「忘本徇末」。忘本徇末，不知重人重質，以救此敝，則必有超人文與反人文思想之生。此皆理有必至，勢所必然，可證之中西古今之歷史而不誣者。 故未來之中國人文思想，必須重「人」過于重

「文」。

（六）我們看超人文之佛學，可與唐代之盛世文化配合。佛學亦終爲中國人文精神所感染，佛學復能間接引發力求上達之宋明儒學之興，便可知超人文之宗敎，同時爲引人之精神，向上撑開，而趨于高遠闊大者。因而我們對任何宗敎，皆可容其存在于未來之中國文化中，並相信其亦一方可助中國人之精神之提昇，一方亦將爲中國人文精神所感染而變質，且將間接引發中國之新儒學，與中國文化固有宗敎精神之復興。

（七）我們說歷史考証之學，發展到清代，而研究古代器物與邊疆史、史前史，便更接觸到自然世界與人文世界之交界，同時亦發展至對於自然科學之不能不重視。而且我們從科學之原自人之思想而生的一方面看，我們亦明可說無論爲研究人文之人文科學思想，與研究非人文之自然的自然科學思想，皆爲人文之一部。人之能研究非人文之自然，表示人自己思想之能伸展開拓于人自身之外。亦卽表示人之思想自身之偉大。而應用科學知識以製造器物，與建立社會秩序，亦卽使人文世界，得以主宰自然世界，並使人文世界顯燦爛之條理者。故中國未來之人文精神之發展，卽當包括對研究非人文的自然或人文的科學之尊重。

（八）人之從事學術文化之創造，與成就其個人之道德人格，皆係于人有精神上的自作主宰之自由。在過去中國社會，素少宗敎信仰上、階級制度上，對個人之束縛，卽使中國過去社會，較西方或印度之過去社會，更爲一自由之社會。但此中國過去社會中所允許之個人自由之多，乃中國文化本身所具之寬容性等所形成，而非由個人自覺的加以爭取而得。故亦未一一訂之爲具體的人權，而以客觀的法律保障之。因而此自由，在昔亦時或爲君主所剝奪，而今則有馬列主義的極權主義者之加以摧殘。然亦正由于此，而使吾人今更重新認識中國文化所具之寬容性，與中國過去社會中，個人所享自由之足貴。同時知人之主觀上所要求之自由，必須一一被自覺而訂爲具體的人權，而由客觀的法律以保障之。此事亦必須向馬列主義之極權主義者爭取而得之，然後可使中國之人文社會，成爲眞正的自由社會。

（九）人依于關切其所在之國家民族社會興亡盛衰之道德意識，而有眞正之政治意識。而政治事業、政治活動，卽爲人之客觀的道德實踐中之一種事業或活動。故依于人與人道德人格上之平等，卽當求人與人之政治上之平等。而人與人之政治上之平等，卽客觀的表現人之人格上之平等者。而由求政治上平等之理想而立之政治制度，卽民主的政治制度。在中國過去之君主政治制度下，人皆可以爲聖人——此與基督教一派中有注定不能得救之人不同，與佛教一派中以有永不能成佛之一闡提亦不同——然政權只由君主世襲，君民間終缺一眞正的政治之平等。民國成立，而政權在民之義被公認。此不僅爲中國政治思想之一大改變，亦爲中國固有之道德人格平等之思想當有的涵義之一引申。而如何使此民主思想，體現于一有實效而表現中國人文精神之民主制度，及民主的政治生活，亦卽爲發展中國人文精神之一要務。

（十）吾人承認欲謀中國今後人文精神之發展，必須肯定人嚮往「超人文境界」之宗教，與人研究「非人文之自然」之科學之價值，並肯定自由社會及民主政治之保障人權與表現人格平等之價值。但吾人復須知，如離人而言宗教，則超人文之宗教思想，亦可導至「反人文」。如離人而言科學，則冷靜的去研究非人文之科學的心習，亦或可使人「視人如非人」，而或助人之對人冷酷無情，科學技術亦可成爲極權者之統治工具。如離人之「精神上之自作主宰」，言自由人權，則此自由恆只爲「消極的擺脫外在的束縛」，人權之有法律保障，亦不必能有助于人之學術文化上之創造與人格之形成。如離「道德意識」、「人格平等」，而言民主，則民主政治亦可化爲「分權力」或「分贓」之政治。此之謂「道不遠人」，「不可遠人以爲道」。

吾人能見此諸義而深信不疑，並求去除一切「譬諸耳目口鼻，皆有所明，而不能相通」之「一曲之見」，然後吾人能承中國人文精神過去之發展，以融受世界之文化，而推進至或開創出中國人文精神發展之新階段。

（祖國周刊十卷九期四十三年五月）

貳、西方人文主義之歷史的發展（上）

（一）前言

我現在所要講的，是西方人文主義發展之現階段，及其問題。我們平時講西洋哲學，並不重視西方之人文主義。因人文主義並不是西方哲學思想的主流。我國人對西方人文主義思想，亦不如何尊重。簡單說，世界人類人文思想的主流，在中國，不在西方。我常說，我們現在講人文思想，是要直接承繼中國的人文思想，而加以開拓，以攝受西方的思想。而此中所要攝受的，却並非以西方的人文思想為主。而是以西方之超人文非人文的思想為主。這樣才能截長補短。所以我們現在講人文思想，決不是只跟着西方文藝復興以來之人文主義走。只跟着西方文藝復興以來之人文主義走，亦許是五四時代留下的人之願望。但不是我們的願望。專就接受西方人文思想方面說，我們這時所需要的，乃是對其發展之全程，先求有一整個的了解。而對其發展至現階段所遇之問題，亦需加以注意。因為他們之問題所在的地方，即我們能貢獻我們的智慧的地方，使我們能自覺我們之傳統的人文思想之價值的地方。亦即我們能用我們之智慧，來開拓我們之傳統的人文思想的地方。

我現在所要講的，主要是西方人文主義現階段之各派別所生之問題。但是這亦須追述到過去西方人文主義之發展。否則，對現代之問題便看不明白。所以我把此題分爲兩項。第一項是西方過去人文主義之歷史的發展之諸階段。第二項是現代西方人文主義現階段之諸派別及其問題。

關於過去西方人文主義之發展，看徐復觀先生在理想與文化第九期所譯日人三木凊西方人文主義之發展一文，及牟宗三先生於民主評論四卷十三四期人文主義之完成一文，（按此二文後經友聯出版社編入人文思想論叢中）。我在英文書籍中，尙未見如此簡單而扼要者。不過這二篇文中書名人名，還嫌太多。在大端處，亦有待補充者。所以我現在再換一種講法，從西方思想史上去看，把西方人文主義發展之幾個大階段之特色，及其發展的線索，加以指出，以便大家之把握。這樣自然機械一點，所用之材料更少，漏義亦更多，但希望此中得失，可以相抵。

(二)西方人文主義之思想起源

西方人文主義究應自何時開始？在徐、牟二先生之文，皆自羅馬之西塞羅開始講起。這因人性與文化之名，乃由西塞羅初提出。但如要追溯西方人文思想之根源，亦可追溯至希臘。我在十多年前曾見當代英國之人文主義者席勒F. C. S. Schiller有一本書名人文主義研究集，其中有一文論人文主義之起源，直追溯至普洛太各拉斯之說：人爲萬事萬物之權衡。Man is the Measure of all things。我想從整個西方思想史上去看，亦可以如此說。當然，在普氏時，尙無人文主義之一名。但對照普氏以前之希臘的自然哲學思想來看，普氏之主張，正有一劃時代之意義。蘇格拉底說，他的興趣不在林野而在人，論哲學以人生道德問題爲主。其在西方哲學史之地位，固遠較普氏爲高。然其重人，則亦可說是繼普氏之思想而來。如他們以前之自然思想，可稱爲非人文的，則他們之思想，亦卽可稱爲人文的，而普氏便可稱爲西方人文主義之祖。

如果我們以普氏爲西方人文主義之祖，代表西方人文主義之第一階段思想，而以春秋時賢士大夫，如晏子、管仲、子產等及孔子，代表中國第一階段之人文思想，則中西人文思想之本源上不同，亦卽明顯起來。這主要的不同，是晏子、管仲、子產、孔子等對於以前之文化禮制，皆取保存承繼或進而申釋其意義價値的態度。而普氏以至蘇氏，對其以前之宗敎禮俗政治，則多取懷疑批判的態度。在中國方面，孔子之爲劃時代，在其能自覺過去傳下之禮文之「本」，在人之德性、人之仁心。普、蘇二氏之劃時代，則是把以前對自然之哲學思想，轉至另一方向，而思想人自己，求知人自己；同時本他們之自覺的理性，去成爲舊有宗敎禮俗的疑問者批判者，便在精神上與傳統文化，有一脫節。其結果，則見於蘇格拉底這個人，被當時社會上之人所控告，飮毒酒以死。其死卽完成了此脫節之意義。而從思想內容方面看，則稱普氏爲西方人文主義之祖，尤可見西方人文主義之第一階段之思想上的簡陋性、偏狹性，及其後之人文思想，如何由此簡陋性與偏狹性，一步一步翻出來之發展歷程。這我們無妨再多說幾句。

普氏之思想，我們今天不可詳考。但就所得而可考者說，其思想之特色，可以下列數語表之。

（一）他以個人之知覺或感覺即知識。

（二）他以人生之目的在快樂。

（三）他以教授人以知識爲謀生之具，曾被稱爲販賣知識一類之人。

由此三者，可知他之說人爲萬事萬物之權衡，他所了解的人，只是一個人主義、感覺主義、快樂主義、功利主義的人。他對於知識文化之本身價值，未能肯定；對於知識之超個人的意義及理性基礎，未能認識；對於道德之超快樂感情之根據，亦無所了解。簡言之，即他所謂人，實只是一「起碼人」，或居於文化環境中的「自然人」，或爲自己之知覺感覺感情所封閉的「主觀人」，亦即其精神與眞正歷史文化之生命，社會人羣之生命及客觀之自然世界，游離脫節，而凝縮收捲於自己個體生命之個人。以這種個人的觀念，來與春秋時之賢士及孔子之人的觀念，通於歷史文化人羣與天道者相比，當然是高下懸殊。但是他能自覺如是的個人之存在，而以之爲權衡一切知識文化之價值之準，依黑格耳在其哲學史及歷史哲學中說，即是確立了一主觀性之原則，確立了人之有一內在的主體。此主體是不能只作爲一般對象物來理解的。而我們亦可說，這便是把放散於自然對象物的希臘人之自然思想，加以超越，而將人之思想收歸人自己，來肯定人自己之存在的開始。而順以前的自然思想下來，人之思想其自己，最初亦只能把他自己作爲一能知覺感覺只求快樂的「自然人」來理解。以此自然人而居於文化環境，亦必只看見一切知識文化之工具的或功利的價值，而未能肯定其本身之價值。此種肯定主觀的自然的個人之存在，而只以知識文化爲其工具之普氏思想，卽西方之人文主義之開始點。此與中國人文思想之開始點，爲肯定有德之個人之存在，而以之承載歷史文化與學術知識，（此可參考本書中國人文精神之發展一文）正是一鮮明的對照。由此可看出，西方人文思想，在立根上之不健全，亦可看出人文主義，所以不易成西方思想之主流，西方後來之思想，總是要從人翻上去看神，從人翻出去看自然之一故。然而從希臘早期之自然思想，到後來之西方思想，普氏之思想却是盡了連鎖之責。西方思想發展，不能不先經過普氏之一關。而過關斬將的，則是蘇格拉底所開啓的哲學。

畢竟蘇格拉底的哲學內容如何，哲學史家亦多有爭論。但其反對普氏之感覺主義、個人主義，不以快樂卽德行，而由德行以言快樂，不以道德知識爲工具，而肯定道德知識之本身價值，是很明白的。這都與普氏成一對反。而其思想之以人爲中心，則是繼普氏下來的。由此諸對反，而蘇氏所認識之人，便爲一理性的人，而非束於感覺情欲的人；爲精神通於國家政治而爲公民的人，而非自然的個人。蘇氏對於人與文化之思想，當然較普氏邁進了一大步。但是如我們前所說，蘇氏對其傳統文化之宗敎禮俗，仍以批判懷疑之態度爲主。故其所認識之個人仍不能爲其精神通於歷史文化生命之個人。而蘇氏之忠於雅典之道德，亦只表示蘇氏之精神能通於當時之城市國家。他未能通其精神於整個之希臘世界之天下。而蘇氏又是視其太太爲無足重輕的人。夫婦家庭宗族之神聖的意義，亦在其思想之外。這便與孔子所了解之具仁心之人，其心量通於歷史文化生命，通於天下，通於家庭宗族，不可同日而語。這就使蘇格拉底亦不能為西方之人文思想奠立一廣大深厚的根基。蘇氏所開啓的柏拉圖、亞里士多德之哲學，亦並不向人文主義之路上走。而後來講西方人文主義之起源的人，亦很少追溯到蘇格拉底為始祖。雖然照本文的意思，我仍願仿照席勒之意，把蘇格拉底與普洛太各拉斯同視作西方人文主義之第一階段之代表。

我們所以不把柏、亞二氏思想，視作西方人文主義之起原，而却把普、蘇二氏思想，視作西方人文主義第一階段思想，不是因為柏亞思想中缺乏人生思想，或不重人與自然物之辨。柏、亞思想中人生思想當然是很豐富的，他們亦是明顯的更重人與自然物之辨的。由此以使他們之思想，成為希臘原始的自然思想之大升進。但只有人生思想，重人與自然物之辨，尚不足成人文主義思想。人文主義思想除此二者外，尚須承認人之主體性、整全性，及承認個人與社會人羣及歷史文化生命之通感性，或進至承認人之自本自根性。而柏、亞二氏之思想，則皆不向此而趨。他們之人生思想，老實說只在對人作分析的理解。如對人之靈魂，分為各部，說某部朽壞，某部不朽之類，這便非重人之整全性。他們指出人有觀照、了悟、嚮往理型或形式之理性。此中有大串理論。但歸根到底，此理性的心對於理型形式，只一接受者承載者。說其為能動者，亦非眞能自作主宰的能動者。這些話說來甚長。一粗率譬喻，是他們所鋪陳出的理型或形式之世界，太崇高了，這是可把人之自作主宰性壓縮的。此世界畢竟是超越於人心，爲其所對的形上的客觀世界。人之自作主宰的主體性，在此是難於樹立的。而他們之哲學最精彩之處，仍在討論各種自然知識數理知識之知識論、邏輯、形上學的基礎。個人與人羣及歷史文化生命之通感性，亦非他們所主要用心之處。至人之自本自根性，在柏、亞二氏思想中，更不能說。柏氏之「本」，在理型世界。亞氏之「本」，在純形式之上帝。故他們皆不能說是人文主義思想家。普、蘇二氏思想，則較原始、單純、而渾全。正因他們尙未進至對於人作分析的理解之階段，卽可說其對人之整全性，有更多的肯定。普氏之以感覺的自然個人爲萬事萬物之權衡，雖爲一淺薄之論，然此中至少亦有一自以爲是的人之主體性、人之自本自根性之肯定。而蘇氏之在實際生活上，不重純理論之知識論、形上學問題，而重自覺自制之道德的實踐，亦至少有一意義之人之主體性之肯定。故他們尙可稱爲西方人文主義之原始的思想，而柏、亞二氏反不是。然柏、亞二氏之思想，又遠較普蘇二氏爲博大精深。此亦卽人文主義思想，不能成西方思想之主流之一證。

(三)希腊羅馬及中古之哲學宗教與人文思想

蘇、柏、亞以後伊辟鳩魯派、斯多噶派之哲學家，是重人生問題的。他們多皆實行一種拔乎流俗的生活方式，而對於人生，有各方面的深刻體驗。對朋友之倫，伊辟鳩魯派已知重視。而斯多噶派更有人類平等，與世界大同之觀念。這都是比柏、亞二氏更進步之處。但是，我們仍不好說他們之思想是人文主義。因在哲學上，他們是要人倣效自然。他們所謂自然，自較希臘早期思想中所謂自然進了一步，即其中不只含物質的意義、生命的意義，且涵理性的意義、自然律的意義。斯多噶派所謂倣效自然以生活，即依順人之自然的道德理性以生活之意義。然他們皆缺歷史意識，不免以文化爲非必需的。而他們之聖者智者，不僅視財產、名譽、地位等，爲可有可無之物，亦儘可離羣索居，遺世獨立。此皆近乎中國之與天游之道家精神，而表現一外人文的精神者。自不宜稱之爲人文主義。至於新柏拉圖派之企慕神境，則是表現一超人文的精神者，其非人文主義之思想，可不須說。

在羅馬，我們說西塞羅是一提倡人文敎養的人。而西塞羅亦可稱爲西方人文主義之始祖。但在本文，則我們以西塞羅代表西方人文主義之第二階段之發展。西塞羅之思想，當然受了斯多噶派之影響，亦可列之於斯多噶派。但其思想，特重人文敎養之義，便與一些斯多噶派不同。西塞羅是一博學多聞，而文采煥發的人，其演說尤聞名一世。他是一儘量提倡希臘文化，以馴化羅馬人之原始的粗魯野蠻的人。他之倡人文敎養，實即要羅馬人承受學習希臘人之禮儀文化。這本是羅馬在武力征服希臘以後，羅馬上流人士，在文化上感到自慚形穢後的普遍嚮往。這嚮往所代表的意義，是較野蠻粗魯質樸的羅馬人之「質」，要求被之以「文」。亦即羅馬之原始之「人」需要「文」。此原始之人，需要文，即自然的感覺的情欲的人之需要「文」。亦即普洛太各拉斯所了解的那個「人」，發現了「文」之本身價值了。此「文」之根原在希臘。希臘文化對羅馬是較古的，屬於傳統的世界。而西塞羅與羅馬人，現在却要承受此傳統之世界，而與之通感。這就有了人文歷史的意識，此二者合以形成西方人文思想由第一階段至第二階段的大躍進。

以中西歷史比觀，羅馬之承繼希臘文化，有似漢代之承繼先秦文化。西塞羅之欲以希臘之「文」被於羅馬人之「質」，亦有似漢代政治之重地方人民之敎化。此中亦有「文」對「質」之問題。然而西塞羅所尚之文，其來源爲希臘。此文便是對羅馬人之自然生命爲外在的。而漢人所承之先秦文化，其創造者却是漢人之祖先。此漢人所重之「文」，便不可說爲對漢人之自然生命爲外在的。這一個不同，便使羅馬人之「質」，與其所承之「文」間，缺乏一親和感。此二者間，莫有內在的統一。這實是一個大問題。此問題要解決，只有一條路道。卽必需當時有一種大思想潮流，直透人性深處，去了解希臘文化之「文」，而在希臘文化之所自創造之原頭處，承接上去，而消化希臘所傳下之文化，然後可使此文與質間有親和感。然而我們看西塞羅所倡之「文」之重文字修辭，重外在的禮儀——如公共場所不唱歌等——便知他根本未能透入人性深處去講「文」。其所謂人性，不過人之自然的理性，或人能接受文化之性。其所倡之「文」，亦卽未眞出于外在的文飾的意義之外。我想羅馬人之希臘化，始終亦只是一「外文」「內質」互相湊合所成。由只是湊合，其歸宿之命運，自不出二途：一則徇文蝕質，此卽成爲羅馬人後來之奢侈腐爛。一則求捨去一切「外文」，重歸向於自然生命之質，或另要求超文而重質的精神生命。希伯來基督敎之侵入羅馬，代表此超文而重質的精神生命之要求。日耳曼人之南下，則顯示時代精神之寧要多具自然生命之質的蠻人勝利，而要否定奢侈腐爛之「文」。而此歸宿之命運之不可免，則在由西塞羅及羅馬人之嚮慕希臘之「文」，乃是向外襲取，以文飾自然人成文化人，根本未能透入人性深處去講「文」之故。而此亦即見西方之人文主義第二階段思想之根本缺點，而使西方之人文主義，仍未能有一好的源頭者。

羅馬之人文主義思想，不能透入希臘文化之所自創造的源頭之人性。而猶太教、基督教之思想，則能透入人類之所自創造的源頭，而信仰自無中創造一切的上帝之存在。這一種宗教信仰的高卓性，當然可以視一切希臘羅馬之哲學思想若無物。亦能自上憑臨而俯瞰之，自由加以應用取資。但是上帝愈超越偉大，而人亦即愈形渺小，而充滿罪孽。這個由基督教支配的西方中古時期之文化思想，自整個來說，當然根本上不是人文主義的，而是超人文主義的。

但是如果分析來說，則基督教思想，亦非不涵有清洗以前人文主義，及誘導後來之人文主義的意義。而基督教要人在神前自覺渺小，與充滿罪孽，亦同時啓廸了人從另一方面認識其在宇宙的重要性，與自我的尊嚴之路。此簡單說，卽基督教打破了一切從外在的階級、職業、種族、地位、知識、才能、表面的禮文與世俗的道德行為，來看人的一切的觀點；根本不從人之外表，以判斷人；而只要人各從自己的內心認自己之罪，而原諒他人之罪。而其上帝，亦不復如猶太教之上帝，只為一主持律法的上帝，而成一充滿無限的愛，能知人之一切罪，又能原恕之而賜以無盡的恩典之上帝。這正是表示一最深的反文就質的精神。此反文就質之精神，是要人把一切文飾在外的東西，全部剝除，而只把人性之最深本質上的罪，暴露在上帝或父之前，祈其救贖。這個時候，人是自覺失去一切傢當，一無依恃。此時，外在世界，悄無聲息，對他人之一切計較，亦不復存在。只有一帶着原罪的我，暴露於上帝之前，祈望並相信上帝必將恕我救我。這是眞正原始基督敎徒的心境。但不必是後來得意了的基督敎徒的心境。這個心境，在本質上是愴涼的。但是在此心境，人却有其自我獨體之呈露。此獨體之本質固是罪，由世界之始之亞當帶來。此罪非我之力所能銷毀。然我之獨體由上帝造，亦我所永不能銷毀。我亦成一存在之後，卽一永恆存在者，亦一可能得救者。而我卽有一絕對之重要性，一可能的無上尊嚴。此是基督敎所啓發之個人主義。而決不同於普洛太各拉斯、伊辟鳩魯之自然的個人主義者。然而此個人主義，正是西方近代的一些人文主義思想的根源。

其次基督敎之明顯的重人之精神，則見於其三位一體之敎義。此三位中，上帝是希伯來宗敎之原始觀念。道卽邏各斯，原自希臘哲學。約翰福音中道與上帝同在，據云是耶穌死後約百年，人融合希伯來與希臘之觀念之產物。而聖神或聖靈之遍運，以感人心，及道之成肉身，耶穌之爲人而神之聖子，則是基督敎之特殊觀念。依黑格耳意，聖靈之概念乃精神之概念。此精神之爲精神，在本質上卽須自其感召人心處了解。因而不能只是一超越於人心的概念，亦兼是一內在於人心的概念。而道之所以必成肉身，化爲人而神之耶穌，卽是基督敎中之上帝必須自超越其超越性、高卓性，以降世而化爲人。這一方異於希伯來之上帝只顯威嚴，異於亞里士多德之上帝只在上作永恆的思維，一方亦異於東方印度宗教之帶泛神論色彩，其神之可化身爲任何形之存在。而此上帝之只化身爲人而神而耶穌，及上帝之專志於救人之靈魂，並不去泛救衆生之靈魂，（因人以外衆生本無眞正的靈魂。）此卽表現基督教之特殊的重人精神。

但是原始基督教中雖有種種重人精神，而其本身仍非人文主義。此第一，因原始基督教所求於人者，要在內心的純潔虔誠。此內心的純潔虔誠，表現於社會文化之禮儀者，皆非其所重。至於一般哲學藝術，更其所輕。故其根本精神初爲超一般文化的。其後來之與希臘羅馬文化融合，而重哲學、藝術、教會組織，政治社會組織，此固是基督教之人文化。但此亦正表示原始基督教精神之變質與外在化。十二三世紀爲中古基督敎文化之登峯造極之時。此時卽出了更尊重人之理性之經院哲學。再下去則到了中古時期的末期了。第二，基督教之思想畢竟是神本的，其所謂上帝之本身，畢竟是超越於人以外以上的，而非內在於人之心性的。人心性中之原罪，使人只能蒙受上帝之恩典。只憑人之心性自身，人却全無力以達於上帝之自身。而人對上帝，遂終爲一上帝恩典所動之被動的存在。本來在耶穌新約中，說回頭是父，涵有人自能回頭以見父之意。既然回頭卽父在，則父當爲內在一切人心，而非只超越於人心者。故耶穌許多話，皆頗能直指人心。然在後來基督教之發展，則日益推遠人與上帝之距離，並只承認耶穌一人與父同在。不說人自己能回頭，而說此回頭，亦由聖神或聖靈之感動。不說皆可回頭見父在，而只說一般人不通過耶穌，莫有人能到父那裏去。而除神秘主義者外，一般教徒皆以人不通過教會組織，便不能見父。則父愈來愈顯超越，而上帝與人相距彌遠。人不在教會而屬異教者，乃皆爲惡魔所誘者。於是最後把人類分爲兩個世界的人，于末日審判時，再分別由天堂與地獄，以容此兩個世界的人。而基督教即不特成爲超人文的，而且亦成爲使人間世界上下分離，爲分屬上帝與魔鬼的。到近代有了宗教改革，新教徒爭得直接解釋上帝所啓示的新舊約之權，算是使人之精神，又與上帝聲音直接相聞。由此而縮短了個人與上帝的距離。但是原罪的意識之强，新教又或更甚於舊教。舊教猶承認人之理性可推證上帝之存在，而新教初則更重信仰輕理性。而新教中如卡爾文一派之預定的得救論，更使人純成爲一全無自作主宰力的存在。不過卡爾文派承認，人在今生，可有能得救之確知確信。則又表示一意義上，人對自己之自信。故新舊之基督教之得失相衡，同不能眞肯定人之主體性、自作主宰性，因而與人文主義之根本方向便不免異趣。

（四）文藝復興時代之人文主義之意義與價値與其影響

文藝復興時代之人文主義者，可謂眞正之人文主義者。因以前之西塞羅及普洛太各拉斯，尙只可謂有人文主義之思想，而未嘗眞以人文主義來號召。而文藝復興時北方人文主義者、如愛拉士馬斯（Erasmus）則明白倡人文主義，而與路德之宗教改革對峙者。南方之人文主義者如辟特拉克（Pe—

trarch)，亦要與奧古士丁之精神分離，以關心俗世，研究古代文化，以表示其對當時的時代之不滿者。至如薄伽索，則明白嘲笑陳舊的敎條，而稱美感覺世界，與自然生命的情欲。文藝復興時代的人文主義，是明顯的表現一反抗中古文化的精神，而開啓以後之人文主義的。故文藝復興之人文主義，成爲西方近代人文主義的代表。

文藝復興時代之人文主義之特質，一方在使人由中古之世界解放，而 Mirandola 有「人的尊嚴」一辭之提出，人們多有對自然美之尊重，對新世界之發現的興趣，一方在復興古典文學歷史之研究，一方在任人之想像，作多方面之奔放，（布克哈 Burckhardt 卽由此論文藝復興特色）對於人之才能之多方面表現，皆加以肯定。因而有重多方面才能之訓練之自由敎育之興起。而此多方面之才能表現，則主要爲藝術或技術的才能之表現。由是而能產生達文奇阿柏提（Alberti）辟特拉克（Petrarch）這種多才多藝的人物。技術藝術中人之才能之表現，見於人對自然之塑造。而當時所重之政治技術，則爲人之表現其才能於政權的運用，政治上之縱橫捭闔，以塑造政局者。由重視人才能之表現，而重人特殊的氣質與個性，連帶肯定個人之情欲。由才能、特殊氣質、個性之求被他人所認識，而重名譽，喜自我標榜，及樂於爭辯。凡此等等，則皆直接表現爲對希臘羅馬人文思想之一向上升進。

從近代人文主義之復興古學之研究方面說，這代表一超越反抗當時之時代，求與古代文化通感的精神。此與西塞羅之嚮慕希臘文化，而望羅馬人之承受之精神又不同。其不同在：希臘文化之留傳下來者之高於羅馬文化，乃是羅馬人所接觸的事實，不容西塞羅等不低頭，而求直接承受之。而文藝復興時之人文主義者，從事古學之研究，則純出自一反抗超越當時之時代，以懷慕回抱已逝去之歷史文化世界，而使之再生之精神。這更是一純粹的歷史意識，而表現一更高的人文精神。

其次，文藝復興時之人文主義者、重個人之才能之多方面表現，此在事實上，固直接是反抗中古時期，看輕人之才能之向外表現，而只重向內求神者。但我們如以之對照普洛太各拉斯、西塞羅之關於人的思想而言，亦在理論上，直接爲其進一步。由普氏之感覺性的自然人，只求個人之快樂，以傳播知識爲謀生之職業；至西塞羅之肯定知識禮文之「文」，陶冶人之自然之「質」之價值；再至文藝復興時，重多方面表現人之自然的材質才能，而經由技術藝術之手，以塑造外在世界；正依于一貫的理念之發展，而表現一人之活動之次第的向上升進，及人文之價值，人之在自然世界之重要性之次第增高者。

至於三木清及布克哈所說文藝復興時人之好名自炫的趨向，則我們可說是，原於個人之特殊才能要求被他人認識，而在其被他人之認識中獲得其普遍化之表現；同時使自己之自我，得存在於他心而客觀化於他心。此即異於中古宗敎精神，重在將自己罪惡，暴露於神之全知之前，求神之知我罪而救我，使我得存在於神心者。此積極的求名之精神，因其依於肯定他心之存在，故其本性爲社會的，爲我心向他心而生的。此與普洛太各拉斯之重個人之感覺快樂，及西塞羅之人文思想，只求以社會傳下之外表之「文」被附于個人之「質」相較，又明見一精神上的升進。

文藝復興時代之人文思想中，尚有一特質。卽當時人有烏托邦、太陽城各種理想國之提出。此卽培根所謂仿天國建人國之思想之始。而培根之仿天國建人國，卽要人重自然知識，求征服自然，由此而開啓近代實用科學之精神。此卽文藝復興時之技術藝術中，重塑造自然之精神之一推進，再加上近代理論科學之成就，而有近代之科學文明。科學與科學文明，固是人造，但近代之科學精神，則不好說是人文精神。因科學精神初是純理的，或向外在之自然物注視的。而科學文明之成果，亦可是誘人向外馳求，而失喪其自己的。科學精神可與人文精神相順，亦可與之相逆。因而尅就近代科學文明之發達而言，不必卽可說爲人文精神之發展之表現。

至於近代哲學中經驗主義、理性主義之兩大潮流，則就其重人的經驗能力、理性能力而言，亦可說是承文藝復興時代之人文主義之重人的才能下來的。希臘中古思想言人之理性，常重在人之理性之認識或觀照理型，或承載邏各斯方面。而近代理性主義之哲學，則重在人本其理性中之原則，以施行推證，以推知上帝或自然外物之存在方面。故近代理性主義者之理性，更是屬於人之能動的主體方面的。經驗主義之遠原是中古之唯名論。中古之唯名論，肯定經驗之個體之客觀實在。這是較重客觀個體物方面。而近代之經驗主義潮流，由洛克至巴克來、休謨、穆勒，則皆是更着重將所經驗之個體物，畢分解爲人之主觀經驗或觀念印象的。此皆可說是承人文主義精神而來。然理性主義經驗主義哲學，畢竟非人文主義。此則以其目標皆在說明我們之知識或重在說明所謂客觀存在之外物之意義，而不在說明人之自身。且無論專從人之純粹理性方面或經驗方面看人，都是對人作一分析的理解，而非對人作一整全的理解。無論從人之純粹理性或經驗去看世界萬物，或人自身，人皆只爲被條件決定，被超越外在的原因或充足理由所決定，或現實內在的經驗內容所決定之存在。人之自作主宰性、自本自根性，於此乃無法建立的。所以理性主義經驗主義之哲學，儘可促進各種純理科學經驗科學之發展，亦可幫助建立一般性的政治經濟上之自由人權之理念，而促進近代之政治民主與產業自由之社會之來臨，及人之俗世之福利與安全之增加，然理性主義經驗主義之哲學本身，仍不能算眞正的人文主義。

(五)十九世紀之新人文主義之意義與價值及其局限

在西方近代之人文主義之進一階段之發展，乃德國十八世紀至十九世紀初，由勒星（Lessing）、溫克爾曼（Winkelman）至席勒、哥德一段之新人文主義。此新人文主義之潮流，或名之爲一浪漫主義之潮流。此潮流起於德國，而與德國之由康德至黑格耳之理想主義潮流，相依相傍以行後，乃合以影響英國之文學哲學，而形成英國之浪漫主義理想主義之文學、哲學。此是西方過去歷史中最波瀾壯濶的人文主義運動。

這個十八世紀德國之新人文主義運動之特色，牟宗三先生於人文主義之完成一文中，謂其含有浪漫主義，絕對主體主義，及純粹的理想主義三特性。其根本情調為美學的。而其最後之成就，則在由浪漫的，再融合古典的，成哥德所謂人格。此人格乃生命之理型化。其所論皆甚透闢。讀者可以參看。但自此運動之異於以前之西方人文主義處而言其特色，則我們亦可說其浪漫主義之特色，在於不似文藝復興時之人文主義，只重人之表現其多方面之自然才能，而是要突破有限的自然才能之限制，去嚮往一無限。勒星說：我寧選無限追求，而不選絕對眞理，卽一對無限之嚮往。而赫德爾之狂飈之口號，亦卽求擺脫一切束縛限制之口號。這一種求超越限制之精神，表現於文學歷史之研究，則顯為一由重羅馬之古典，至更重希臘之古典，再至研究希伯來之神話文學，以及東方的印度、中國之宗教、文學、歷史之興趣之提起。由是而由勒星至赫德爾，遂有一「人類文化」、「人類歷史」之理念。此乃西方人過去所未有者。此中之人所表現的，超越其文化限制，而向遠古與遠地之人類精神，去嚮慕懷想之心情中，有一超越熟習，而喜生疏的、遙遠的、原始的、而帶洪荒氣息的之情調。由此情調，卽可接觸人類文化創造之本原，而與羅馬時西塞羅之只知已成之禮文等文化成績之價值者迥異。因而此時代之人文主義者，在日常生活方面，亦常是不受一般禮文習慣所拘束的。他們尙率眞，尙情感之自然流露，亦常有離世異俗之瑰意奇行。然而這不是好名。文藝復興時人好名，而新人文主義時代之人則並不好名，却彼此頗能自然的互相欣賞其所長而無忌刻心。此讀歌德自傳所載當時人之友情可知。文藝復興時，人皆重才能之表現。此才能與表現，實皆為一有限者、特殊者，故必須求他人之認識之，以普遍化于他人之心。而德之新人文主義時代之人，則能嚮慕無限，而達于生命之本、文化創造之原。故於其所創造成之文學藝術作品，自然較少矜持之意，而樂於欣賞他人之創作，以接觸各種可能形態的精神之表現。此卽新人文主義時代不好名，而更能互相欣賞其所長之故。此亦卽較文藝復興時之人文主義精神進一步之處。

此新人文主義時代之人之浪漫精神，使其能不拘限於已成之社會文化及自己之創作成就，與此成就所得之名譽，卽此精神之能顯其超越性或內在的主體性。此精神，亦卽人之未受規定束縛的原始生命，恆洋溢於已成之社會文化成就之上所顯的精神。因而一方爲純屬於個人主體的，一方面是通於自然生命與人以上之神的。故此時之新人文主義者，復多有對於自然生命之讚嘆同情，亦喜神話宗敎上之神秘主義。總而言之，卽他們多具一種泛神論思想。如勒星、歌德、席勒，皆爲泛神論者。此可謂承布儒諾、斯賓諾薩之宗敎哲學思想，又再加上文學的情調之思想。而歌德對斯賓諾薩，尤爲佩仰。

泛神論之思想，乃內在化上帝于自然之思想。此中上帝之無限，乃在世界萬物之無限、世界萬物之不斷生成中顯示。萬物不斷生成，乃向未來的。故泛神論之思想，恆歸於使人心不向過去，而向未來，不向陳舊，而向新妍。故此時人亦多向春天，向小孩，向青年。此卽與中古宗敎精神之信超越的上帝，使人回想過去上帝初造人時，思人之原罪，使人帶憂鬱之秋氣者不同。然泛神論之上帝，亦卽超神論中之上帝打一筋斗，而頭向地之所成。上帝之所以會打此一筋斗，由於近代文藝復興時之人文主義者，曾自恃其自然之才能以自別于上帝，而牽動了上帝之足。然而上帝之由超神論的上帝，化爲泛神論的上帝，其無限性仍不殊。故新人文主義，可說爲上帝之精神下徹入文藝復與時代後之人文主義精神之所成。亦可說爲由文藝復興時之人文主義，離別了上帝後，人再求於自然之無限與人性之無限的嚮往中湊泊上帝的無限性所形成。

德國浪漫性的新人文主義精神之根本缺點，在其最高境界，或爲一「相繼之精神表現，復相繼加以超越」之歷程。此可顯精神或生命之無限的風姿，與其無限的潛藏之內容，但此非裁成世界之事。或爲對此精神或生命，與以一諧和的形式，而形成一美的人格。此美的人格本身可圓滿具足，但却不必是能創生其他人格的。此亦不能裁成世界。此新人文主義之所以不能裁成世界，即在其只具有浪漫性的重美的藝術精神，而非能兼具哲學的批判精神，道德的實踐精神，宗教的信仰精神。藝術精神之本性，原只能文飾世界，鼓舞世界，以至摧陷廓清世界，或使人超越世界，而達於上帝或理型世界者。若要說裁成世界，必須濟以哲學的批判，以釐清對世界的理想，本道德意志及對此理想之宗教性的信仰，以實踐行爲，堅持此理想而實現之。然而十八九世紀之新人文主義者，則皆未能如此。

由十八世紀至十九世紀之理想主義哲學，則是能補此新人文主義之短的。而康德之哲學，則尤能兼知人之知識的主體，道德的主體，及審美判斷與藝術的創造根原之主體的。然而由康德菲希特至黑格耳之哲學，皆未能與新人文主義之思想融爲一爐，而其本身雖或被稱爲人文主義，亦是西方哲學中最重視人之理性，人之精神之哲學，然他們皆通常被稱亦自稱為理想主義。而他們之哲學及精神，亦有不同於當時之人文主義者之處。

康德至黑格耳之哲學，不同於當時之人文主義之處，在他們之哲學之根本精神，尚不似哥德等之能直接把握一整全的人格之理念。此整全的人格之理念，乃以直下通於神與自然之生命為內容。而康德之哲學，則初由分析知識之可能條件開始。黑格耳哲學，亦根於其邏輯之範疇論。此皆非生命性的思想。康德哲學之言實踐理性，菲希特哲學之言道德意志，黑格耳哲學之言精神，固皆是能裁成世界，幫助人成就其道德人格的思想。但是他們的哲學思辨，根本上是反省的，收斂的，以向上提的。而不是直接要去裁成世界，成就人之道德人格的。故由康德之超越自我，至菲希特之絕對意志，至黑格耳，而此派之思想之歸宿，乃在一形而上學中之絕對理性之概念。此仍是一超人文之概念。

我們看以上所述西方人文主義之思想發展，可見其或重人之感覺情欲；或重文雅之禮儀；或重希臘羅馬之歷史文學知識，與人之多方面之技術藝術的才能之表現，與世間之名譽；或重人之浪漫性理想性，對異時異地之人類文化之嚮往，即人之通于自然及神之生命或精神之體驗、美的和諧、人格之形成。而西方思想中之希臘之理型主義，中古之宗教思想，與近代之科學思想，改造自然及社會之技術的或政治經濟的思想，哲學中理性主義、經驗主義、及康德以下理想主義之潮流等等，則雖皆或重人與自然物之別之義，或重人之宗教精神，或由近代之人文主義所啓廸，或與新人文主義相依相傍而行，而其根本歸趨，則皆或爲超人文的宗教的形上的世界，或爲非人文之客觀對象世界、自然世界，而與人文主義思想異流。由是而西方之人文主義，與西方文化中之正統宗教思想、哲學思想、近代之科學思想，終不能有適當之結合。此其所以不能眞成爲西方思想之主流之故。然而我們看十九世紀至今之西方人文主義思想，則可發見其逐漸與西方傳統宗教思想、純粹哲學思想、科學思想之眞正結合的徵兆。而此則正是在補足以前之人文主義思想之不足。唯此中尙有種種之歧途，而徹始徹終，以道德上之實踐工夫爲本，而重知行合一之人文思想，則在西方，至今尙未眞出現。而此則正爲中國人文思想之核心所在也。

叁、西方人文主義之歷史的發展（下）

（六）西方現代人文主義與科學思想之結合

我們在上文說，由十九世紀末至今，可見人文主義與西方之正統的宗敎思想、哲學思想、近代科學思想結合的徵兆。我們卽可稱此爲現代西方人文主義之特質。此同以前之人文主義，只與歷史知識、文學藝術，或非西方正統的宗敎思想之泛神論結合者相較，自可代表一新階段之發展。此新階段之發展，使人文主義不只爲一精神，一態度，一風氣，而且眞成爲一種有內容的思想理論。

關於人文主義與科學思想之結合，在十九世紀之一代表的思想家，是孔德。他一方講實証時代之學問是科學，一方講人道主義。人道主義，是可包含於人文主義之內的。而十九世紀弗爾巴哈，亦是自覺要以人文主義代替宗敎的。其宗敎本質之講演錄等書之宗旨，皆不外指出宗敎爲人類之主觀要求之客觀化。他說人之第一思想爲神，第二思想爲自然，第三思想爲人。他之思想在第二第三之間。故他之人文主義，又是與唯物主義及當時自然科學思想相結合的。由他影響馬克思，而馬克思之「科學的社會主義」，則是以人爲社會之生產關係所決定的。這樣却又日益看輕人的自主性，而淪入唯物主義的人類文化觀。然聞在一九四九年國際人文主義者在日內瓦開會時，仍有馬克思主義者參加。在法之馬克思主義者，亦有自稱爲人文主義者。此外，現代西方哲學思想中之自然主義及唯物主義者，以至邏輯實證論者，亦大多是一方重科學，一方在談到文化思想時，標人文主義名號，以反宗教中之神本主義。如在一九三三年，在美國共同簽署人文主義宣言之人，在哲學上之主張，亦卽多爲自然主義者。因在宇宙觀中主自然主義、唯物主義者，大均承認人爲自然進化之頂點，或人爲自然存在中智慧最高者，或其身體腦髓爲物質世界中物質之構造最複雜者。故由自然主義唯物主義，歸宿於重人之思想，可無大困難。然在人之文化思想中，標自然主義與唯物主義之名，乃不切實際，亦不足與宗教中之神相抗者。故只有標人文主義，而視神爲人之宗教思想之所造，斯乃足以抗宗教。此卽無神的自然主義、唯物主義等思想，在文化思想中恆一方重科學，一方喜標人文主義之故。而在宗教思想中，人亦或視一切無神之自然主義、唯物主義者爲人文主義者。（如Burtt 所著宗教哲學之類型，卽稱杜威、羅素、桑他耶那等之宗教思想，屬於人文主義類型。而彼等在宇宙觀上，正爲自然主義唯物主義也。）

但是由人文主義與科學結合，而成之科學的人文主義思想，在其所作之反面的批評方面，雖可說者甚多。但在其正面的一方，却莫有多少別於人文科學的知識之道理可講。而依科學的人文主義看人，恆先把人之自身作分科的研究。如從生理學研究人之身體，從心理學研究人之心靈，從社會科學研究人在社會之各種經濟法律政治之關係。此乃對人作分析的研究。亦唯此對人之分析的研究，乃能形成各種關於人的專門科學知識。但此每一種關於人的科學中，却均只有人的一方面，成爲研究之對象。因而在任一關於人的科學中，人皆不能整個出現。人在此各種關於人的科學中，只能被分析的了解。或使人只成爲抽象的概念人。卽在所謂文化人類學中，及現代美國之欲綜合人類學心理學與社會科學以建立人的科學之運動中，亦只是把人作爲客觀對象之一「類」來硏究爲止。此所成之知識，仍只是一大堆關于人的概念之集合，而聯成理論系統者而已。這却違悖了人文主義之基本信念，卽重爲主體而非客體的整個具體人之信念。只有各種關於人的科學，分別的淩冒在人的頭上，必不能使人眞爲科學之主體。要使人爲科學之主體，必須承認人之理念內容有多於科學的理智概念之內容的地方，卽必須建立人的理念之自身，於人之科學理論之上；然後人能爲科學之主體，而不至任各種關於人的科學概念，分裂了人，籠罩了人。而要向此去用思，則不能只有科學的人文主義，還應有超科學的人文主義。此在現代西方最値得注意者：一爲宗敎的人文主義，一爲存在主義哲學之人文主義。

(七)西方現代人文主義與宗教思想之結合

西方人文主義與基督敎思想，初是世仇。西塞羅曾壓抑基督敎徒。近代文藝復興後之愛拉斯摩斯曾反對路德。以後人文主義思想與宗敎思想之衝突，多由宗敎之不寬容而起。及宗敎寬容成爲制度，思想自由被確認，宗敎家與人文主義便皆無互相反對之必要。故十九世紀末至廿世紀之托爾斯泰，遂依基督教而倡人道主義。但在二十世紀初，丹麥之巴斯 Barth ，先受杞克嘉 Kiekegaad 之影響，著辯證神學，却大反近代之人文主義，及一切受人文主義間接影響之宗教哲學思想。他以爲從人文主義之立場，批評解釋上帝之語言與宗教之教義，乃一無是處。上帝之語言見於新舊約。對此破裂之世界，上帝之語言，亦是破裂的。因而不能以人之理性加以系統化。但人必須絕對信從。人必須自視在神前一無自力，絕對謙卑。其言甚辯而有力，故影響極大。然在二十世紀之新多瑪斯派哲學家，瑪里坦（Maritarn）却著眞人文主義一書，一面反對巴氏，一面說多瑪斯之哲學中卽包含眞人文主義。此眞人文主義，乃以神爲中心之人文主義。其意是只有人以神爲中心，人乃有其尊嚴，有其正常之文化。而近代之人文主義之大病，則在文藝復興時代之人文主義之與宗教隔離、與神隔離，而人欲以其自己爲世界中心。然由人之對神傲慢，欲自爲世界中心之結果，則使人日益墮落而物化，而在近代文明之各種病態中，自失其尊嚴。此由近代人文主義者之欲專尊人，而終於使人失去其可尊之處，他稱之爲近代人文主義的辯證。而反此之另一辯證，則爲人之重新肯定神爲中心，由對神謙卑尊敬，以復人之眞正之尊嚴，此之謂以神爲中心之眞人文主義。

瑪里坦這種以神爲中心之眞人文主義，是否可成立，我們可暫不討論。至於其以多瑪斯之思想，涵具重人與其倫理文化之思想，則我認爲是對的。因多瑪斯之思想，本是綜合希臘羅馬之哲學文化思想，與基督教之宗教思想而成的。因而其人文思想之色彩原較重，此義上文亦提到。故倫達爾

（Randall）著近代心靈的形成一書，以其思想爲近代人文主義之一遠原。但是以前之天主教徒，似未聞有以多瑪斯之思想爲眞人文主義者 。此名乃表示新多瑪斯派的馬里坦之思想 。瑪里坦本是學柏格孫哲學，後乃皈依天主教。彼之哲學亦不是甘于只自居於多瑪斯著作之註釋的地位的。其用眞人文主義一名，以指一以神爲中心之人文主義思想，此豈非一前所未有之人文主義與宗教思想之結合？

另一個把人文主義與基督教宗教思想結合之現代思想家，卽於俄國革命時，被列寧驅逐出境之莫斯科大學哲學系主任貝得葉夫（ Berdyaev）。在斯帕克（J. B. Sparks）所編世界宗教歷史圖表，人文主義一欄，曾列此事爲一九一〇——二〇之大事 。貝氏之書 ，我曾讀其精神與自由（ Spritiand RemG ）及人類之命運（ Destiny of Man ）二書。我對彼之尊重 ，高於許多西方哲學家 。他之思想，乃承東正教宗教傳統，故反對天主教與新教之宗教哲學。他在歷史哲學中，本主張西方中古時代已在三世紀結束，而文藝復興時之人文主義，則在十九世紀結束。以下之時代爲新中古時代。故其思想，非一般之人文主義。但其所謂新中古時代，實爲一近代之重人精神與中古的重神精神之結合。自其思想之異於一般神學家處言，實具頗多之人文主義思想。他在上述之二書中，反復說明原始基督教之眞精神，乃在耶穌之爲神而人（ God-man ）。而神之化生爲人，卽在使人上升爲神，使人成人而神者 （Man-God） 。其說此神人之升降往復之對應關係，與中世末之神秘主義者愛克哈 Eckhart 頗同。彼意一般中古之神學家所以忽此，在他們之未能眞重上帝依其自身之形像造人之義，反在人與上帝間，置放一天使之系統，以合于亞氏之層疊宇宙觀，而神人相隔。故他之思想卽涵一人文主義與宗敎思想之新結合。而他之論人，特重人之自由性，而此自由性，則爲重組織、重服從之天主敎義所未能眞實的重視者。彼由此兼反對一切新舊敎中之預定的得救論、強迫的得救論。而共產主義之思想，亦正爲強迫人得救之思想之一型。其書多親切透闢之論，非瑪里坦之所及。而其言神人之關係，亦爲更能提高人之地位，宜推爲現代西方以宗敎思想與人文思想結合之思想家之首座。

（八）西方現代人文主義與純粹哲學之結合之存在主義

至於在現代之純粹哲學方面與人文主義深相結合者，則無過於存在主義哲學。存在主義哲學，乃一自始至終以人之存在問題爲中心之哲學。以人之存在爲中心之哲學，不必否定神之存在。亦不必否定實有世界之存在，與自然世界之存在。但亦可否定神之存在，或否定有獨立於人之知識外之實有世界或自然世界。現代存在主義者沙特里（ J.P.Sartre ），卽否定神存在之無神主義者。馬塞爾（ G.Marcel ）爲明肯定神存在之天主敎徒的存在主義者。耶士培（ K.Jaspers ）本亦天主敎徒，他亦不否定神存在，但他以超越界之概念統神之概念。海德格（ M.Heidegger ）則視此時代爲上帝隱退之時代，而以實有之概念先於上帝之概念者。故存在主義之哲學，可有不同之宗敎觀念。然其重人之存在則一。因而在一義上，皆爲人文主義者。而其中如沙特里、海德格則皆有專論人文主義之作。海德格之人文主義之一信，以實有之守衞者論人。沙特里之存在主義與人文主義一小書，則本其實與虛一書之義，而自絕對之自由性，「人之存在，不受任何先定之本質規定」以論人。

存在主義乃一尙未成定形，而可向不同路向發展之哲學。此哲學之劃時代的意義，一在其以眞實存在（Authentec Existence）必須兼爲自覺的存在，而唯人爲眞自覺的存在。由是直下以人之存在爲哲學思索之中心。此便不似西方傳統哲學之以人生哲學爲知識論、形上學、宇宙論之附篇。二在其重具體的個體的人生，而不以任何科學系統或哲學系統可囊括具體人生。具體人生恒超越於任何理智的系統之外。而哲學之爲用，亦不在以定義把握人生，以推理證明人生，而在以眞實的智慧展露人生，或照明人生。此展露照明之事，乃展露照明人生之具體的存在，由是而使哲學屬於人生，非使人生屬於哲學。由此他們反對一切理性主義以及黑格爾式之系統哲學。此皆表現西方人文主義之傳統之重具體的整個的人之精神者。

然存在主義哲學對於人之最深的認識，則係於他們皆能着重人之不同於自然物及神之性質。此不同，使人一方可與自然脫節，一方亦可與神脫節，或根本無神與之聯繫。此卽人之可上不在天，下不在田，而孤懸於天地間之存在性相。本來在近代思想中，文藝復興時之蒙旦（Montagne）卽要人只看人之自己，因而他對人之存在地位，時流露一疑情。而十七世紀之巴斯噶（Pascsl），於人之面對自然之廣宇悠宙，又面對上帝，更常有一上下無依、難以爲懷的愴涼之感。以後之尼采亦以人命懸於超人與次人之間，如在一吊橋，而下臨百仞之淵。而在現代之存在主義者，則於此點，尤深有所體驗。此主要乃承杞克嘉（Kierkegaad）之思想而來。杞克嘉之思想，原主要是宗教思想。在其宗教思想中，彼最重人與神之分裂感。由此分裂，人乃隨時可陷於無底之深淵，或面對罪孽與虛無，而怖慄、而厭煩、而病欲至死。而現代之存在主義者，則承杞氏思想，而又益以「人亦不同於一般自然存在，而恆在求超越自然，以超越其自己」之尼采思想，及近代理想主義思想；於是視人乃一方不屬於神之系統，亦不屬於自然之系統者。人對神言，是降落下的亞當之子孫。人對自然言，又似自然之上的神明，或自然之外之旁觀者，或與自然生命之流隔斷者——故人可自殺以取消其自然生命，於是人眞成上下無依者。故耶士培謂動物有其寄身處，人是無家的。海德格則特別看重人是能問自己之一存在。人能對其自己發問題，人自己可對自己成問題，此表示人之存在是對其自己懸掛起來的。其他之存在如自然物與神，只對人可成一問題。然神之存在對其自身，自然物之存在對其自身，皆不成問題。而人對其自身,則成問題。人依其超越性,亦可求超越此懸掛的存在狀態，以泯失自己于日常生活之世界或物化于自然，或歸命於神。但亦可只悵望上帝之隱退，與坐觀世界沉淪於虛無之前而怖慄。然此等等，正托出人之特殊的上不在天，不在神，下不在田，不在自然之特殊地位。此種思想我認是建立人居天地之中，或人居三才之中的思想之第一步。人不能居三才之中，與上帝及自然並立，而只是自然的產物或上帝的創造物，則人之獨立自主性是不能有的。故西方之只根據自然科學而生之自然主義的人生觀，與只根據宗教而生之神本主義的人生觀，最後皆不能免於忽視人之獨立自主性。而要肯定人之獨立自主性，正應從人之可不屬於自然系統，亦可不屬於神之系統，而孤懸於天地間，以面對虛無處開始去認取。此我認爲是西方現代存在主義之人文哲學的空前的大貢獻之所在，而可與東方之佛家及道家思想相通的地方。

現代存在主義之哲學，各家立說雖不同，然皆重人之對其所遭遇之限制之承担，與其存在自身之超越此「限制」性之肯定。此與十八世紀之浪漫主義的人文主義，及由康德至黑格耳之理想主義哲學之論，亦皆有相通之處。但浪漫主義的人文主義，所要超越之限制，乃人自然的才能之限制，及特定的社會文化生活形態之限制；而求有無限的靈感，以通於「卽自然卽神卽自己之生命」之眞實。浪漫主義者所謂精神或生命之進程，原如一波逝，一波興。此中所須超越者，唯是波之特定形態。由此超越，卽可達於精神生命之海。旣達此，而我們之人格之形態，卽成此內在的精神生命之美的型式。而理想主義哲學之言超越意識，超越理性，超越自我，則實爲一不受知識觀念或範疇限制，而統攝諸可能觀念與諸普遍範疇之超越意識，超越理性，或超越自我。此意識等之爲超越，由其能統攝而見。故有如金字塔之頂之超越的統攝此塔。故此派哲學，至黑格耳、布拉得來、鮑桑奎，終歸宿於一包涵上帝、理性、意識、自然之一「絕對」之理念。此乃偏在意識理性之無限性上言超越，而與浪漫主義偏在生命精神之無限上言超越不同者。至於存在主義之言人之超越性，則要在由人之能超越一切所對之存在，及其性相觀念言。人之有此超越性，乃依於人之個體之存在之自身，乃一可自一切存在游離，或能以「無」無（動詞）其所面對之一切存在，而使「無」成爲其一所遭遇者。故美人H.Kulm曾著「與無遭遇」一書（Encounter With Nothingness）論存在主義。此與無之遭遇卽最易使人可自覺孤懸於天地間，自覺其既非屬於自然系統亦非屬神之系統者。此三種人之超越性理論中，惟第三種存在主義之理論，既能不引致於一卽神卽生命卽自然之概念，亦不引致一囊括萬物之絕對之概念，以達於具體的個體之人之存在之外；而能直下將人之存在，由四圍之空虛以凸出，以使此凸出之人，可與昊天上帝，及自然大地並立，而爲三才之中者。而此亦卽可謂使人之超越性，不再成爲由人至人以上以外者之橋梁，而只作爲凸出暴露或反顯人之自己的存在，內在的存在，或人之個體的主體之用。此可謂爲浪漫主義及理想主義中，帶構造意義之超越理性之收歛，而成爲隷屬於個體之主體的，只有遮撥意義之超越性。此亦卽如「超越性」之全納歸人之自己，而不復再有一毫之外溢。

以上所說存在主義哲學之特色，最重要者在把人之「超越性」全納歸於人之自己云云，不是說一切存在主義者，於此點所見皆相同，但是存在主義之潮流之特色與價值，則我認爲當從此去理解。

（九）過去之人的定義及現代人文主義思想中之問題

如果我們以上講得不差，則見西方人文主義，雖尚未能成爲西方思想的主潮，但它實尙在方興未艾之中，而與科學思想、宗教思想及純粹哲學，皆逐漸在求深相結合。西方之宗教家、科學家、哲學家，亦再不能看輕它。但是在過去西方思想之發展史中，在一時代對於人之是什麼，皆可說有一確定方向的看法。而現代之確定方向如何，却尙看不出。西方人文思想，從普洛太各拉斯說出「人爲萬事物之權衡」，蘇格拉底之提出「知汝自己」始。在普洛太各拉斯，是以「人爲一感覺的求快樂的主觀的個人」。由蘇氏至柏、亞二氏之哲學之發展，則歸於亞氏之人爲「理性的存在」。但此理性是對人以上之理型說的。故不能成爲人本的人文思想。以理性在人，亦在自然，是卽斯多噶派人當依順自然之思想所由出。至西塞羅，則人爲文化與自然之質之和合品。到了中古時期，則人對照上帝，成爲「唯一依上帝形象造成而帶原罪的存在」。到文藝復興時，則人成爲「能表現多方面才藝，以塑造世界的存在」。後漸成一能發明科學器具，以支配自然征服自然的人，卽近代文明人，而人乃稱爲一「能造工具的動物」。在近代理性主義經驗主義之哲學，則或重在本理性以推論世界，或重在以理智分解經驗世界，計算功利，而歸於使人成爲一「邏輯的存在」，或「算賬的存在」。至於由近代之十八世紀之新人文主義，歸向於生命自然與神之合一觀，而人格成大地之子之最高幸福，人又爲一「卽自然卽神之生命存在」。德國近代之理想主義哲學，則由康德、菲希特之使人成爲一「道德的存在」始，而以黑格耳之以「人爲一形而上學之動物」終。這都是對人之存在，各有一確定方向的看法。但是由十九世紀後半期至現代，則是對人之存在，最無確定方向的看法的時代。此當是思想上之過渡時代。在此時代，尼采曾說「人是會笑的動物」，在自然進化途程中「人是要超越他自己的」。人是能笑他自己，亦是在自然進化途程中要超越他自己的。此在尼采，乃以表示人之不穩定性。而海德格之以人爲「能問他自己的存在」，則表示此時代是人對其自身最成爲問題的時代。在前一時代，爲存在主義先驅之巴斯噶曾說「人是一蘆葦，但他是一有思想的蘆葦」。他的意思是說，人是軟弱的，而思想又使之偉大崇高。但在今日，人在自己之存在成爲其自身的問題的時候，則人在思想世界中，仍會發現他自己是一蘆葦。蘆葦隨風飄蕩，正如思想之左右擺動不定，常有不易決定的問題。

這現代思想中關於人之存在或人文主義之問題，可就上文所說，再補充一些材料，舉出十三個。

（一）畢竟人文主義，與宗敎是否能相容。此在天主敎之馬里坦與承東正敎之貝得葉夫，認爲是可相容，可相結合。斯帕克（ Sparks ）之宗敎歷史圖表，以薛維徹（ Schweizer ）屬於當代之人文主義，薛氏自爲一以宗敎與對生命尊重之人文主義可相容者。然承新敎精神之巴斯，則認爲二者水火不相容。而由費爾巴哈之人文主義所開啓之馬克思、恩格思之思想，則明是反宗敎的。至於一九三三年美國之人文主義者之共同宣言，自稱爲宗敎人文主義者，則名是宗敎的，實則正是反對傳統宗敎的。其稱爲宗敎的，不過表示他們之信仰在此。這些人文主義者，至多只自社會敎育的效用上，或自人類歷史文化發展應經的階段上，主觀之情感想像之需要上，肯定傳統宗敎某方面之價值。但並不以宗敎的信仰中，眞包含客觀的眞理。此是人文主義與宗敎是否相容之問題。

（二）畢竟人文主義與科學有何關係？科學之價值，今之一般人文主義者大均肯定的。問題是科學在人類學術文化中是否應居最高之地位？或人是否原則上，可由科學的研究分析不斷進步，而最後使之一無剩餘？是否科學眞能指導人生之一切？此在孔德之最初思想，及一些科學的人文主義者之答案爲「是」，而孔德之晚年，及宗教的人文主義者，與存在主義的人文主義之答案則爲「否」。

（三）如果有超人文世界之超越世界，此世界是以理型或實有或價值爲第一義之實在，或以上帝爲第一義之實在？在拍拉圖，明以造物主位在理型或至善之下。亦卽在道之下。而現在海德格，亦以實有之概念先於上帝。而在基督敎徒，則明以上帝爲第一義之實在，言上帝與道同在。上帝爲第一位之聖父，道爲第二位之聖子。

（四）如果上帝爲第一義之實在，人是否眞能同一於上帝與耶穌？在天主敎與新敎，人只能信仰上帝，跟隨耶穌，畢竟不能與之同一或平等，如眞可與之同一或平等，則人爲一大傲慢者。然在神秘主義者、泛神論者、及貝得葉夫之思想，則傾向於「是」。

（五）如果人欲達到上帝或至眞正超越世界生活，是否只有通過信耶穌與所謂上帝自立之敎會之一條路？一般天主敎徒之答案，蓋皆爲「是」。凡只執着新約「不經過我莫有人能到父那裏去」之一語，及敎會爲上帝之世間的軀體之思想者，其答案亦皆爲「是」。但馬里坦並不如是獨斷，而承認有其他可能。而貝得葉夫則本羅馬敎會中所謂有形的敎會外，尚有無形的精神敎會之說，引而申之，謂人不通過形式上的基督教信仰，人亦能見父。此乃更開明之論。而在存在主義者中，肯定上帝與宗教生活之耶士培，則傾向于承認每個人皆有一直達超越界之道路，而兼肯定各種引人至超越界之宗教或哲學之分別的應機的價值。此爲一最廣大之態度，而接近東方之宗教觀者。故他雖原爲天主教徒，而又明白反對耶穌爲歷史軸心之說。而主張孔子老子蘇格拉底與釋迦等出現之數百年，當爲人類歷史軸心之說。

（六）在眞理上說，畢竟有無上帝，或能否說有上帝，或是否必需姑說有上帝，或如何說上帝？在正宗宗教徒，說眞有上帝。實用主義者，如詹姆士則據宗教經驗，及實用原則說上帝之存在確在一些人宗教經驗中，對一般人亦爲一有用之信仰，至少可姑信，可姑說有者。海德格則以今爲上帝隱退之時代，可姑不說上帝者。在唯物主義自然主義者，則斷然否定有上帝。在以認識論爲主之舊式或新式的實證主義者，則謂人無理由以說上帝存在，上帝乃不可證實者。在康德至黑格耳之哲學，則以上帝爲普遍心絕對精神，乃對個體心個體精神超越而又內在，不卽而亦不離者。而現代之存在主義哲學家如沙特里，亦爲明白之否定上帝存在，言肯定上帝之存在，則必然使人失其主體性與自由者。

（七）如果我們相信無神的唯物主義、自然主義、實證主義、存在主義之人文主義，則我們還可問：畢竟人之社會性、集體性或階級性，是人之本質，或人之個體性是人之本質？實證主義兼人道主義之孔德，重人之社會性。由費爾巴哈之人文主義至馬克斯之唯物主義，乃由重人之社會性至重人之階級性。而實用主義者兼自稱或被稱人文主義者之席勒及詹姆士、杜威，皆較重個人之兼涵社會性與個性。

被稱爲宗敎思想中之人文主義者，而屬宇宙觀中之自然主義者的羅素，則尤重個人之非社會性的個性。

（八）如果肯定人爲一自然之存在，而與自然相連續，是否有獨立於人以外之自然物之性相，能爲我們所客觀的認識？卽我們對於自然之知識是人之所發現，或人之所製造。席勒之人文主義則是主張人對自然之知識，乃人所製造。詹姆士、杜威之說，亦近此。此必歸於只有相對於人類社會之主觀的知識，而無眞正之客觀的知識。然海德格之人文主義一文，則以人爲能透過「無」，以使世界一切實有之自相，展現於人之前者。新實在論及一般唯物主義、自然主義，亦多信人可有眞正客觀的自然知識。實証主義而兼人道主義之孔德，則以人之知識範圍，只限於呈現於人前，爲人所可實證之經驗現象。外此求知，則成玄學，乃非科學者。而科學知識，亦限於此現象之規律之認識。此可說爲一客觀主義，以現象乃客觀所對故。亦可說爲主觀主義，以此所知者，只爲對人如此呈現之現象故。

（九）如果我們有對自然之知識及對上帝之信仰，或對上帝之神學的知識，我們是否必需通過對於自然之知識或對上帝之信仰知識，乃能眞了解人自己？或須先通過人對其自己之了解，乃能眞了解自然與上帝？卽人對其自己之知，與對上帝自然之知，孰爲此中之在先者？在多瑪斯之思想，明以信仰神了解神爲在先，唯眞知神知天乃知人。今之天主敎之新人文主義蓋亦難免此。自然主義的人文主義者偏於知自然以知人。而存在主義之人文主義，則偏於由直接知人自己，以知其與上天及自然之關係。

（十）如果人之存在以外有上帝與自然之存在，人之存在是否必須依賴於上帝與自然？此依賴爲外在的超越的依賴，或內在的依賴？依宗敎的人文主義，自主張人之存在必依賴上帝。此依賴恆爲外在的超越的依賴。自然主義的人文主義，自主張人必依賴自然。此依賴，恆爲內在的依賴。而存在主義則肯定人可有兩不依賴之一境。此卽其面對虛無而孤懸於天地間之一境。但此境是否能久？存在主義者，又或視之爲一過渡。過此境後，是否卽再入依賴之境。重宗敎的人文主義者，以爲不可免。而其餘之存在主義者，則以過此境後，人之一切可純屬人之自由決定，自作主宰。但此自由決定自作主宰，如何爲眞實的自由決定，而非任意的自由決定？此自作主宰如何爲眞實的自作主宰，而非下意識中之業力，或外在之神力與自然力，在冥冥中作主宰？此乃一種重大之問題。似爲西方之存在主義者之特重自由決定與自作主宰之義者，尙未深切觸及者。

（十一）人之存在及其思想意識之存在，與其本性本質關係如何？在西方希臘中古之傳統，以人之本性本質，決定人之存在。近代之社會科學、心理學及哲學中之唯物主義者、自然主義者、實證主義者、實用主義者，日漸不重人之本性本質之認識，而視人性爲人之自然環境，社會環境所陶鑄，或與二者相關而共變，表現一函數關係者。馬克思等則進而言人爲社會關係下決定之存在，而人之在社會之階級地位，卽決定人之思想意識，亦卽能改變其自然之人性爲階級性之人性者。然在存在主義者，如沙特里，則以存在主義之特色，在主張人之存在先於其本性本質。人有如何之存在，乃有如何之本性本質。然彼又以人之自然環境社會環境存在狀態，並不能決定人之存在狀態。以人有絕對自由，可自此一切環境游離而逃遁，而不受其決定，以自定其存在狀態故。由人可有絕對自由，因而他謂人無一定之人性與人之本質。如海德格，則一方論人之存在，一方論人之性相（ Characteristics ）。此性相實卽變相之人之本質。而耶士培則頗有人性及人之本質，卽在人之自創建其存在中實現成就之意。

（十二）我們講人究應重在理性一面，或其非理性反理性的一面？十八世紀之經驗主義、理性主義及康德以降之理想主義，皆重人之理性的方面。而現代人文主義，如席勒等皆兼重人之情意一方面，卽非理性一方面。而在存在主義的人文主義，則多重人之非理性、反理性、或超理性的諸方面。然馬里坦之眞人文主義，則承多瑪斯之思想，仍重人之理智或理性的方面。

（十三）如果人文主義是眞的，他對於當今時代，當負什麽一種使命？對此問題，純講壇的人文主義者或未觸及。但人文主義之精神，依其傳統，應當是重實踐的。此問題便必需觸及。在參加一九四九年國際人文主義大會的馬克思主義者，自稱只有他們能以實踐態度去改變世界，天主敎之人文主義者之實踐與一般天主敎徒同，都是在實際言行上，反對唯物主義與當今之極權政治的。海德格之實踐，是第二次大戰前，曾接近納粹黨。而受海氏影響之沙特里之實踐，則是在法國淪陷時曾以其重自由之存在主義，促進法國之解放；而在戰後，則表其存在主義思想於文學戲劇，以普及於法國之社會者。耶士培之實踐，則聞其曾組織一學會，倡導人與人之正面相遇的交談，以求一互相肯定對方個體的眞實的精神相通。他與馬里坦，亦都是世界文化自由會之名譽主席，此會乃向共黨爭文化自由者。這證明現代之存在主義之人文主義者，具有高於一般學者教授之實踐精神。但實踐之路道，亦有各種不同，此仍是一值得注意的問題。

(十) 西方現代人文主義思想中之問題之來源及吾人之主張

對於這十三個問題，我不能在此一一詳答。這些問題，都有西方之文化思想的背景。要將其答復，必須順西方之文化思想之發展，加以分析疏導，才能一一到解決之路。這不是簡單的問題。但這主要是西方思想家自己的責任。對於我們來說，則這些問題並不必如何嚴重。因爲我們之文化思想之背景中，並莫有這許多思想觀念的葛藤。而我們亦儘可暫以我們之傳統思想爲準，去看他們之問題。則有許多問題，可以不成問題，或極易加以解決的。因以上的問題，已似太多。不免使讀者惶惑，或會以爲我們必須先將他們之問題解決，才能有我們自己今後之文化思想。所以我下文姑用快刀斬亂麻的手段，較獨斷的口氣，對西方現代人文主義思想，作一總評。附帶把以上這些問題重要者，作一答復。其理由，則或見我以前之其他文字，或容以後再說。

西洋現代人文主義思想中問題之多，在根本上由於西方人文主義，莫有一本原上健康的傳統。在西方學術文化傳統中，偏於自然主義與理性主義之希臘思想，與信超自然主義重啓示信仰，而以神爲本之希伯來主義、中古思想，乃一根本的對立。而尙個體自由之希臘雅典思想，與尙法制組織之斯巴達、羅馬之精神，又是一根本的對立。這兩個對立，使西方傳統之人文主義思想，陷於上帝與自然之夾縫中，宗敎精神與科學精神之逼脅中，及法制組織與個人自由對峙中。於是西方人文主義，在十九世紀以前，主要在禮儀歷史知識文學技術藝術中求表現。亦卽只能在人類文化之這些方面之表現上立根，而未能在人類文化之全體，及人性或人之存在之本質上立根。原來對人之本質問題，西方宗敎有預定的答案在那裏。卽人之本質是仿效上帝形象創造，後又帶上原始罪惡的，而人文主義却難在人之原始罪惡上立根。西方哲學中之自然主義，則恒不能免於化人於自然物。人文主義亦難在只爲一自然物之人的觀念中立根。西方近代理性主義，又恒只重人之純粹理性活動一面。此理性活動根本上是要看一外在對象的。看人自己，亦要把人自己對象化外在化的。因而只能成就科學，而樹立不起人之主體性、自作主宰性。於是在十八九世紀以前之人文主義之最高的表現，亦只能到德國之新人文主義之透過藝術精神，以體驗到一卽自然卽神之人的生命爲止。

在十九世紀至今之西方人文主義思想，則較能與宗敎、科學、哲學思想分別有一結合。然亦爲宗敎與科學中所分別着重的自然與神之對立觀念所滲入，而使其人文主義或爲宗敎的而依傍神，或爲科學的而依傍自然。而西方傳統思想中之神與自然之對立，遂重表現於人文主義之思想之中。西方由希臘之雅典、斯巴達、及羅馬傳下之個人與組織之對立，亦經過中世、近代社會中之各種個人與組織之對立之表現形態，而使現代之人文主義亦成爲重社會集體或重個人之二支。於是現代西方之人文主義，則有四型。一爲偏宗教而重集體之敎會組織的，如天主敎中宗多瑪斯之人文主義思想。二爲偏宗敎而要個人自由的，如貝得葉夫。三爲重科學重人之爲一自然的存在、物質的存在，而又重人之集體的組織活動的，此爲孔德、費爾巴哈之思想，後淪爲馬列主義者。四爲重科學以人由自然進化來，較重人之個體自由的。此爲一般英美之人文主義者及自由主義者，如羅素、杜威、桑他耶那、色勒斯等。

存在主義的人文主義，其根本特色，原是只注目於人之自身，乃視人既不必然屬於上帝之系統，亦不必然屬於自然之系統的。此爲求逃出西方之宗教與科學，神與自然對立之傳統的，人的思想出現之始。而其言人之存在性，雖重在直指人之具體的個體而言，然此又非卽與社會集體爲對立之個人主義。因存在主義之言具體的個人，乃就其存在之事實而加以照明展示，而不必意在持個人與集體組織相抗。存在主義之言個人自由，復不僅包含自社會之束縛桎梏解脫之意，亦包含自個人之過去之習慣，觀念等解放，以創一時時更新的個人之眞實存在之意。故存在主義之原始意向，亦爲超一般個人與社會組織之對立之範疇者。然存在主義者之欲人上不依歸上帝，下不依歸自然，外不徇人，內不自役，而不着四邊，以體驗「無」之結果，雖使人一時得自覺爲絕對自由之主體；然此主體又爲四顧無依，而不能安於其位者。於是對無之怖慄感生，而不能不出無入有。然其欲出無而入有，則或偏於由深入自己內部，以依神而尙宗敎生活，如馬塞耳。或由尙個人之絕對自由，而無理由以制裁自然情欲之放任，如沙特里。或皈依于實有，並以實有之概念統上帝之有與一切自然有，如海德格。此皆老問題老觀念，透過存在主義者之虛無面而再現。又在宗敎思想中，上帝與人一經對立，人又或爲敎會團體中人，或爲個人而面對上帝者。遂有不經敎會團體不能達上帝之思想，又有神秘主義之個人直達上帝一型之思想。此二者之別，表面爲基督敎宗敎思想內部之爭。實亦希臘雅典式之觀念與斯巴達羅馬式之觀念，分別注入基督敎之結果而已。至於對自然知識之看法，其以人在求知時，乃以人心俯就自然，而對自然開朗者，則爲客觀主義之自然觀，以知識只顯示實在。其以自然隸屬人心者，則爲主觀主義之自然知識觀，以知識兼構造實在，製造所知之自然者。此諸種之觀念之對立，要不外神與自然與人、人與己、虛無與實有、主觀知識與客觀知識之四者之對立爲核心。餘者皆爲引申而出或不重要者。

然此諸對立，在中國之人文思想中，則可謂未嘗存在者，或其對立已經銷融者。此卽首表現爲周代思想中，宗敎意義之上帝、上天之與自然之天融合爲一名。而天與人之通路，則可以儒家思想中之天命之謂性表之。西方希伯來之宗敎，以人性之原始罪惡與天命相違，則神人二元，非中介以僧侶，無法溝通。而中國儒家思想，言天命之謂性，則人人皆有直達天命之路。此卽盡心知性則知天，存心養性卽事天，修身以俟卽立命之孟子之敎。此中天人能合一之樞紐，全在卽人之心性，以見天命上。舍人之心性，而只於天啓之文字上、敎會組織上，見上帝之意旨之流行，是皆天命之外在化，而使天與人相隔絕者也。

中國儒家所重之心性，既非只指人之感覺情欲，亦非指純粹認識理型作推論之純理智的理性。更非指人之能表現技藝之才性，復非指在冥冥之中與自然或神相通之生命，由浪漫精神之擺脫一切桎梏而見者。此心性乃指人之仁心仁性，卽內在於個體人之自身，而又以積極的成己成物，參贊天地化育爲事之實踐的理性，或自作主宰心。人類只有此心此性，能屬於自己，而又通於他人，爲銷融個人與社會組織之對立之根基所在。亦爲能通人心與天心，人與自然，使天人一貫之樞紐。除此以外，無論上窮碧落，下達黃泉，行盡天下路，讀盡古今書，受盡人間苦，更無處可發現一銷融人己天人之對立，而一以貫之之物事可得。此物事看似簡單，而其蘊藏則無窮無盡。任你才智之士，如何懷疑，如何在思想上翻騰，最後還是要回到此個物事，才能安身立命，而可仰不愧於天，俯不怍於人，內不蔽於己，外不溺於物，而使人成爲天地人之三才之中，以頂天立地而樹人極。而要說此仁心仁性之體相，則又正是至虛而又至實。自其超越性言卽至虛。此中可無天無地，無己無人，只是一片靈光朗照。但此又不似存在主義所面對之虛無。因此中並無怖慄感。存在主義之面對虛無生怖慄，只是此心此性在沉霾幽谷，而出谷時之震撼感。而由此心此性之現實呈露，則他又是涵天盖地，成己成人，精神四達並流，天地人己，一齊俱在這兒，並莫有歧途可走。如走了歧途，或偏於天神，或偏於大地自然，或徇人喪己，或私己忘人，則他亦能隨時矯其所過，而補其不及。故他乃是至虛而又至實。便不同於存在主義以有無虛實相對之論。而此仁心是存在，此仁性卽其本質。仁性內在於仁心，此是本質依於存在。仁心依仁性而有，此是存在之依於本質。有仁心存而後仁性顯，率性之謂「道」，行「道」而仁德成，此仁德亦是人格之本質。而此本質，則由仁心之相續存在而有。此又是本質之依於存在。由此可以解決人之存在與本質之先後問題。至於仁心之通於外，則賴見聞之知與理智之知。仁心成物，故亦肯定外物之獨立存在。而人之見聞之知，初重在接受所發現的，由此以成就客觀之知識。謂聞見之知中，心靈製造所知之自然，乃中國先哲所未言。故西方知識論中主觀主義，與中國儒者之言，乃不相應者。然儒者所言德性之知，卽對仁心仁性之自覺，此乃全爲自發自動，而主宰人之見聞之知之活動方向者。由其充內形外，卽可裁成自然與人間之世界者。此德性之知，純屬於主體，謂之爲純主觀亦可。然又實爲能通於外在之自然與人間，而以裁成世界爲志者，則又爲最客觀的。在西方思想中，因於德性之知之主宰見聞之知之一義，恆認識得不親切，又喜溯德性之知之原於上帝，並以天所已賦之德性之知爲未足，而必外求意外之啓示。故哲學中之主觀主義，乃重就聞見之知之主觀性，以言所知之自然之爲人之心靈所構造，以爲補償。然如吾人能確立主體所發之德性之知，自始能主宰吾人之聞見之知之活動方向，而由其充內形外，又可裁成世界；則並不須由知識論上之主觀主義，以提高人心之地位，而人心亦可爲外面之自然社會之世界之主體矣。

見聞之知，乃對於對象界之自然社會之知識。德性之知乃對我之「如何運用此見聞等能力及見聞之知識」及「此運用之目的與方法是否合理」之知，卽對我之意志行爲之知。此二知有照外照內之別。然此二知，又可同時並起，而顯爲二層之知。而照內之一層，則恒涵盖於照外之一層之上，而主宰之。此照內之德性之知，是知人之存在自己。人斷然不能由照外之社會自然所成之知識，以自知其德性之知。此德性之知乃斷然不能求諸外者。而欲通過對超越而外在之上帝之知，以知此德性之知，亦爲一不可能之事。然由此德性之知之能充內形外，以成己成物，參贊天地之化育，則可言此知卽天知，此心卽天心，而人可由德性之知，以知一內在而超越的上帝。此卽吾人對第八問題之答案。

(十一)吾人對時代文化之幾點實踐的態度

上文畧說明對於德性之知之自覺，及由自己之德性之知之自覺，以知天之義。大體上說，以上之理論，乃自孔孟以下數千年之儒者所共許的。此理論，西方哲學亦多可帮助說明。而由康德至黑格耳之理想主義哲學，善言普遍與特殊之合一，普遍心、絕對精神之內在於個體之人心，尤多可取資。但在儒家看來，此中之重要者不在理論，而在工夫。工夫到了，自有知性知德及知天之實感。否則多說理論，亦無用。工夫乃生活上的實踐工夫。此中亦有一學問。此學問不是哲學，亦非神學，而是聖賢之學。此乃西方所無。卽今之存在主義哲學中，亦尙未能重視者。此聖賢之學，全在人之內在的實踐。由內在的實踐至外在的實踐，則爲倫理政治之實踐，及由延續歷史文化之責任感而生之講學敎育之實踐。由此內外二種實踐，卽儒家之一貫的知行合一之敎之內容。此與西方大多數哲學家，皆知而不能行，宗教家則多能行而不知者，不同之處。依此，而吾人對此時代，自有其當負之責任。而此責任之最要者，卽一方為依中國之人文思想中之仁心仁性，以銷融西方思想中天人物我之對立，一方亦以對此對立之了解，及對由此對立而開出之科學、宗教、個人自由、及社會組織之西方文化思想之接受，以為豐富開拓中國之人文思想之內容之材料。由此而有下列數者，吾人對西方文化，及對時代之態度可說。

（一）吾人可承認開拓吾人之見聞之知，以及由純粹推理而得之知識之價値。惟不以科學為人生之主宰，而主張以人主宰科學。吾人如只以科學之態度研究人自己，則只能對人作分析的與概念的理解。由此分析的理解，可對人自己有無限之知識。然人之自己必不能全部化為科學之對象。此乃原則上之不可能。此原則上之不可能，由於人在從事科學研究或應用科學知識時，人對此研究應用之活動本身，必有一依於德性之知之價値判斷，為之主宰。故人必在科學之上，而科學不能在人之上。如新文化運動時，所謂科學的人生觀，以科學之概念置於人之上，乃一不知本源之論。而一切西方所謂科學的人文主義、科學的人道主義，亦皆未達本原之論。（可參考以下三章科學與中國文化。）

（二）吾人可承認引發人之超越精神之宗敎之價値，然宗敎活動仍畢竟是人之文化活動之一。為宗敎信仰對象之神，在究竟義上必不能外在於人心。神心或天心與天道與吾人之具普遍性之良知或仁心與仁性，斷非隔離之二物。由是而人上達天心之直接道路，要在向內而向上之道德實踐，而不當只在向外而向上之宗教祈禱。但對於自覺罪孽感深重之人，或唯有賴信超越外在之神而對之祈禱，方可使其超越罪孽之束縛。而人在罪孽之束縛中，亦不能免於天心神心之外在感與超越感，又人在生死患難之際，亦常捨宗教無以安身立命。故各種宗教之價值，吾人亦兼加以肯定。然謂不通過耶穌，人不能得救之說，乃絕無根據。如此則人類之五分之三以上，皆爲不能得救者。此乃違背吾人對人之仁心仁性之說。而人信仰耶穌，亦不必限於通過某一教會。吾人之意，是世間各宗教各教會之不同，乃不同的使人得救之方便路道。其最後之共同歸宿，則當在由道德的實踐工夫，以積極的證悟人心即天心；以見二者之似互爲超離而實互爲內在。故對於各宗教之本身價值，吾人雖皆加以肯定，然對一宗教徒之以一方便路道爲唯一路道之處，則吾人必須破其執着。而西方之宗教之教派最多，各派之執着亦最多。此中須賴中國及東方之重觀其會通之宗教精神之透入其中，以銷融其執着，並銷融由執着所造成之一切宗教阻隔與人間阻隔。（參考本書中國文化與宗教信仰二文）。

至於國家社會之組織，與個人自由之相依爲用，人所易知。我昔日之文論此者亦多，可無須重贅。則只重個人之人文主義，或只重集體組織之人文主義，爲吾人所不能同意可知。但我們以爲人對人之關係，除個人對集體組織之關係外，更重要的是我個人對其他個人之倫理關係。此乃中國人之思想中所特重。在現代我只見猶太哲學家巴布(Buber)之論人，能重此。他稱此爲我與祢(I and thou)之關係，此祢包括神與他人。我們今可說一般人之相對乃我與你（ I and you ）之關係 。在現在的功利世界，則爲我與這（I and it）之關係。在唯物的馬列主義之社會，則人對人之關係，皆爲這與這（It and it）之關係。此我對其他一個人之關係，爲一比個人與集體之相對更微妙而更重要之問題。如何使我與其他個人之關係，眞成我對祢（I and thou）之關係，値得我們用心。此問題之答案，我認爲正在中國卑己而尊人之禮意。（參考本書理性心靈與個人社會組織及國家二章）。

由此以評論現代西方之人文主義者之實踐，則存在主義之人文主義者如海德格之同情納粹，爲吾人所最難解者。或其以人之尊嚴，在守衞實有，而德國乃其所最欲守衞之實有，亦未可知。對西方基督敎的人文主義者之承認精神的敎會者，吾人最佩敬其說。而只以神爲中心或以多瑪斯敎義爲中心之人文主義，則只爲吾人所容許之一種思想，而非吾人所佩敬。至於今之馬克思信徒，而自稱爲馬列主義之人文主義者，則蓋忘了唯物論與其階級的人性論，及重集體組織之思想，乃與人文主義傳統之重超階級的人性，與重人性之能主宰物質工具與異於物處之說明者，根本相違。馬列主義而自稱爲人文主義，如非僞裝，卽爲自相矛盾，而不能穩定之思想，亦終不能實踐之思想也。至於沙特里反納粹，耶士培之反對極權主義，則爲合人文主義之原則者。此爲吾人對西方之人文主義者之實踐態度之批評，亦卽對上述之第十三問題之答案。（祖國周刋十六卷第四期四十五年十月）

肆、論西方科學精神

——科學與中國文化（上）

（一）對愛因斯坦逝世之感想

愛因斯坦最近逝世了。他的逝世，雖不如甘地之逝世，使我感動流淚，但亦爲之慨然者久之。對於愛因斯坦的著作，我只看過他一本用通俗語言講相對論的書。此外便只看過羅素愛丁頓諸人的一些介紹文字。從科學上講他的理論根據，非我力之所能。論他的學說之哲學涵義，我亦未必能講得好。而他那些用抽象的數學物理公式來表現的科學理論本身，亦決不能引起人之佩服與慨嘆。値得佩服與引起人之慨嘆的，只是愛因斯坦這個人。我所引爲慨嘆的，是這樣一個曠世難遇的科學家，不幸生而爲猶太人。他能够仰觀宇宙之大，但是他却不能生根於地上。希特勒驅逐他離開德國，而終於入了美國的國籍。他曾用力於猶太之復國，猶太人亦曾要他當以色列的總統。但是在現代，學術界的科學家與政治界的總統，似屬於二個世界。現在世界莫有人願承認一以色列總統的價値，高於一個科學家。我們亦無法想像愛因斯坦成一小國的總統時，會對人類世界有什麼貢獻。

尤其可嘆的，是愛因斯坦對於原子能的發見，幫助人造了原子彈。以原子彈殺傷人類，明是他心所不顧。但這亦是他力所不能止。因為一切科學家的發見，一發表出來，亦卽同時離開科學家的手。任何其他人都可拿去，作任何其他的用途。任何科學家，亦不能眞有獨佔如何使用他的發見的權利。因為人所發見的，都是宇宙間原有的眞理。此眞理本不屬於任何特定的個人。對於原子能的眞理而言，愛因斯坦亦不過是一適逢其會的發見者而已。不幸的是，愛因斯坦旣然成了一適逢其會的發見者。而他又不能不對原子能之用途，特別關心而發生憂慮，時流露於其言詞。亦許當原子能之應用，現在主要是操在自由世界人的手中時，他的憂慮還淺。如果他知道其亦將操在極權世界的人之手中時，他的憂慮將不知如何的深。但我現在不問從他的主觀的心方面說，此憂慮之深或淺，我只不免去猜想他將如何看他自己的憂慮。

他亦許悔恨他發表原子能的公式。但是作為一個科學家，他又有隱蔽他所發見的客觀眞理，不加以發表的權利嗎？他旣然只是一適逢其會的發見者，他不把他所發見說出，他人就不可能再發見嗎？他已發見了他自以為眞的眞理，他又能忍心獨享此眞理，而不與人共享嗎？這樣，他將不能眞正悔恨他之發表原子能的公式。然而他發表了，他却又偏要對原子能之用途，特別關心而發生憂慮。我們再試問他之憂慮，是他所能解決的嗎？對原子能作何用或用得不當，是他的責任嗎？他有什麽在法律上說，一定要憂慮的義務嗎？純作一科學家來說，他明不能解決他的憂慮。他亦可不負原子能如何用的責任，因而他亦無法在法律上必須憂慮的義務。然則他何以要憂慮呢？此憂慮不是多餘的嗎？

從他之是一科學家說，他實莫有憂慮與悔恨的必要。但從他之是一個人而不免有情說，他明表示了憂慮，而亦可能有悔恨。如果他有悔恨，順他的悔恨之情下去，而至乎其極，他不當悔恨他之有所發見而發表之，他只有悔恨他之研究科學，以至怨恨人類之有科學本身。這等於否定他自己與所研究之學問，這是不可能的。否則，只有順他之憂慮之情以至於其極，他應當要求主宰原子能的用途，以至要求主宰一切科學發明的用途。我們試設想他不當以色列的總統，而當全世界人類的總統，而能指揮原子能的運用與一切科學發明的應用，則原子能與一切科學發明，將只有造福人類，而不會用來毀滅人類。但是我們這種設想，明是幻想，縱然我們這種幻想，成爲事實，愛因斯坦成了能指揮原子能與科學發明的用途之世界總統。政治學家們還會發生一疑問：即我們如何保證此時之愛因斯坦，不會成爲一極權者。於是關於如何解決愛因斯坦的憂慮之一問題，成了一個死局。他既不能悔恨他之當科學家、而他又不能要求自己主宰他的科學發明的用途。他至多只能希望他人善用他的發明。然而他希望他人，而不能命令他人，則他人是否善用他的發明，他便不能不憂慮。這證明此憂慮，在他身上是絕對不能解決的。這當是他內心之一永恒的憂慮，而亦應當是一切科學家內心深處之一永恒的憂慮。（推擴言之，亦可是一切從事學術文化工作者，以至任何人，內心深處可共有的憂慮。因任何學術文化工作之成績，以至任何人一微小的工作之成績，被人如何運用，同非他本人所能主宰。不過我們可暫不如此推擴說。）然而愛因斯坦之人格，高於一般科學家者，却正在他之能顯出此種憂慮。此種憂慮，帶他到他自己以外，科學界以外，此種憂慮中展露一種學人之至情，而此至情中另有一至理。從愛因斯坦平時的言論與生活，可看出他對於宇宙有一種神秘的感情，他並非一科學至上論。他知道科學世界以外的某物，而對之有一信心，這或可寄託他的憂慮。

但是現在愛因斯坦已死了。他的憂慮，已不知隨他的靈魂到何方去了。物理學家的愛因斯坦，在世界只留生理的軀體。生理學家們正在爭解剖他的腦髓。亦許有個生理學家，會在愛因斯坦的腦髓中，發見愛因斯坦相對論與統一場理論的祕密。而這個生理學家，亦成了生理學界的愛因斯坦。他死了，再供另外一個生理學家來研究。這些事，我不能臆斷其不可能，亦無從反對。但是我却决不相信，在愛因斯坦的腦髓中，能發見他對於科學發明之如何應用，所發生之憂慮。并由腦髓之構造以決定此憂慮的價值，與相對論及一切科學之價值。此憂慮之價值與一切科學之價值，斷然是屬於文化的，精神的，亦只能由精神來理解。因想着他的憂慮，引動我去寫科學與中國文化之一文。

(二)實用技術與科學之不同

我這篇文是論中國文化與科學。我之所以由愛因斯坦之逝世而想寫此文，只是因我們亦有一種憂慮。此憂慮與愛因斯坦之憂慮不同而又相似。愛因斯坦的憂慮是關於科學發明的應用的。這是對科學已發達的西方文明的憂慮。而我們現在的憂慮，則是如何使中國文化中科學發達。使中國文化與科學眞正交融而不相爲礙。在科學未發達的中國，對於科學發明之如何應用之憂慮，似乎根本談不到。但是既然愛因斯坦及許多西方思想家，可在此發生憂慮，則中國人至少亦可由感染到，難免亦發生憂慮。然而此憂慮又似將不免使中國人或更不求科學之發達於中國。中國現代又需要科學。這是一個矛盾。其次，我們要提倡科學，必須强調科學之價値，而强調科學之價値，又似乎勢須低估不富於科學精神之中國文化之價値。而低估中國文化之價値，又使中國人更不信任他自己，因而亦可不信任他之接受科學的能力。反之，要重視中國文化之價値，亦似乎須低估科學之價値。否則，只有以中國古代固有之科學精神或歷代傳下之科學性知識自慰，而這樣亦復絆住中國科學之進步。這又是兩個矛盾。這些矛盾。如果大家隨便聽過，可覺莫有什麼，亦很易立刻提出一折衷或並重的辦法來解決。但是我們如果要正視這些矛盾，便知此中確有困難，不能不使我們發生無數對中國文化前途的憂慮。此憂慮是提倡科學的人，會破壞中國文化中的人文精神，而中國文化中之人文精神，亦將轉而牽絆住中國科學之進步。這樣下去，將使二者同歸於盡。中國文化便亦可能日益更成了眞空。如果中國成了無文化的國家，則中國人亦將成了無國家的猶太人。到那時是否可出一愛因斯坦，我不知道。但是這樣，中華民族的命運，就太可悲了。因爲這種憂慮，使我不能不勉强寫此文。

我這個憂慮，不是危言聳聽。自新文化運動時之陳獨秀、吳稚暉諸先生以來，差不多凡中國特別在口頭或文字上提倡科學的人，都是對中國文化取推翻打倒譏笑諷刺謾罵的人。而這些人却又大都非眞正脚踏實地的科學家。他們之宣傳科學，亦常非眞有愛于科學，恆只是借科學名號以反對他們所不喜歡之中國文化，或其他講中國文化的人。反之，眞正重視中國文化的知識分子，却都是比較忠厚老成寬容大量的人。這種人都不反對科學，以至儘量祈求中國科學之發達，而在實際上提倡科學研究，或實業，只不在口頭上或文字上宣傳科學至上論。如由曾國藩、李鴻章、郭嵩燾、張之洞、孫中山、張季直、梁任公等，以至今日之中國式的典型的知識分子，都是這樣。這些人物之人格，與對中國文化及科學事業之貢獻，當然遠比前一派人爲高。但是這些人對於科學，又常不免只取其技術方面的價值。對科學精神、科學方法之價值，不免缺乏理解。而對科學究竟應在中國文化精神中那些地方生根，亦常未能眞正認識，而加以說明，於是招來前一派的人之謾罵。本來此種認識與說明，實際上亦不十分容易。因爲中國文化中之人文精神，與西方科學精神以至宗教精神，實實在在是人類心靈，傾向不同道路發展而生之二種精神。若不能先洞徹其差異所在，幷把二種精神，推類至盡，以觀其極限，亦不易彰顯出其不得不相需爲用之處；我們亦不能眞知當如何以融合疏解二者間可能發生之一切思想上的衝突矛盾，而求二者在實際上相融無礙。我此文以中國人文精神與西方科學精神相對來說，不是說西方莫有人文精神，我們常說的意思，是中國之社會人文世界，是着重在內部和融貫通的社會人文世界。而西方的社會人文世界，則是各種學術文化分途開展的社會人文世界。前者主要表現仁的性情，後者主要表現智的條理。故後者與科學精神相順應，而前者則初不與科學精神相順應。因而缺乏科學。現在我們的理想是要把此兩個打成一個，但我們却須先承認在事實上原是兩個。從一方面看中國過去對於天文曆象製器的技術知識，亦是非常豐富。這亦可算中國的科學。最近我曾見一英人黎德漢著論中國科學史的書，他預備出十一大本，我相信還可以再多出若干本。但是我寧肯說，這些多是證明中國的技術或藝術知識之早發達，而不證明中國的純粹科學知識之發達。技術或藝術是直接爲人生的，或實用的，依靈活綜貫的智慧而成的。此智慧乃與價值感相連，其內涵亦甚深甚深，但西方的科學，則初是以人生以外之形數或客觀自然爲研究對象的，其根本精神初是超實用的，主要依分析的理智而成，而把價值問題撇開的。

從生活的技術與藝術方面說，不僅大家公認在十八世紀以前中國超過西方，我相信以後還可以超過。對於這一點，可說的太多。最淺的證明是烹調的技術與縫衣的技術。人生在世，首着重衣食。中國廚師之烹調的技術，是公認爲世界第一的。據說現在香港的上海裁縫，是全世界最善於作適身的西服的。烹調與裁衣，是不能用科學方法的。這都賴於一種得心應手之靈活的智慧。中國歷史之唐宋文化，是最富於多方面生活上的藝術性的。今則只有日人尚能承之。但是我十分相信，如果中國人稍能避免物質的匱乏，同樣的物質材料經過中國人的手，一定可以發生更大的日常生活的技術上、藝術上的價值。

但從西方傳統的科學精神本身看，則中國古人，無疑是缺乏的。西方傳統的科學精神，始於希臘。希臘人正是最缺乏技術發明的。希臘人之技術，多來自東方國家。以後羅馬人與中古時代人之技術，亦復多來自東方國家。在希臘與羅馬，直到產業革命以前，技術工作都是奴隸或農奴作的，哲學家附於僧侶貴族以爲生，亦是看不起這些東西的。此在杜威哲學之改造，魯濱生，在建造中的世界中，亦曾詳言。此與中國古代之聖王，在傳說中都是些養蠶治水耕稼陶漁的人，完全不同。但是這些忽畧生活上的技術或藝術的希臘哲人，正是開創西方科學的人。這些哲人所以能開創西方的天文學幾何學，正在他們之着重在用他們之分析的理智，去研究人生以外之形數或客觀自然對象。泰利士仰觀天文，而幾乎落到井裏。亞基米德專心畫圓，而莫有看見來殺他的羅馬人。柏拉圖說，人觀具體天文現象，而不重其中之純形式的理型，則來生便只有投生爲鳥類。還有一哲學家我忘了名字，曾說如果他能飛至太空，往探知太陽之構造，則投身烈燄，死亦甘心。這同是一種要超越日常生活中的世界，而一往用其分析的理智，去傾注於客觀的形數或自然世界，求加以了解的精神。這斷然是中國過去人所缺乏，亦未必能欣賞的一種精神。

西方的科學精神，從希臘到近代，當然有很大的不同進步。這最重要的一點，是如卡西納之實體與涵變一書所說，卽希臘之天文學幾何學與生物學，都重在了解這些學問的對象之體質，形相與種類，而不重了解形數的函變關係與自然物之相關聯而運動發展的定律。近代科學上之定律，不重在說什麼種類之物是如何，而重在說明一物如果在某位置，某生物在某種力場中，在某種遺傳環境，或外在條件下，便如何。如此而每一科學定律規定一對象在關係場中之「如果……則……」。因而人遂不僅求知一對象之現在與過去，而且要求知其未來，至少求知其未來之可能變化的範圍。由是人可多多少少用他的科學知識之網，去囊括世界，幷幫助他去支配世界。這種由希臘至近世之科學精神之轉變，從歷史上看來，我認為應當是希臘人之重理智的精神，在中古卽化為相信上帝之全知。上帝之全知中，是包括對未來之知的。於是近代思想家。要仿效天國以建立人國時，亦卽要由得知未來之知識以獲得權力了。在中古神學中，還有一問題，卽上帝既然全知，則個人之意志似不能有自由。於是經院哲學中多瑪斯遂提出一理論，說對於有意志自由的人上帝之全知，祇知他「如果如何則如何」。此稱為上帝全知中之「中知」，我想此中知之觀念，當卽近世科學思想中，注重了解一對象在關係場中之「如果……則……」的定律之所本。

然而我們雖儘可以承認西方近代科學觀念與希臘的科學觀念之不同，我們仍可說其間有同一的科學精神貫注。此科學精神卽我們上述之重用分析的理智，去研究人生以外之形數或自然對象之精神。

(三)科學之重用分析的理智並超越已有經驗限制的精神

我們所以要說科學重在用分析的理智，不是不知道任何科學的假設或理論構造的形成，皆有待於觀念的綜合。更不是不知科學之目標，在成立一有融貫統一性的知識系統。當然不是說科學理論之形成，不須待於具體經驗之證實。更不是說科學家之爲人，絕無情感。我們的意思是說，科學中的任一概念、假定、定律，都是抽象的。卽初都是人位於一觀點，把我們常識的直接接觸的經驗世界之一方面，加以凸出，求對之了解而生。因而科學精神在開始點，卽是分析的。而任一科學的知識系統之說明我們之直接經驗世界，亦都只以說明其某一方面爲目的。因而亦是一分解或分析的說明。科學家在其從事科學研究時，則斷然是無情的。這與人之藝術精神，直接把握具體經驗的世界，與道德精神之要成就圓滿此具體經驗的世界，及宗教精神之要讚嘆、皈依此具體經驗的世界之無上的主宰，或照見此世界之畢竟空而超越之，乃斷然不同的人類精神。

至於我們之說科學所研究的對象，主要是形數或自然的對象，亦不是不知道科學中除數學、幾何的自然科學以外，還有人文科學。但是我可以說，如果人文科學之研究人文現象，而祇用分析的理智，只把他當一純客觀的對象來研究，則此一人文現象卽無異另一種自然現象。我十分懷疑眞另有人文科學一名存在的必要。如果不只是用分析的理智去研究人文現象而兼用其他的方法，如所謂同情的理解，則我們可說人文科學不是典型的西方科學。我們亦不能由西方人文科學，以識西方科學精神特殊點之所在。

從歷史上看來，公認爲最能代表西方科學精神之科學理論，而又能震蕩世界人心者，乃是西方近代之自然科學上之種種理論。此一是哥伯尼的太陽中心的天文學，二是蓋律雷、牛頓的天文學、物理學，三是達爾文、拉馬克之進化論，四是由十九世紀之電磁學而發展成之現代新物理學，其中包括量子論、相對論等尙未完全統一之各種物理理論，這些都是自然科學的理論。至於在西方社會人文科學方面，可以使東方人眞受震蕩者，到現在爲止，只有馬克斯之經濟史觀，弗洛特之唯性主義，俄國巴甫洛夫之交替反應論的心理學，與華遜之行爲主義心理學等。但是這些理論無不是把人之心理現象、人文現象，當作自然現象看之人文科學理論。至於此外眞把人文現象當人文現象的人文科學理論，則在東方人看來，實在從未感到任何的震蕩，因並不覺有什麼新奇。由此便知我們要識取西方科學精神之特殊點之所在，仍當於其形數之學及自然科學中求之。

現在我們試來看上面所提到之四種自然科學之理論，究竟是依何種精神而形成。在西方近代的經驗主義、實證主義、直到今邏輯實證主義者，都喜歡去追溯各種科學理論所根據的經驗的基料，而歸到以科學理論只是經驗的記述或縮寫，或運用邏輯手續於經驗基料之上，以撰成的假設或理論構造，再求未來經驗證實者。這種說法，作爲一種對科學理論加以反省後的哲學解釋來看，並不算大錯。但我們決不以爲這種說法，能說明科學家所以要從事科學理論之建立的精神背景，或精神要求。說一科學理論的的眞理價值，即等於其造成能思想經濟之價值，或能被未來經驗所證實。這在眞正的自然科學家，並不眞如此想。眞正的自然科學家，必然是以向前求知客觀的自然對象之本身的內在構造爲目的的。眞正的自然科學家，必須先有求知自然本身內在構造之目的，然後會去不斷的觀察實驗，以獲得其對於所欲知對象的新經驗。如果科學家造作科學理論的目標，眞是只在求思想經濟，則我們可以懷疑到：最經濟的思想，爲什麼不可以是不再思想？或只把已有的對於對象之經驗，加以最簡約的記述便完了。爲什麼一定要由觀察實驗，以求擴大自己對於對象的經驗？然而人之求擴大自己對於對象的經驗，正是由不滿足或不願自限於自己所已有的經驗而要超越之，以求對象更展露於我們後來之經驗中。後來的經驗固然仍是經驗，但不滿足或不願自限于自己之原來經驗，而要超越之之要求，則只表現一純粹超越已有經驗之限制的精神。人若無求超越已有經驗之限制之精神，則自覺的由觀察實驗，以獲得關于對象之新經驗便不會有。此卽證明，科學家之研究精神，在根本上，乃人超越其已有經驗，以向前去接近湊泊對象，以開闢經驗，而驗證其原來對於對象本身內部所作理論構造或假設是否爲眞之精神。而決非只一向後回顧已成經驗，而在已成經驗材料上從事簡約工作，或運用邏輯手續於經驗基料之上，以形成假設或理論構造，求未來經驗之證實之精神而已。

我們如果承認科學家之從事實驗觀察，乃一求超越已有經驗，向前去接近湊泊對象，以驗證其對對象本身內部之所作理論構造或假設是否爲眞之精神，便知科學之精神背景、精神要求，决不能只由經驗主義爲之說明，而須由理想主義爲之說明。科學家之造作理論，在根本上實是從事一觀念上的探險。因任何科學理論，本都是在對於不全呈現於我們已成經驗的對象世界之本身構造有所說。而此所說，我們又永不能事先期必其爲未來之可能經驗證實，亦卽永不能由經驗得完全之保證。明知不能由經驗得完全保證，而科學家仍要去或敢於造作科學理論，以待尙未存在之理想中的未來經驗，去決定此理論爲眞或爲妄之命運，此之謂科學家之理想主義精神。而科學家此種不甘於受已成經驗之限制之理想主義精神，正爲科學之核心。一切科學上之偉大發見，亦無不本於此精神而後可能。我們試由上述之西方近代四種科學理論如何形成上，去反省一番，便更可以明白。

(四)以幾種自然科學理論爲證

譬如我們看哥伯尼之太陽中心之理論是如何形成的？這明不是由我們對世界之直接經驗或常識經驗之啓示以形成。在常識的直接經驗中之太陽，明是繞地動，地球亦明是靜的。太陽中心的理論之成立，當然可以有許多天文學上理由。卽：如不假定太陽爲中心，不易說明太陽系中各行星之運轉的軌道，與所歷之時間，及地球之氣候之變遷等。但是，此一切理由，都是爲證實太陽爲中心，地球與其他行星繞之而動的假定。而此假定之初被提出，則必待我們超越我們常識的、直接經驗所啓示的，太陽繞地動之觀念而後可能。換句話說，卽哥伯尼或任何人在想着地球繞太陽動時，他的心必先試行定置在太陽那裏，而假定他不繞地球轉，再從太陽之觀點，來想像地球之繞之而動，想像地球諸行星與太陽之位置的動靜上之關係，由之以構成一太陽系的理論。再轉而以之說明我們對地球之氣候，及諸行星之出沒運轉的直接經驗。反之，如果我們只肯定我們常識中直接經驗所啓示的日繞地轉之觀念，而念念不離；則哥伯尼之太陽中心說之理論，卽永無出現之可能。而此理論，當其初形成，未有多少經驗加以證實時，便明是一種觀念上的探險。此探險中所表現之精神，便是理想主義的精神。

其次我們看蓋律雷之物體下墜律，或牛頓之萬有引力律之何以會形成？這同樣要根據於常識中的直接經驗世界所啓示之一些觀念之超越。蓋律雷之物體墜下律是說：一切地面上之物，如無阻撓之者，或在眞空中，乃以等加速度下墜。但在我們一般之常識及亞里士多德之物理學中，却明是本經驗而謂各種不同性質之物，如金與羽毛，是依不同速度下墜者。因在常識的經驗世界中，根本莫有眞空。現在的問題在：蓋律雷如何會想到一切物體依同一速度下墜？此只由於他先能超越了或姑忘了常識中對各種物經驗性質之不同，所生之諸觀念，而專自各物與地之距離關係上着想，以求規定此距離與運動之速度之關係，因而提出其物體下墜律。而當其未能證實此定律前，便先設定之爲眞，卽明亦是一種觀念的冒險。至如牛頓之推擴蓋律雷之物體下墜律，而成萬有引力律，兼以說明凱蒲勒之天體運動律。則此復賴於牛頓之將物體向地下墜運動之現象，與天體之相向運動之現象，作平等觀。他之更概括性的理論所由成，卽由其更能視地上之物與天上之物之經驗性質的差別爲不重要，而只視物體之質量之大小與距離之遠近，爲決定物體的差別，爲決定物體之相吸引而運動之速度者。可見萬有引力律之提出，卽更賴于人能泯除、或能超越常識的直接經驗世界中物體之性質差別，而只求識取其相吸引而運動時之抽象的普遍關係的精神。至於愛因斯坦之相對論，其進於蓋律雷、牛頓之古典物理學者，固然很多。其中之觀念，如同時之觀念，固是表示對直接經驗世界之更多的重視。因只要對某地之一觀者同時呈現者，依相對論，皆可說爲相對於某一地之觀者的「同時」。但是我們復須知，依相對論而說，在不同的空間地位，有不同的時間，因而有不同的「同時」；或說在不同的運動系統中，時間長短的計量單位，與空間大小的計量單位，亦隨之而變；以及在不同的運動系統中，或不同的速度下，物體質量之大小，亦隨之而變；其目的乃在使人可用換坐標的方程式，以光速爲普遍計量之標準，以知道在某一空間地位上之某一時間，相當於另一空間地位上之某一時間，某一運動系統中之一尺，一秒，一克之質量，相當於另一運動系統中之一尺一秒一克之幾分之幾。由此以形成更有普遍性的時空觀念與運動定律等。是可見相對論之所以成立，亦正由於愛因斯坦能不以我們在常識經驗中之時間，爲普遍唯一之時間，不以地球上度量單位，爲普遍唯一之度量單位而超越之，然後他才能形成相對論之時空觀，而後要去選擇光速爲普遍之計量標準。在相對論未經由觀測證實以前，愛因斯坦亦明是在作一種觀念的探險。

西方近代的天文學物理學，由哥伯尼經凱蒲勒、蓋律雷、牛頓、至愛因斯坦，明明是一步一步向建立更普遍的天體物理之定律而發展。近代西方之物理學，由早期之原子論至電子論、量子論、原子能論、以至愛因斯坦所最近從事之統一場的理論，都是一步一步去求更普遍更概括的物理世界定律。愈普遍概括的定律，當然可說明的經驗愈多。但是同時亦距日常的直接經驗世界愈遠。而此諸定律愈是純理論的，亦卽愈待於科學家之能超越其當前的有限數的已成經驗的限制，去爲求更概括的說明可能的未來經驗，而嘗試冒險去提出假設或從事理論構造的精神。而此種精神，亦同時最爲近代之進化論的生物學家所表現。

生物學家所研究的生物，本來較物理學家研究之對象，更屬於常識的經驗世界中的。但是說一切生物之種類有同一之本原，在時間之流中，次第分枝演化而成，這無論如何不能說是由一般常識經驗中所能啓示出的思想。畜牧種植中的變種之產生，食物不足，與生物不能適應環境等導致生物之大量的死亡等經驗，當然皆是達爾文之想到進化論之自然淘汰說等之經驗基礎。但是要由這些零碎的經驗，到一進化論的生物次第生成論之形成，無疑亦要先作一觀念上的大冒險。這冒險是對消逝了的過去時間中生物進化歷程，作一假說。亦卽向消逝了的世界投射出一思想圖像，或理論構造，求證實其爲眞。消逝了的生物世界不重來，這不同於可反覆實驗的物理世界。故進化論之証實，只是由果推因，由當前可經驗之生物化石，生物形狀，以逆溯數千百萬年前之世界。此與天文學中之天體起原論中之星雲說、小行星說、雙星說等，同表現一更大的觀念冒險。因這都只是由現在之果推過去之因的事。而進化論，說明生物之進化，最後還要說明到人類自己亦爲由生物進化而來，亦卽要說明到科學家自己之一人，亦由生物進化而來。換句話說，卽生物學家在相信進化論時，他不能只是高自視他自己在其他生物之上，居高臨下的去加研究，他須同時在把他自己放入進化之歷程，而與其他生物與人類之進化，連成一系列。再換句話說，卽生物學家在相信進化論時，他同時相信他自己之背上負托一生物的進化歷程，或生物進化史。他實際看不見他背負的進化歷程，但是他相信他。本來照我們看，他實際上是在生物世界之上，研究生物之進化者。但他却又須把自己編排入生物進化之系列中。這一個思想乃人之超越「他只是人」之觀念，而在想他自己是由非人而人，去想曾有一個莫有人只有生物的世界，是人與他自己之來源。這應當是更能表現人之超越他經驗的世界，而作一觀念上的探險的精神。

(五)科學之厲害

我們以上不厭覼縷，由西方近代自然科學中之四種震蕩世界的學說，指明西方科學精神，在根本上乃是一種超越人自己已有的經驗之限制，而對客觀世界本身內部之構造，造作理論或假設，而從事觀念之探險的精神。此是爲下文所要說的話，鋪平道路。這一種精神之表現，當然不限此上所述之四種自然科學理論。我們除了可說西方一切自然科學的理論，都是依此精神而形成。還可說凡是仿自然科學理論而成立之人文科學理論，亦皆可說是依此精神而形成。這種精神之厲害處，在人愈能求超出已有經驗的限制，則人愈能求透入所欲了解的客觀世界，而愈能提出或造作對客觀世界本身內部構造的假設或理論。此假設理論之成立，除不能自己包含矛盾外，其唯一之條件，是其所引申的涵義，亦不違背有關的已有經驗，並可能由未來之經驗而直接間接的証實。然合此條件之假設理論，在一時間，又可能有多種，於是人要尋求各種新事實新經驗，來決定何者之爲眞。由此而人要用各種科學儀器，如望遠鏡、顯微鏡來幫助觀察自然，要作各色各樣對社會之考察、調查、統計之工作。同時要作各種對自然物及社會之實驗。這都是科學家自覺的要由之獲得新事實新經驗的途徑。新事實新經驗愈多，則愈要求更概括更普遍或更有系統性的假設理論，以爲之說明，而此假設理論，又要求更多新事實新經驗，以決定其是否眞。此二者相依爲用，互相增上，而西方科學之知識理論，遂不斷累積推擴而不窮。然愈後起之科學之理論，所能說明之新事實新經驗愈多；我們個人之直接經驗世界中之具體事物，亦即愈只與一抽象普遍的科學理論所引申之間接而又間接之涵義相接觸，而二者相距亦愈遠。吾人觀於現代經濟學之理論，與吾袋中之錢之關係；及相對論之物理學，與吾目中所見之日光之關係；生物學、人類學之理論，與我之皮膚何以爲黃色之關係；邏輯學家之理論，與我口中所說之話之關係；便知此言爲不謬。在我們日常經驗中，我們自覺是了解我袋中之錢的價值的。他能買多少東西，便對我有多少價值。我們自覺是了解日光的，亦了解我皮膚之顏色的，亦了解我說的話的。但是科學家却自另一角度或自「了解」之另一意義，說我們並不了解。要了解必須先知經濟學，相對論，生物學、人類學、邏輯學之理論。然而這些理論，却只有專門的科學家了解。我們常人並不能了解，於是科學之發達，一方可使科學家知道無數的東西，解答無數的謎，使人不能不讚嘆科學之偉大，讚嘆科學家之偉大，而科學家成了知識世界的貴族與帝王。然而科學之發達，又可以使我們一般人覺到他自以爲了解的東西，他其實並未能了解。於是我們一般人的經驗世界之事物，又都成了一個我們自己的謎。我們一般人成了知識世界上赤手空拳的平民。而對于一專門科學家，如對一物理學家，其袋中之錢又成謎。對經濟學家，其皮膚之爲黃色亦成謎。科學能使人知道很多不了解的東西。又能使人知道他並不了解他自以爲了解的東西。科學能解答謎，了解人所不了解；又能使人不了解其所自以爲了解，而使人之直接經驗世界，日益對他成爲謎。此是科學之最厲害的地方。

西方科學還有一個厲害的地方，乃人所共知的。卽由科學之應用，所造成之世界改變。科學使人知道在什麼關係場、或環境中或條件下，什麼事物會如何變化發展，或什麼原因可生什麼結果。人便可備足條件與原因，使事物如何變化發展，或創生新物。人亦可取去條件與原因，以使事物不能再變化發展，或消滅。而近代自然科學發展到現在，已到能使原質互相轉化的時代。再發展下去，則要使任何物質在一條件下，變成任何物質，亦將是可能的。因爲整個物質世界，原可說是同一之質能，在不同時空分佈的系統。就是現在人類所能利用的原子能，卽已可要人類存則存，亡則亡。生物學的發達，亦早已使人能造成無數的生物上的變種。畜牧學家可以使一家畜專生卵，或專長肉，隨人的便。微菌之培養，亦復可決定人類存亡的命運。行爲派心理學家亦復自信可以依交替反應的原則，去形成人的人格。所以華遜敢於說，只要人交一嬰兒給他，一切受他指揮，他卽可以把他訓練成天才，或白癡。如果把現代的社會學家、經濟學家、政治學家所講之統治人類社會的技術，交給一羣人。此一羣人亦儘會自信能重造人類社會的。培根說知識卽權力，浮士德博士要求萬能。近代科學實際上確是能使人得無限權力，而使人幾達到萬能的境地的。人之能使一切物質互相轉化，能使生物之種類轉變，並能主宰人自己之存亡，而自信能重造人之人格與人類社會，無論如何不能不歸功於科學之厲害。此種厲害，簡言之，卽他似已能使是如此的東西不如此，使不如此的東西如此，使未有的東西有，使已有的東西無。總而言之，卽使是的不是，不是的是。再換句話說，卽科學似已可使我們能漸隨心所欲的改造我們直接經驗的世界中之一切事物，同時使此直接經驗中之事物，連人自己在內，在科學之面前，戰慄於存在與不存在之間。這種厲害，與我們上述的：科學能使我們探測所不知而求知之，亦使我們疑惑所自以爲知，而自認不知，使我們在知與不知間輪轉。此皆同依於科學之能使人超越凌駕於其直接經驗世界事物之上，而自其外或其後的關聯者去加以了解，並加以控制的精神。

（民主評論六卷十一期四十四年六月）

伍、科學的理智之限制與仁心

——科學與中國文化（中）

（一）西方科學文明對中國文化之衝擊

我們如果了解本文上篇最後一節所說，我們便知中國傳統文化中，何以缺乏西方之科學精神，及百年來中國之國運與其學術文化，何以會在西方科學文明之衝擊之前，飄搖戰慄，而使中國人亦不復能了解其自己，主宰其自己，而自己成了自己的謎與世界的謎之故。我們在上文說，西方之科學精神，在開始點，是用理智的分析，去了解我們直接經驗的世界之一方面；再進而求超越已有經驗的限制，以求了解客觀世界事物之內部的構造，以形成理論假設；再由此理論假設，去預測未來經驗中之世界，並謀增加未來之經驗，以證實其理論假設之精神。而中國傳統之文化精神，則在開始點，却正重在直下承担此我們每一人所直接經驗之世界（此名取常識義）。我們所直接經驗之世界中，有日月山川，有草木蟲魚，亦有父母兄弟與人羣。我與他們之關係，或同或異，或親或疏，或和或乖。我對他們之情感，或好或惡，或喜或怒，或哀或樂。我對他們之行爲，或取或予，或去或就，或趨或避，而使我們之行爲之結果，或成或敗，或得或失，或福或禍、或利或害，或善或惡。而此世界，遂或治或亂，或安或危。這卽是中國文化在開始時，一切賢智之士，所思索所生活的世界。在此世界中，有方圓的事物，事物亦有數量之多少大小，並居時空，有因果。但是中國古代之賢智之士，却未嘗把抽象的形數，視爲純知的對象，加以研究。亦無所謂抽象的時空因果之範疇的概念。因而在開始一點，中國卽缺乏希臘那一套幾何學，與西方近代之初之純粹數學與純粹科學。中國周代之禮教的文化系統，從一方面說，亦是極重視時空數之觀念的。在禮中人有數，物有數。禮文隆，則人物之數多。禮文省，則人物之數少。賓客主人之位，禮器之位，亦是空間關係。親人死了，喪服隨相距時間之久暫而變，亦是一時間關係。然而此中之時空數，乃一種人生文化生活中之時空數。此中之數多數少，時近時遠，東南位、西北位，皆表示一不同的價値意義。實値詳細討論。然而西方之科學哲學上的時空數之觀念，則首先要把這些價値意義去掉，同時把其與人生文化之關係亦去掉。整個西方的天文物理學思想，都要人計算莫有人的空間中天體之大小、運動速度之數量，而不只是如中國古代之重在要由天文以定年曆，「正年曆以叙事」，由知金木水火土穀，以利用厚生。而整個西方之生物學的進化論與一切自然史之研究，都是要人用心到莫有人的時候之自然世界，而不只是觀賞眼前的草木蟲魚。西方之科學精神之異於中國傳統之人文精神，豈不顯然。則中國不能出現哥伯尼、牛頓、愛因斯坦與達爾文之科學理論，亦不能出現一切以自然科學方法研究人文現象之科學理論，又何足怪。

中國文化莫有西方之科學之成就，同時反證中國文化中必有其他方面的成就。如果中國現代人亦能學科學，其智慧不必比西方人差。則中國古人的智慧，亦不必比我們差。中國古人的智慧，既不用在科學，便必有所用，而在文化之他方面。另有成就。人如稍有良心，不應于此有疑。

但是中國傳統文化，在百年來碰上西方的科學文明，確實似招架不住。其何以招架不住，正在中國文化之重在要人先直下承担此具體的直接經驗的世界，而肯定其中所表現之自然事物，與人生人文之價值下手。而西方之科學，在其理論的方面，與應用的方面，却都是要超越、凌駕、分析、了解我們直接經驗的自然事物及人生人文之世界的。

近百年來之中國文化，受西方之科學文明之衝擊，首先表現於西方的大砲，轟開中國的門戶。次表現於洋船之駛入中國的港口與河流，外國銀行與工廠設在中國商埠的租界。這些商埠的租界，促進中國農村經濟之崩潰，造成商業上與文化上之買辦階級，亦孕育了中國之共產黨。這些事不能不說，直接間接是西方科學文明對中國之最明顯的恩惠。而尤其重要的，是所謂科學態度、科學方法之應用，與科學知識技術之傳入，使中國之學術文化發生之解體的作用。科學的態度是懷疑，是要問「為什麼」。然「為的什麼」復有他的「為什麼」，可一直問到使人自認對於他所知的東西不知道為止。譬如中國人是敬祖的，他知道敬祖是他心之所安的。但科學的態度問：你為什麼要敬祖？祖先的靈魂，你能知其確實存在麼？祖宗的福祐，眞是有嗎？你知道敬祖的風習的來源嗎？你以為中國人才敬祖嗎？你知道你最早之祖先是誰嗎？你知道這一切的一切嗎？中國的老百姓、以及中國舊式士大夫，只好說不知了。於是依科學知識說話的人答復了：靈魂是不存在的，祖宗的福祐是迷信，敬祖的風習原於圖騰的崇拜，現代的野蠻民族，才是最敬祖宗的。你的最早祖宗是與猴子一類的動物。我們試想一般中國人之敬祖風習，還能保得住嗎？再如中國人自來是相信「人之初性本善」的。科學的態度問，「初」是什麼時候，生前嗎？什麼是性？是心理學上的什麼東西？本能嗎？衝動嗎？理性嗎？什麼是善？善之定義如何？是快樂嗎？是社會的福利嗎？是必然不可定義的嗎？這一問，亦如前一問，我們都可說，除了極少數有眞知灼見，他自己早已經過這些問題的思想家，一般中國的讀書人，亦就茫然了。於是亦只好自認不知道所原以爲知道的道理了。我們可說，中國傳統文化下人民的日常生活中，無數的好的風習，好的思想觀念，都是由於這一種科學的懷疑態度破壞的。細想便可找出無數的例證。

科學的方法，是從事理智的分析。一切理智的分析，在開始點，都是剖開破分對象。此剖開與破分，或是在人之主觀的心中進行，以後再在心中來一個恢復。這便莫有什麼對外界的壞處。而且可以加深對外界的認識。但是一種半截的或淺薄的理智分析，却可在對象剖開破分後，立即視之爲剖開破分的東西來處理，這就可傷害到整個社會。馬列主義者曾自稱爲科學的社會主義者。從他們之善於剖析任何時代社會爲互相鬭爭的兩個階級說。亦可說是應合於科學之分析精神的。中國共產黨應用馬列主義來剖析中國社會，遂變本加厲，以分中國人民爲大地主、地主、富農、中農、貧農等無數階級，讓他們鬥爭、你能說這中間莫有一種半截的理智的分析精神嗎？但是當中國共產黨在用此理智的分析精神，以分析出中國人民之階級成份後，便立刻當成不同而相敵對的階級的人來處理，而於其間製造無數的鬥爭，却把整個中國社會與一切人的心破碎了，車裂了。

其次，我們還可以說從政治之統制技術上看，共黨之人亦是實際上最有科學技術頭腦的。科學技術的頭腦，是認定一目標，即盡量想可能的方法，去求其達到，而對於一切無關或妨害此目標之達到的事物，皆視若不存在，或使之不存在。從此點上說，則共黨之認定共產社會目標，而不惜幽囚殺害一切反對者，而決不動情，並不惜用任何欺騙宣傳之手段，以達其政治之目的，你能說他的統治技術，不亦是合科學方法的嗎？實際上是不能說的呵。我們只能說他之不承認人格尊嚴，而視人如物，是不對的，其共產社會之理想，並非最完善之理想。但這明明是些科學以外的問題。純從統治的技術上說，共黨之視人如物，不正是與西方科學家之以研究如何控制生物之方法，來研究如何控制社會與人之方法，表現同一態度嗎？老實說，若果莫有現代之科學技術，共黨之對中國統治力量，決不會如此厲害。中國之共禍，至少有一半，亦正是科學態度、科學方法、科學技術傳入中國，被共黨利用後給我們的恩惠。

我以上的話，並不眞是在抱怨或諷刺西方科學文明對中國文化的衝擊，而是重在指出西方科學文明的厲害，以說明中國文化之不能抵當，而只有受破壞。我們試想，如果中國仍是百年前之閉關自守的中國，亦根本未遭遇西方之科學文明的衝擊，難道我們所享受的人生文化生活，會不及現在嗎？這明明是不然的。我們只要平心靜氣一想，便知西方科學文明、科學精神之傳入中國，直到現在爲止，整個來說，對中國文化破壞之功多於建設之效，我們所受之害，多於所得之利，是一無可爭辯的事實。

我說這些話，當然不是要排斥西方科學，因爲這無可爭辯的事實，同時證明中國文化亦無力排斥西方科學。無力排斥，卽表示其自身有某一種缺點，而有所需求於科學。旣然排斥不了，便只好痛自反省一番，坦然接受。現在的問題，是在我們甘願中國文化被破壞分解後，再來被動的接受。或我們還能從中國文化精神中，引發出自動自主的精神來接受。如果能够，則中國文化精神均可繼續下去，已被破壞分解的東西，仍可恢復。如果不能，照我的看法，不僅中國文化精神要被毀滅，而且中國人對西方科學之接受，亦永不能成功。因中國文化精神經毀滅後之殘餘的一部份，仍可轉而牽掛科學在中國之生根。

(二)科學的理智之限制

如果我們要從中國文化精神中，引發出一自動自主之精神來接受西方科學，我們認爲，在觀念上我們預先有二個確認。一是確認：科學在人文世界與人生經驗全體中，有他的確定的限制，而科學態度與科學知識之應用，必須有爲之作主的東西。這個東西，最後應歸到人之仁心。否則，科學的應用，必爲人類之生物本能，或權力意志所主宰；而且往而不返的科學的理智分析，亦必導人墮入無底止的懷疑主義與虛無主義。而我們如能以人之仁心爲科學之主，則人之仁心，便能自主的肯定：在科學的理智分析以外，由人直接經驗而知的其他人生文化活動等之價值。二是確認：我們要由人之人性或仁心之流行伸展，以成就中國人文世界，與中國人精神生活之文理時，必須有賴於科學的理智活動，與科學知識之應用。由此以確認中國之重仁教的文化，何以缺科學之發達，尙不能完成其自身之最高的發展。我們必須確認此二者，能在觀念上先融合中國文化精神，與西方科學之精神，如天衣之無縫，然後可使我們之接受西方科學，發揚中國科學之事；同時爲中國文化精神自動自主的發展完成其自身之事；而使科學之發達，不特不致妨礙到中國文化精神之自身，而且可進一步制止住全人類對於科學之方法、科學知識技術之一切濫用。這些話不是大話，更不是隨便的折衷之論，而是從困心衡慮中出來的。亦不是幾篇文所能盡意。以下只畧說我們的意思。

關於說到科學之限制一層，是一般科學家，與一切自願隨科學之後以立言的哲學家們，所不願意聽的。在二十世紀，幾乎只有大科學家，如愛丁頓、蒲朗克、愛因斯坦等，才敢於明白說到科學之限制，而爲人所注意。這眞是可嘆的事。須知說科學之限制，初不必從什麼東西絕對不能成科學之對象上說。西方的科學已由自然科學，逐漸發展到社會科學、人文科學。人文之任何部門，亦都是可成爲科學之對象的。雖然人文科學的方法，我不承認會與自然科學一樣。我亦不以人文科學爲典型的西方科學，以至人要對鬼神作科學的研究，亦莫有什麼不可以。現在我要說的科學的限制，是要先從科學的精神態度上去說。我們首須知科學的精神態度，與人類其他文化活動的精神態度，如宗敎的精神態度，藝術文學的精神態度，道德的精神態度，在開始點便是不同的。科學可以研究文學，而創造一科學的文藝批評論，但科學不是文藝。此猶如一詩人可作首詩來讚美科學與科學家，此詩仍然不是科學。仿此，科學家可以對人類之風俗、倫理、道德、宗敎作科學的研究，但此科學的研究本身不是道德，不是宗敎。至於科學家之以大公無私之心，祈禱上帝，堅其信心，去研究道德宗敎，則他之此心是宗敎心，但此不是科學。由此種科學的精神態度，與其他人文活動的精神態度之不同，便可確定科學的精神態度之原始的限制。此種限制，與科學的精神態度之成爲科學的精神態度俱始，亦與科學一名之或立俱始。這是科學之先天的必然的限制。我們先了解此科學之先天的必然的限制，便可了解人文可涵蓋科學，而科學不能涵蓋人文。然後才眞知道一詩人之作詩，一宗敎家之祈禱，政治家軍人之保國衛民之一事業，及一無知無識的人，日常生活中所表現的德性之價値，皆不必在任何科學家之知識理論的價値之下，如此而後我們能尊重多方面的人文世界、人格世界。

人類之各種人文活動中之精神態度，其根皆在人之直接經驗的世界。科學亦不能例外。科學的精神態度之所以別於其他的精神態度者，則在其用分析的理智，而對於直接經驗的世界，初只着重去了解其某一方面。因而對於直接經驗的世界所呈現之一切，有所取，亦有所捨。此之謂理智的抽象作用。科學的理智分析的態度，異於藝術的態度之爲欣賞與表現，宗教的態度之爲讚嘆與崇敬，道德的態度之爲成己與成物。此後三者，對於直接經驗的世界，在一情形下，可以全幅加以肯定。而科學的理智分析的態度，則必須在開始點，對世界中一切事物，求有所抽取，並有所捨離。從一方面說。此「捨」實卽抽象理智分析之原始的殺機。此中包含一原始的無明，此無明要掩蓋所捨者。誠然，此理智分析的活動，可只在科學家心中進行、科學家亦可並不自覺的抹殺直接經驗世界事物之整一性或全體性。因科學家亦是一個常人。但是實際上此抹殺，在開始分析的一刹那，卽已產生。此抹殺雖初只是在科學家心中進行，但生於其心，可卽見之於事，而可使他在實際上抹殺被捨的東西之存在與價值。這個危機，亦是科學理智之先天的危機。但是這科學之所自始的人之分析的理智，同時亦有另外的功績。這我們亦不當抹殺。卽他能發現客觀世界中的普遍者，如普遍形相與普遍關係。這個普遍者出現於人之理智之前，其妙用便無窮。向後看，此普遍者可貫通綜合過去不同時間之直接經驗。向前看，此普遍者可預期預測未來之經驗。向外看，此普遍者卽可用來規定事物，而可卽是客觀世界之事物的性質或原理定律，並可本之以製造或改造客觀世界之事物。向內看，此普遍者，卽人之理智活動流行的軌道。而其自身，則又可只是四面不着邊的空架子，如柏拉圖之理型，而爲一純藝術性的觀照之所對。但是在科學的態度中，則所重只在用此普遍者，去預期未來之經驗，並望能證實此普遍者之所在，卽事物自身之性質原理定律所在，于是人可本於對之之認識，以製造或改造事物。由此而在科學態度下，此普遍者之認識，卽可使我們對於未來之經驗有知識，對客觀事物本身與加以製造改造之方法，有知識。唯此知識之形成，乃科學研究之目的所在。而普遍者之其餘三用，則恆爲人之具科學態度者之所忽，唯爲古今大哲學家之所重，但今不必論。此上可見科學的態度之第二方面的限制。

科學態度之第三方面之限制，可由一問題說來。卽我們可以問，科學之求知客觀世界事物本身之性質或原理定律之目標，與其預測未來經驗，或製造改造事物之目標，是否眞能完全達到？我們似不能不承認目標之完全達到，爲科學家當有的理想。我們亦似不能不承認科學的進步，卽表示此目標之逐漸達到。然而我們又似不能承認此理想，眞可完全達到。譬如我們如果依一種哲學說，科學永不能知客觀事物之自身，則物之自身，爲科學知識所永不能達，而成科學之限制。如果我們依另一種哲學，說科學知識不須求知物之自身，只須求知現象或記述經驗，則問題在是否還有物之自身？如有，限制同上。若果莫有，則科學是否還要預測未來之現象與經驗。如果除已現之現象、已有之經驗，另無客觀世界之事物之自身，何以知未來世界必有現象與經驗發生？則我們何必要預測未來之現象與經驗？對此問題，最謹愼的現象主義者經驗主義者之答復應當是：未來世界是否可有現象與經驗，本不可知。我們之所以要豫測，只是本於過去之經驗中，有相連的經驗現象之重復，遂使我們養成一習慣，便不容已的由見相連的現象之一，要去預測其他。實際上縱未來有世界，此預測亦本來無一定之把握。此無把握，一因現象世界之複雜與過去經驗有限，一因自然之可創生新物使預測爲無效，但如果這樣答復，又無異已承認科學對未來經驗世界的所認識之限度。

反之，如果科學家不取現象主義經驗主義之觀點，而取實在論之觀點，並相信科學之所求知者，卽客觀世界之事物本身之性質或原理定律；而且堅信科學之最高理想，卽求使客觀世界事物本身之性質原理定律，全爲人所了解，使人眞能自由隨心所欲的製造事物，改變世界，使有的變無，而無的變有，如我們前之所說，而且此理想是能達到的；我們仍可說有一最後的東西在科學之外。卽人到此理想眞達到時，究竟人是有欲或無欲？如果無所欲，則一切科學知識之應用，畢竟不可能。因一切科學知識所告訴我們的，「什麼事物是如何」，「如果如何則如何」，只是靜的被觀照的道理，其本身是不能行動的。只有人之欲如何，可使我們應用「如果如何則如何」之知識。此欲如何，只能由人自發。而此「欲」無論如何總在所應用之科學知識外。如果我們再說此「欲」，亦可爲科學知識之所研究之對象，故無在科學知識外之「欲」，而且純科學精神可不求應用，故外可無應用科學知識之「欲」；則我們試想如科學眞已達其最高理想，盡知客觀世界之事物之秘密，而另無任何東西在科學知識外，則此時之科學亦卽無可研究之客觀對象，科學研究將不繼續存在。此時，人如尙有理智的分析能力，則只有轉而去分析研究人之科學之本身。但是此便是科學史或科學的哲學之工作，而非科學之工作。這工作便仍在科學外。這還是科學所將遇到而不可越的限制。

實際上以上所說科學的這些限制，我們只要把他說出，任何崇拜科學的人，亦將願意承認。而且任何崇拜科學的人，實際上也很少眞主張科學萬能。不過在情感上，人却不願他人說出科學的限制，或使人自覺科學的限制之所在。這中間有一古怪的莫名其妙之心理。這心理只是一時代的習氣。但是照我們的意思，則此自覺是萬分重要的。否則崇拜科學的人，總是不自覺而迷迷糊糊地相信科學萬能的，而以之否認科學以外的東西之價值的。所以我們不能不說些好像本不成問題的話。

(三)科學何以必須一主之者與虛無主義

其次，我們當略說科學之應用，必須有一個東西爲他之主，這亦是科學至上論者不願聽的。但是祇要大家知道我們前所說，科學之應用可以使無的變有，有的變無，可以成物，亦可以毁物，便知究竟我們應用科學毁些什麼物，成些什麼物，必須有一決定之者，或爲之作主者。愛因斯坦對於原子能知識的應用之憂慮，便明是怕主宰此原子能知識之應用者，是用之以殺人的壞心腸、或人之權力欲，而非用之以助人的好心腸、或人的仁心。無論如何，原子的知識之如何運用，而主宰運用此知識者，必是此知識以外或以上的東西。此東西如果不是人的好心腸、人的仁心，便必然是人之壞心腸、人之權力欲等。一切科學知識之應用，亦莫不如是。這應當是一切多多少少皆有良心的人們所共認的眞理。

但是崇拜科學的人，仍可否認有在科學之上或之外的任何東西，以至人類之良心或人類自己，能主宰科學。因他們可以說，人類之良心或人類自己，亦只是人類學、社會學、心理學研究之對象。如何應用科學，才可造福人類，而滿足所謂人類之良心，亦是科學的題材。這樣，則不能眞有在科學之上之任何東西主宰科學。因此東西，亦只是科學所研究，而只在科學的理智分析下的東西。科學家可以告訴我們，人類是什麼東西，如何自然進化而來，人之良心又如何進化而來，良心如何會依人之所處環境之不同而不同。但是人的良心，並不能告訴他自己由何而來，如何是如此，亦不能告訴人類如何而來。這卽證明科學超於良心與人類自己之上；而科學的理智分析的態度，亦可高於一切宗敎上的崇敬讚嘆的態度，藝術上的欣賞的態度，與人生一切其他精神態度之上。因科學的理智分析態度，可分析這一切的人心之精神態度，而了解其性質與如何而來等，而這些精神態度，則不能分析科學的理智，而了解科學的理智。所以無論如何，科學的理智可超臨在人之一切精神態度之上。因而莫有任何良心，或人之精神態度，能主宰科學。

這些話，不能不說有一方面的眞理。我們對之只須提一種反駁，卽究竟你所謂科學的理智分析、科學的精神態度，是否屬於人的？或科學是否人創造或人發明的？如果是，則人仍然是科學之主，卽科學仍須有人爲主。又究竟你所謂科學的精神態度、或科學之知識，是否有價值的？如果無價值，你何以要盡量求發展科學的精神態度，而推尊科學？如果是有價值的，則你之認定科學有價值的意識，卽爲你之從事科學研究之主。如果你不認定科學有價值，則你之科學研究，至少不必要。是見你之價值意識，即為你之研究科學的精神態度之主。而你之價值意識，亦即你之良心。則你仍畢竟不能否認人之良心，當為科學的精神態度之主。

這種答復，對於一般人與一般科學家，已足使他們確切的相信科學不能莫有主之者，人當為科學之主。但是對於崇拜科學的理智分析態度，而視此態度本身，為科學之所以為科學之本質的哲學家，却還是可以主張科學態度之為至上，更無任何東西可為之主的。

依這種哲學家的辯才，他可以說用科學的理智去分析人，以至分析我自己，可以發現世間根本莫有人，莫有我。因為我們試反省所謂人所謂我者，只是一束觀念或印象，一堆習慣，一羣感覺，或一串感覺與料。我們不能說我思故我在，祇能說我思故思在。但思的內容，初只是一大堆觀念印象，或感覺與感覺與料。我摸我的身，是有柔軟之感覺。我照鏡子中，有一片顏色與形狀。回頭看我心中，初亦只是這些感覺所留之印象，在這兒來來往往，那裏有個我？如果有我，這便是這個現前的世界的極限。但是此極限是不可說的，我們就不當再去說。我如此，他人更如此。我經過街上，我那裏看見人，不過是無數的形狀、聲音、顏色之各色各樣的配合，在這兒顯現而已。我們根據這些東西，加以抽象、組合、構造，於是對這些構造，加上名字，遂有所謂人、我、事物。名字用得適當，或再將名字，連結成句，用以表達這些東西的關係，是謂知識。則人、物、我皆在知識中。如果知識外，還有情感意志，我亦可將其客觀化，用另一些名字句子來敘述之，而成知識。而科學又是最精鍊的知識。

然則還有什麼東西可主宰科學？

對於這種根本否認有我與人或事物之實際存在的哲學，也許是不易駁的。如要駁，亦須要更多的話。但是對於我們的論題，仍有一最簡單的回答。即這種思想本身，恰巧又並不屬於任何科學，而是一種哲學。如果這種哲學，眞能說明莫有什麼東西可以主宰科學，眞能保障科學之至上，使我們能安心信仰科學之至上。則此種哲學思想本身，仍成了科學的保護人與主宰，而在他所要保護的至上的科學之上。則科學之必須有另一東西來爲之作主，仍然是不容否認。而這種哲學思想，如果被認爲是眞理、是有價值者，亦仍是爲人之價值意識或人之良心所主宰的。

一切科學知識之如何應用，與科學的理智分析的態度之被認爲有價值，科學的哲學思想之被認爲有價值，必須人的價值意識、人的良知之肯定其當如此應用，肯定其當保持，肯定其有價值。此即證明人之價值意識與良知，永爲主宰科學者。如果否認了這一點，而說科學知識之應用中，不須涉及價值問題，科學的理智分析態度，本身無所謂價值，科學的哲學思想，亦無所謂價值；則我們看不出，我們何以不當用原子彈，以消滅人類與世界的理由，愛因斯坦亦無憂慮原子能之運用不當的理由。我們亦看不出，我們何以不可以根本不取科學的理智分析的態度，根本不從事科學研究的理由，與何以不可以根本不信一切科學的理由。因爲世界並無必然的事實，要强迫我們一定要如何應用原子能，或相信科學態度之重要，與相信任何尊重科學的哲學。

但是我們以上的話，仍須對於願意去作上列種種超越的反省的人，才有效。如果一個人絕對不想到什麼東西可作科學之主，他只崇拜科學的理智的分析，並只用其理智的分析能力，去求了解世界之事物，預測未來之經驗；或應用其科學知識，去製造事物、改造事物、改造世界，而絕不作任何上述一類之超越的反省；則他之一往崇拜科學的理智分析的態度，以及從事科學研究，及應用科學知識之事，亦可永遠一直進行下去，而不遇見任何邏輯上的矛盾。於是，我們以上的話皆對之爲無意義，亦不能收到駁斥的效果。

在此，我們之最後所能說之唯一的話，卽指出人如果眞正一往用科學的理智，去分析一切，而絕不回頭，最後便會落到否定一切人生直接經驗，與一切人生價值的絕對懷疑主義、虛無主義。此絕對懷疑主義、虛無主義之歸到，有邏輯上之必然。但人如甘歸到此，我們亦無法指出其思想中之有任何邏輯上之矛盾。這些話只可把人逼到面臨一最後的抉擇。在此抉擇前，人之如何抉擇，純爲一超邏輯的問題。

一往從事科學的理智分析，所以必然要歸到絕對的懷疑主義、虛無主義之理由，一在一切理智的分析，都是使被分析的東西，在能分析之之心靈前之暫時的破碎。此破碎之恢復，唯係於心靈之再加以整合。如果此分析成絕對的，則一切被分析的東西，永不能再整合。而任何一往的分析，皆可爲一無底止的歷程，因而無任何東西之存在，可眞被肯定爲如是如是的眞實。二在科學理智的分析中，最重要的對事物之成毀之原因、或外在條件、或相關事物的分析，此不只爲一無底止的歷程，而此種分析之本身，就是要冒過事物本身。我們可以說，凡是問什麼之爲什麼，或什麼關聯于什麼之一問，都是待於我們之超越「什麼」，而及于「另外的什麼」。如果我們又要問另外的什麼之爲什麼，與關聯於什麼，則又使我們超越於此「另外的什麼」。因而一種絕對的往而不返的，追問什麼之爲什麼，與所關聯之另一什麼者，最後必使任何直接經驗中的「什麼」，或我們所設想的一切「什麼」，皆在被超越否定的歷程中，而無一可眞正被肯定。科學的理智分析之厲害處，在對事物之知識，可以深又深，細又細，對其原因結果，或關聯之物的知識，可以遠又遠，多又多，因而可無盡的進步。但是正因其可無盡的進步，於是亦可使我們之心靈，永無眞正的落脚處。此義之爲人所忽，其關鍵唯在我們之實際上，並不能眞去求知識之無盡進步，而不免隨處留連光景，或在疑難問題之前停頓下來。卽我們在實際上並未能一往充量發展此求無盡進步之科學精神，以至乎其極。如果有人眞依邏輯的一貫，而甘心要至乎其極，則必然使一切我們所肯定之事物與人生經驗人生價值，皆一一被超越否定而無疑。而此中唯一之存留，將祇有此能一往超越否定所分析者之理智本身。但是人如果於此又決不從事一更高的超越的反省，去自覺此能超越否定一切之理智本身之眞實存在，人卽落入一絕對的懷疑主義、虛無主義的心境，而決無可逃。然而人眞正落入此絕對的虛無主義、懷疑主義的心境，眞覺人心中之理智本身，要去無限的分析事物，而又不斷的超越之，四顧茫茫，無駐足處時，人同時亦就會奇怪此理智的分析要求，何以會不竭於流出，何以無物能滿足之，而又何以我把他止不下來？這個時候，人會有一莫大的惶惑與戰慄。此惶惑與戰慄，便必然會逼迫人作一抉擇。即或去要求去肯定：一個能主宰此理智的分析之行止的東西，或一往任理智之分析，帶向無盡的懷疑與虛空的心境中沉入。而此抉擇，亦即一種神與魔之交界，生命與死亡之交界。這個交界之界址，常祇有眞正了解理智分析之本性，或眞正試去無盡的運用理智分析，去了解一切的極少數的大思想家，才能如實的看見，而眞面臨此抉擇。然而人畢竟在此如何抉擇，人亦可有絕對的自由，人走任一路，皆似看不出任何邏輯上的一定不可以。但是人愈能看見此界址，並看見此二路之歸趨，人在事實上，總會選擇去求肯定：一能主宰其理智的分析的行止向東向西的一條路。

(四)仁心何以為至高無上之主宰

我們如果一朝眞了解科學的理智分析的精神態度，必須有一個東西為他作主，便亦可進而了解，只有人類的仁心，與依于仁心的人文精神，可以為他作主。仁心是人之價值意識的根原，亦即人之良知良心自己，或一般所謂良知良心的判斷的根原。仁心之所以為人之一切價值意識的根源，是因人的仁心直接肯定直接經驗的世界之存在，亦直接肯定一切世界有價值的一切事物之價值。仁心的本性，不同於分析的理智之從事抽象，而是要成就具體的事，而不傷之。人望人之得其生，是仁心之表現。春天來了，樂於觀彼草木之欣欣向榮，亦是仁心之表現。以至對於當前之任一物，喜其成，而惜其毁，皆是仁心之表現。故人之仁心，是一直接成就、持載、護惜具體事物之世界的心。而此心亦復是能肯定「一切有價值的自然事物，與一切能實現價值的人之精神態度，如人之宗敎態度、藝術態度」，肯定「表現價值的人類文化與其歷史」的心。自然與人類之文化，可有各種不同之價值。人之精神態度，亦可有各種不同之價值。因而人可有不同之價值意識。但依人之仁心，皆欲在原則上要求其不互相衝突，而相容以俱存。由此，而仁心即人之最廣大的價值意識。人在不同時空之價值意識，可能只偏於某一方面，而蔽於另一方面。而人之仁心則要求補其所偏，而彰其所蔽。因而仁心亦即爲能判斷一切價值意識之高下偏全之良知或良心，與人之一切價值意識，得不斷生長擴大，而完滿成就的根源。因而他可以爲人生在世之行爲活動之至高主宰。所以他亦可以爲人之科學的理智分析之活動、與其成果之科學知識的主宰。因爲理智分析的活動與科學知識，如有價值，亦在人之仁心所顧加以肯定成就者之中。至於我們之所以敢斷定，只有仁心之能爲人生活動之至高主宰者，則不止因爲在實際上只有人之仁心，能肯定一切存在事物之價值，而求其俱成；我們亦不能想像還有比他價值更高的其他人心，能爲仁心的主宰；而是因根本在理論上不可能有其他價值更高的人心，能反而主宰人之仁心。有人似可以根據進化論說，人類將來可以進化出另一種心，比仁心還高，來主宰仁心，或有人可以根據宗敎而說，另有上帝心主宰人之仁心。對於前一層，我們可答復道，我們現在還不是將來的人類，將來人類究竟會進化出什麼心，誰亦不知道。而現在的我們，明只有仁心爲人之最高的心。但是更深刻的答復應當是：卽如果現在人類之心，眞在逐漸進化，則此進化，亦祇能是此仁心之更充量的開展，而絕不可能會進化出另外一種更有價値的心，來主宰人之仁心。因這所謂更有價値的心，如果眞有價値，則我們現在的仁心，亦願意望其早降臨於我，亦卽已爲我之仁心所要迎接，所要護持，所願加以肯定成就者。此亦卽是說，此心仍不在現在之仁心之包覆之量以外，而仍涵蘊於我現在之仁心之要求之中，則他卽不可能眞是仁心以外的另一心，至多只能是一更充量開展的仁心而已。至於說另有不同於我們之仁心的上帝心，以爲我們之仁心之主，則我們亦可以答復說，縱上帝之心是我們之仁心之主，我們至少仍可說我們之仁心，是人之一切行爲活動之主。但一更深刻的答復，則是我們所相信的上帝之心，亦只是一完全充量開展的仁愛之心。這與我們之仁心是同性質的。因而一切行爲活動，眞以仁心爲主，與以上帝之心爲主，在實際上，是一樣的。同時上帝之心，亦當原是與我們之仁心相貫通，或本來是一的。我們縱然承認宗敎徒之說上帝是世界之主，人當信仰上帝，以上帝爲我們之心之主；但是我們仍可以說，如果我們自己之仁心，根本不求擴大開展其自己，不承認上帝之更大的仁心，爲有更大的價値，而願肯定其存在並信仰之，則上帝仍不能爲我心之主。無論如何，我之要信仰上帝之行爲活動，仍是我之仁心在作主。如果我之仁心不能爲心之主，則信仰上帝爲我心之主，亦不可能。

人之仁心爲我們之一切行爲活動之至高的主宰，是一不能傾動的絕對眞理。無論你如何懷疑，此理決不絲毫傾動，但是我們不願再去多答復一切從外面去看仁心之一切的懷疑。這個物事，人只要反躬，先自見得，便知其實爲窮天地，亙萬古，質諸鬼神而莫之能違的人生無上主宰。要見此義，說難固難，說易則比一切知識皆易，因此是一最現成最明白最簡單的物事。

至於我們之所以說，只有仁心可爲人之科學的理智分析活動之主宰者，則在只有仁心才能一方肯定人之理智的活動之本身價値，而又能如人之理智的心之無所不運。人之理智的心，可以上窮碧落，下達黃泉，前推星雲世界，後測未來世界，外察客觀萬物，內析主觀心理，以開展爲無窮的科學知識之世界。而人的仁心，亦可由近及遠，去成就家庭、國家、人類世界，而爲萬世開太平，以至悲憫同情無量無邊之衆生，而對燦爛莊嚴之山川日月星辰有情。凡科學知識或人之理智的活動所能到之事物，仁心亦能到。人之仁心與純理智的心之不同，在純理智的心要對直接經驗世界之事物，抽出一部分或一方面之現象，來加以硏究分析，同時要對此一部份此一方面之現象之所以如此，加以說明。於是此理智的心，總是要翻過此現象本身，而求探此現象之後壁；或要去加强對外界事物之觀察實驗，以求知所謂事物本身之性質構造；同時要去看此現象此事物與其他事物之因果關係，或其他關係，以說明一現象何以如此如此；由此而造作種種理論假設，從事種種觀念的冒險，再由其証實，而成對於事物的原理定律之知識；再本此知識，以預測未來經驗並製物利用。故此理智的心在根本上，總是要不斷向外向前馳求、望看，不斷在那兒求超越我們對現象之直接經驗的。我們之直接經驗，總只爲其所翻騰經度之處，而非所留駐的。人之仁心，則由要成就直接經驗世界中之人物開始，而推擴及於不在直接經驗中之其他人物之成就。此推擴，卽仁心所含之理性成份。此理性成份，使我們不僅要肯定尊重我所直接經驗之世界，亦要肯定成就其他人物所直接經驗之世界。然其他人物所直接經驗之世界，對我而言則爲超越的。故仁心之推擴，亦卽能超越我之直接經驗世界，而涵蓋無定限的其他人物之直接經驗世界的一種心量之開展。然而此心量，同時是把我與其他人物所經驗之世界，一一平等的定置下來，以慗量求其俱存。此之謂曲成萬物而不遺的仁心。而此仁心之證實，則不待於向外物觀察實驗，而在實踐此心於行爲，以由近及遠的，去作成物或實現價值之事。此行爲始於心之貫注於我自己之身體，由身體之動作，以影響其他直接經驗中之人物，而再間接影響直接經驗外之其他人物，而使此等人物與其所經驗的世界中之事物成就，亦實現價值。此仁心所具之超越性，乃與其涵蓋的肯定性，及由內而外、由近而遠之實踐性，相俱。此與純理智的心之超越性，與其不斷翻騰中之否定性，及虛提假設，向外望看，向未來與遠方求假設之証實，相俱，二者正爲一對反。然正由此對反，而後見凡純理智的心所經與所遺，皆爲仁心所涵與所養，且見仁心之可制衡主宰人之純理智的心，使不至往而不返，徬徨無歸，得不墜入於懷疑主義與虛無主義，而恆依仁心之樞極以周流，爲仁心流行之一尖端的照燭之明，以導助其生發成就世界之大業者也。（民主評論六卷十三期四十四年七月）

陸、科學對中國文化之價值

——科學與中國文化（下）

（一）導　言

我們在前二文論西方科學精神之性質，及科學的理智之限制與仁心。如人們對此二篇所說，完全洞徹，便知中國傳統人文精神，以仁心爲主，以生發成就此世界中一切人物，而肯定護持其價值，實表示我先哲之無盡莊嚴神聖崇高之人生體驗。然對於中國傳統人文精神，忽畧科學的知識技術之缺點，我們亦無容自諱。此缺點之原，一方可說在中國先哲之忽畧人之分析的理智活動，及科學知識之體現眞理之價值；而另一方亦可說在，中國先哲之尚未能充量的依仁心，以自覺的了解：人之理智活動，及科學知識技術，之導助此仁心以生發成就此世界之大業的價值。由此中國文化缺點所生之弊害，乃愈到後代、乃愈顯著。我們今唯由此缺點與弊害之深刻認識，才知科學實爲中國文化完成其自身之發展，中國文化理想自身之充量實現，所需要。對此缺點與弊害，我們不須依任何外在的西方文化之標準，或依一人之哲學所任意編造的標準，來加批評。這種批評，恆搔不着中國文化問題之眞正的痛癢處。因標準旣是外在的，中國人儘可不接受。依此外在之標準而發之議論，恆不能說出中國人何以當自作主宰的去發達中國科學之理由。所以我們今必須改而從中國文化完成其自身的發展，充量實現其自身的理想之所需要上，說中國之當發達科學。其未能發達科學，乃其內在的缺點，而致其自身之弊害者。唯如此之批評，乃是依於中國文化自身之內在的標準，而爲一內在的批評，而後可引發出中國人之自作主宰的去發達中國科學之精神。至於由此以看科學對中國文化之價值，幷一一舉出由中國之缺科學所致之中國文化之弊害，亦有各種不同方面，不同深度的話可說。此文則從比較淺近易解的方面，依次說來。

(二)科學技術之純實用價値

由中國文化之缺科學而致之弊害，其最淺近易曉，幾於人人皆知，但亦在實際上仍是最重要的一點，是由缺乏科學技術以利用厚生，所致的今日中華民族與人民的災禍。以十八世紀以前的中國，與西方比，中國人民的物質生活，只有比西方人好。此主因是如前所說：卽西方傳統的希臘羅馬與中古基督敎文化，根本是忽視生活上之實用技術的。而中國文化中實用技術之發明，則遠比西方人早而多。然中國民族對於土地的開發，是以黃河流域爲中心，而向四面開展的。到淸代，而直接用人力可開發之土地，幾已開發淨盡。人口之逐漸加增，與水利之失修，農業產品之不足，遂使人民生活，日益成問題，而國力遂日衰。反之，西方文化以前雖忽視技術，但到近代理論科學發展出應用科學以後，則科學技術之效，便遠非一切非科學的、或手工的、藝術性的，任何技術之所及。科學的原理定律之發展，在能說明無定限之多的未來同類事物，而不受直接經驗之限制。故依科學原理而成機械模型，卽能無定限的生產同類的產物。而機械的生產力，亦超越了人之直接對物勞働的生產力之限制。這是西方科學性的技術之效能，遠超過東方之非科學性的技術之劾能之故。亦是百年來中國之國力，在與西方國家之國力比較時，處處相形見絀之故。而我們再試把我們同胞的物質生活水準、國防力量，與西方國家相比，任一稍有仁心的人，都不能不承認，如不發達中國之科學技術，絕不能解除今日之中國人民生活上的所受的災禍與困苦，而使國家盛强。此亦卽晚淸諸老之所以欲以西學爲用，後之吳稚暉先生之所以痛言，我們必須先能在他人以機關槍打來時，而我能以機關槍打去，方能談中國之精神文化也。而吳先生此語，亦理當根據於吳先生之仁心而說也。

(三)應用科學技術所造成之器物世界，爲人格精神交通之媒介憑藉之價值

但是自淸末諸老至吳稚暉先生等，只從怕國家民族滅亡，並爲提高人民之物質生活，而提倡科學的實用技術，尙不足以眞正接上中國重仁的人文精神之核心。因爲中國之重仁的人文精神，在其最高

義上，是要使一切人完成其人格，而使整個人類世界，成爲人格世界，且並不只以國家富强，人人物質生活之提高，爲最高理想。誠然，從一方面看，我們可以說，當人民救死而恐不贍時，我們是似無法與一般人民高談什麼人格之完成的。而知識分子此時如稍有仁心，亦理應先從解除人民生活之困苦下手。這樣則把中國傳統之一套仁義道德之大道理，完全放在一旁，以至暫丢之入毛厠，亦未嘗不可。所謂衣食足而後禮義興，倉廩實而後知榮辱是也。但對於此一點，吾思之，吾重思之，我却發現此種想法中，另有一大不妥。卽在此想法中，乃只視中國人民同胞生活之困苦，爲一被同情的對象。由此遂以爲他們此時所需者只是衣食，尙談不到仁義道德人格完成等。此却正是對我們同胞之一最大的不敬。而此不敬中，卽有一種極深微的不仁。吾於是知吾人提倡科學的實用技術，以增加生產與國力，尙須從我們更深的仁心與智慧上，去建立一更接上中國重仁的人文精神之核心的理由。這個理由，不能求之於法墨諸家之功利思想，亦不能只求之於戴東原式之同情民生疾苦之儒家思想，以至尙不能只求之一般宋明儒的理學思想，而當求之於中國周代之禮樂文化中，及王船山與西方理想主義哲學中，所涵具的，對物質器物之價值的思想。

我所說這種思想，卽一承認物質器物是人類之人格精神相互表現之一媒介，因而物質器物之世界，亦卽使人與人直接經驗世界相互貫通，合以構成客觀的人格世界、人文世界之公共基礎的思想。在中國周代禮樂文化中，文章黼黻之盛，是能够在實際上體現此思想的。宋明之理學，則皆太偏於個人內心修養，而不免忽畧或看不起物質器物世界之此種文化意義、精神意義了。誠然，從個人之內心修養上說，人對感覺世界的物質器物之慾望，是應當減少的。而物質器物，在此時，亦可說是與人之精神本身相對反的。但是在人與人構成之社會倫理關係中，或在各個人之人格精神互相表現的場合中，則任一人之物質身體的動作，與人所相贈與、或共同使用之器物，卽皆爲兩方之人格精神接觸之點，與互相交流通貫之處。而此物質器物，卽同時爲兩方之人格精神所透明，而爲一客觀的人格世界、人文世界得以構成之公共基礎，其本性亦卽爲精神的。譬如在大操場中的國旗，大家的目光注射在此國旗，此國旗卽爲全操場的官兵之精神互相接觸之點、交通之處。而此國旗，亦卽爲此一切官兵之精神所透明。如有敵人來奪此國旗，全場官兵皆願爲之死。這不是爲國旗之物質而死，這是爲此各個人之人格精神之失去相互交通之媒介，便若不能合成一客觀的人格精神相交通之世界而死。實際上一切人與人發生關係時，共同使用或相互贈與之器物，都是一種人格精神相與交通之旗幟。國旗，我們應用最好的布料來作，使之華美。這華美是代表一物質的充盛。同時亦表徵人與人之相交通的精神之充盛。從此看，則一切人與人間互相贈與的或共同使用的器物，亦當使之充盛，而後人與人相交通之精神，能充盛。這個思想，周代之禮樂文化中，是能在實際上體現之的。而禮記中亦隨處有自覺的發揮。近代則王船山，最能申暢其義。如從此處着想，則應用科學技術來造的大建築、大橋樑、與工廠、農場，以至一切一方爲供給人民之個別消費，而一方又由許多人合作而成之生產事業，及其他一切社會的物質建設之事業，都是人與人人格精神接觸交通的孔道，都是客觀社會中，人與人的精神交光相網時，一個一個的交光站。如果莫有這物質器物之世界的建設，人與人之精神的光輝，便失去其相互表現，而觸交通的憑藉。此各人的光輝，便只有退縮於各人之主觀的世界內，而相互隔離，因而不能互相生發，互相增進了。少數個人在此，雖儘可從事個人內心的修養，而亦能成聖成賢；但是社會大多數人，卽只有分別散處，而精神各自閉斂退藏，而日趨於枯萎了。從此看出，中國散漫農村社會，雖有極好的地方，然而亦有極壞的地方。中國無數的農民，在山中守一塊田，山靜似太古，日長如小年，一生一世，祇認得幾個鄰居親戚，在缺乏物質器物的世界，當安分的良民。我嘗覺其十分可愛。然而細想起來，這中間仍有無限的悲涼。這悲涼不祇是物質生活的困苦，亦是精神生活的局促枯萎。在此點上看，我們不能不承認，科學的工業文明，使中國農業的工業化，是更能造成人與人間的熱鬧，溫暖，亦增加人與人的精神交通，而與發人之生趣的。我想從這些更深的理由，去從事科學技術之運用，中國之物質器物世界之建設，是更能直接上中國之傳統的重仁的人文精神之核心，而更能看出此科學技術之運用，中國的物質器物之世界之建設，正是中國傳統的人文精神要求中達發展的必須條件。

(四)分析辨類之科學的理智，幫助成就中國國家社會之組織，以為人之仁心超升流行之軌道之價值。

我們如果再進一層去看，中國重仁的文化發展到後來之缺點，我們亦可看出人之仁心中之理性，如果推擴不開，則人之仁心，亦必然要退縮而自限于個人直接經驗之世界，或使人沉淪於日常之現實生活。因而眞正關心國家天下的高卓偉大的道德人格，亦卽難於形成。我們前說，人之仁心是從去肯定成就直接經驗世界中之一切人物始。然人之仁心中之理性，同時要人能由己推人，而要去肯定成就：超越個人直接經驗以外的其他人物、宗族國家、天下萬世的。但是此中理性之推擴，如果不循一客觀的社會組織所顯之文理，則實際很難及於個人直接經驗之家人與少數朋友以外。宋明理學家說仁者以天地萬物為一體，宇宙內事卽己分內事。人本可頓超直悟到此，以之存心以後，則物來順應，感而遂通，而對一切所接之人物，都以仁厚之意遇之。人只要念念不懈，亦卽可成聖成賢。但如果人眞只是在人物來接時，而後表現仁厚之意，便只是顯得此仁心之內在直接經驗之內在性一面，而未顯得此仁心之超越於直接經驗之超越性一面。要顯此仁心之超越性一面，應當不待人物之來接，而我所作之事，卽皆自覺的以成就我以外之其他人物、天下國家為目標。然要達此目標，則並需我所作之事本身，眞能對其他人物或國家天下，有一實際的效果。而此則又有賴於我與人居於一定的客觀的倫理關係，或社會組織關係中，而後可能。因必須如此，而後我所作之一事，不祇是我所作之一事，而且是從客觀上看來，在一定之倫理關係中，社會組織關係中，與他人之他事相連屬，而在一相依互賴之系統中之事。因而亦才爲一必有實際效果之一事。我們亦唯在自覺我所作之事的如此之客觀意義時，我乃能由作此事，而使我之心通達到其他一切同在某倫理關係、社會組織關係中的人。如我之作此事，是依於成就他人之仁心，則我亦同時由作此事，而覺我之仁心，通達到其他之一切人。在此點上，我們可以出自仁心而與一所見乞丐以錢，及出自仁心而去救濟團體中工作二者爲例。前者可使我們之仁心，直接得一滿足。但是此與乞丐錢之意義，卽止於此事本身。則我之此事，只有主觀的內在的意義。而在救濟團體中工作，則我所作之事，却是與其他共同工作之人所作之事，配合連屬，在一相依互賴的系統中，而合以達一有效的救濟之目標者。由此而我在此團體中所作之事之意義，卽不止於我所作之此事本身，而另有一客觀之超越意義。因在此，對就我所作之事而言，乃不能完滿的達到我之仁心所置定之目標者。故我們此時之仁心，亦不能由我所作之事直接滿足。此時我之仁心，恒只顯爲一策勵我去盡心作事者。而其本身與其所懷之目標，則恆超越於我所作之一切事之上，而顯爲一實具超越意義之仁心與目標。

此實具超越意義之仁心之呈現，必以我們自覺：「我所作之事，具有能與他人所作事配合連屬，而合以達一超越目標之超越意義」爲條件。卽此實具超越意義之仁心之呈現，必以人居于各種客觀的倫理關係、社會組織中爲條件。因人與人如不在一倫理關係或社會組織中，則無自覺的共同目標，亦無自覺的求互相配合連屬之事。由此，我們便知人之仁心固爲一切人與人之倫理關係、社會組織成立之根據。亦須知人之倫理關係與社會組織之分別存在，卽人之仁心流行推擴所必需之軌道，以使人之仁心成爲實具超越意義之仁心者。由此而吾人復可知，一社會中倫理關係社會組織之散漫，不相連屬配合，亦卽使人之仁心不易向上超升，以眞通達於其他人物與國家天下者。如此，則一切仁者與天地萬物爲一體之心境，亦終不易提挈起來。此卽在中國古代社會，有宗法封建門第之組織時，中國人之仁心恆可以通過此各種組織，而超越其直接經驗之個人生活、家庭生活，而及於整個之宗族，進而通於國家天下之故；而在唐宋以後門第破壞，社會又缺乏其他各種聯繫大多數人爲一之組織時，則人心日趨散漫，宋明儒者，雖力倡仁敎，而終不能挽回日益就衰之國運之一故也。

中國固有之宗法封建門第之組織，今已爲歷史之陳跡。蓋此諸組織之成立，或緣於原始之氏族意識，或依附於某一特殊之政治勢力。卽其建立之基礎，乃在個人之自覺理性之外者。因而在人之自覺理性發展後，卽無法再有。而現代之社團組織，則大皆由諸個人，在社會上之自覺其各種共同活動，共同目標，而自覺的依理性而建立者。故吾人今欲再度重建古代宗法、封建、門第之社會組織於中國，既已不可能；則除中國人依其自覺理性，順其各種類之共同活動，共同目標，而分別建立各種不同之社團組織於中國外，中國人亦終不能有使其仁心，通達於國家天下之客觀軌道，而中國之仁致，亦終不免退墮爲虛言矣。

每一現代式之社團組織，皆依於許多人之某種共同活動或共同目的而建立。人以其所從事之活動與所抱之目標，可有多種，人遂恆須兼去組成或參加不同種類之社團，並進而依於人之自我之統一性，而望其各種活動與各種目標之相配合爲一體；人遂有望此各種類之社團活動，相配合以成一整個國家組織之要求。此種現代式之社團國家之成立，除依於人之不自覺的要求或需要，及人對一羣人或民族之感情與仁心外，主要賴個人之能分別的自覺其各種活動、各種目標之不同；並分別的肯定各種社團組織之性質與價值，而形成淸晰的概念；兼明白了解此各社團組織之活動，與個人活動及國家之關係。此實依於個人之一種高度的能分析辨類之理智，而不能只賴於一種對家庭對民族之直覺的感情。而此卽一種科學的理智也。

(五)科學理智之超越直接經驗之世界而間接引發人之虛靈明覺心之價值

復次，我們如果能眞知充量的仁心，必兼具內在於直接經驗，及超越於直接經驗之義，便知除科學知識之應用，可造成一公共的器物之世界，以爲人與人之心交通之媒，及科學的理智，可助人成就分別之社團組織，以爲人之仁心通達於國家天下之軌道外，人從事科學研究，繼續運用其科學的理智，復可間接開拓人之心量，而幫助具超越性之仁心之呈現。我們說人之科學的理智，在開始，便是要去分析，去抽象，並要超越直接經驗，以求知事物之本身，而構造理論假設，以求證實於未來之經驗的。由此而只順科學理智之一往發展，必落入虛無主義。這固然是不錯的。但是此求超越直接經驗之科學理智之運用，亦同時是依於我們之具超越性之理性。此超越之理性，卽使我們超越我們對直接經驗世界之事物之貪欲與陷溺者，因而亦卽間接使人心不致物化，而恆能向上升提，以涵蓋超越於直接經驗世界之上者。自此點言，純理科學如數學、幾何學、邏輯、及遠於人事之科學，如天文學、地質學、古生物學等，訓練人心靈向上升提之功尤大。故我們只要不把科學的理智孤立來看，或不以只本科學的理智，去往而不返的求無盡之知識，爲最高之人生目標；而把科學的理智，隸屬於人之仁心所統率之下，而自其能使人不陷溺於直接經驗中之事物，以及對之之貪欲上，來看其幫助人之仁心之呈現之效用；則此時無論我們如何盡量運用科學理智，以求知識，皆同時可兼對在上統率之之仁心，顯一價值。而此在上之仁心，亦卽可同時自覺此科學的理智之價值所在，而肯定之、護持之。于是此盡量運用科學的理智之事，卽非往而不返之事，而是走遍天涯，未嘗離此仁心一步之事。亦非步入虛無主義之事，而正是步步破除陷溺之觀念，以成就人心量之開拓，亦卽使人之仁心，更能悠久無疆的呈現之事矣。

關於科學的理智之價值，通常都是從其能成就科學知識，及應用技術上看。於是在中國，注重開拓人之虛靈明覺心的道佛二家，恆有一輕科學知識之趨向。而重仁心之儒家，看科學之價值，則恆只自其可發展出利用厚生之技術上來看。實則自科學理智之有所着取，及所成就之果上看是一事，自此理智在發展歷程中之性質，與對人心本身之價值上看，又是一事。自後者看，則科學的理智，在其繼續運用之歷程中，乃一方不斷顯示理性之流行，成就種種觀念知識，一方亦不自限於其所成就，不斷超越所執之觀念知識者。此不斷超越所執之觀念知識之事，其所以可能，在根柢上，亦依人心之明覺之爲虛靈的，卽依於人之虛靈明覺心。故此理智之繼續運用，亦可培養人虛靈明覺心之呈現。此虛靈明覺心之呈現，卽一方使吾人得不陷溺於物欲，一方使吾人仁心之流行，更易直發而無阻者。由此故知，人如無科學的理智之繼續的運用，則人之虛靈明覺心，卽失其一培養之資。而人如無廣大的虛靈明覺心之呈現、則人之仁心，必更易局限於直接經驗之世界，不易成爲具超越性之仁心。我們如將此三者，通而觀之，則人之繼續運用其科學的理智，以向前探望，而恆超越一觀念知識，以及其他，實類似蝸牛之觸角。此觸角不斷伸縮，而蝸牛之頭頂見。此頭頂，卽以喻虛靈明覺心。而人之仁心，卽此頭之本身也。對科學的理智與虛靈明覺心及仁心之關係之問題，在中國昔賢中，惟荀子及道家能知理智之運用，本於人之虛靈明覺心。後惟朱子亦深知心之虛靈明覺，爲仁性之所以得顯之根據，亦重理智之活動。此外，實罕加以深察者。於是對科學的理智運用之亦可幇助人之虛靈明覺心呈現之價值所在，過去儒者多未能眞加以認識。于是，其所以敎人充此仁心，以成聖成賢之道，乃多只限於直接之躬行實踐。則若非天資穎悟之士，其德行或不免流於拘固之病矣。

(六)科學知識與歷史知識之相輔爲用以間接涵養以通貫爲性之仁心之價值

在中國過去雖未能重科學知識，然甚重歷史知識。歷史知識，一方是關於具體的一件事、或人物、或一時代之學術制度之知識。此大皆爲在過去人之直接經驗中的。然而同時是超我個人之直接經驗的。故重歷史知識，一方可使人培養出：超越個人直接經驗，而貫通古往來今之人所經驗之世界的廣大心量，而又可使人不致落入抽象的理智觀念，而保持中國人之重自具體整全的觀點看事物的智慧，此智慧亦爲人具充量的仁心者之所必當具有。故中國之重仁敎的文化，同時爲重歷史者。但人過重具體的歷史知識，亦有一大流弊。卽在歷史知識中，人所知之對象，皆爲局限在某一特定時空之人物事件等的。此人物事件等，只分別佈列於時空之系統中。然時間空間中相接近之事物，其所涵之「理」，不必相近而相通。由此而人對於歷史世界各種人與事物之知識，恆有某種相對的分離性獨立性。此種歷史知識之分離性獨立性，卽同時爲使人之硏究歷史的心靈，不免於一程度之破碎或支離者。大歷史家能知史事之源流，固較可免於此病。然人求歷史知識的心靈，因其恆指向於一一具體之事之考證，則仍不能免于某一程度之破碎支離之病。此遂可與在本質上以通貫爲性之仁心，有一種本性上之違反。此卽中國重歷史考證之漢學家，與宋學家之學問態度，不易相合之故。宋學家恆只願視一歷史知識，爲顯於仁心而放之四海皆準的義理之例證，以供直接之道德敎訓之用。在漢學家，則恆只重義理或道德敎訓之爲古聖賢所說，而不免只視之爲某一時代之歷史之陳跡，而忽其通貫古今之意義。此卽見既重歷史之知識，又重仁心之中國文化，尙有一未能免除之一種內在的不調和。而欲免此不調和之病，我亦認爲確有係於補足之以科學的學問態度之重視。

科學的學問態度，從開始點上看，是分析的抽象的。然由分析抽象而認識事物之形相關係、原理、定律所成之各種科學概念知識，則一方是貫通人主觀的心與客觀世界之事物者，一方亦爲有普遍性，而能貫通於各種不同時空之特殊事物，與各種特殊經驗者。同時，科學知識之系統中，各種概念或知識之相連接，恆爲一理性的連結。於是，我們恆可由其中之一，以通至其他。而科學知識愈系統化，我們由其中之一，所通至的其他知識亦愈多。由此而純從科學之研究所訓練出的心靈自身而觀，亦卽可爲一更能貫通周運於主客之間，及不同時空之事物及經驗，而得免於上述之心靈陷溺於個別歷史知識時，所致之破碎支離之病者。而此亦卽一間接的、或消極的使以通貫爲性之仁心，得其涵養者也。同時，科學的態度，在另一方面又爲求擴大經驗，加深對具體事物之認識，以求證實其理論假設者。故科學的態度，又恆可使吾人歷史意識，更加以擴大者。如增加吾人對古代歷史、遠方民族之歷史之興趣，浸至求知人類之起原、生物之進化、地球與天體之形成之歷史等。而此種歷史興趣之擴大之目的，則恒為求得純粹之眞理。由此而新增之知識，亦恒不能作為直接之道德敎訓之例證，遂又可為解除上述之一般史學家對歷史知識之褊狹觀念之用。至於社會科學、自然科學之知識，可幫助吾人更了解一具體的歷史事實，而解決若干歷史上之疑案，則亦猶歷史所累積之知識，可為一切科學原理所由建立之材料根據，尙為次焉者也。

（七）科學之引發重批判貫通之哲學以絕去緣科學概念等而生之偏執之根的價值

我們以上說科學中的普遍概念等與科學知識之系統化，可使人之精神更能貫通周運於主客之間，與不同時空之事物及經驗間。但我們亦須承認，由科學的理智分析態度之不斷運用，科學知識之愈分愈細，亦可導致人心之另一種破碎支離。因我們如對於任何科學上之普遍概念假設、或基本原理等、或成形之科學知識系統，一有加以執着之意，則此等等，便皆不復為精神賴之以周運貫通之軌道，而成為人之精神與心靈之桎梏與限制。我們於此如以所執者，概宇宙人生之全，或透過所執者，以看吾人之虛靈明覺心，及仁心之自身，立即造成另一種思想上天旋地轉的顚倒。由此各種不同而相差異的、與無盡的趨向複雜的各科學上之種種概念假說、理論系統，遂皆可一一分別被人所執着，而形成無數偏執，以將整個宇宙人生及人心自己，劃分成無數互相割裂、分離、破碎之界域。此偏執雖可非科學精神中所本有，然恆緣科學中之概念等而起。此外亦有秉緣常識觀念，及宗敎之中信條而起者。其所以起，亦有另外之理由，今可不必論。由此偏執所成之理論，或被稱爲一種哲學。此種哲學非眞哲學，而恆只爲一獨斷論之哲學。然批判此偏執及獨斷論之哲學，以使人自此偏執超拔者，在西方卽有由批判而求貫通諸偏執之眞哲學。此哲學之所批判者，大皆不外人之緣特定科學之概念、假設、理論，以及秉緣常識觀念、宗敎信條，而起之各種偏執。此哲學之由批判而貫通諸偏執之事的目的，則在重恢復或重建立人對宇宙人生人心之整個的覺悟。故言西方文化，吾人若尊重其科學，亦必尊重其哲學。此二者實爲相輔相成而不可相離者。

吾人於此將中國文化與西方文化相對以觀，則中國缺西方之科學，亦缺西方式之眞哲學。因西方式眞哲學之用，原重在批判緣科學概念等而起之偏執，並求其貫通。則中國旣缺乏西方之科學，亦可無庸有西方哲學。因而在哲學上說，此可非中國文化之短。且正因中國缺西方式之緣科學概念而起之偏執，而中國哲學反更善於直接說宇宙人生之全之理，並直就人心之全上指點人性等，而免於西方式哲學的葛藤纏繞之病。此亦是中國哲學之所長。但從另一方面說，則人緣科學概念科學知識等，而構成各種對宇宙人生偏執，亦是人之所難免。人通常恆是須先歷此偏執，幷感其所造成之隔閡不通，而再超越之貫通之，然後更能絕此偏執與隔閡之根，而對宇宙人生人心之全之理，更有一種親切而有把握之自覺。此卽辯証法所謂反反而正益顯也。夫然，故自中國個別哲學家之造詣言，吾人雖可謂其境界之高，恆在西哲之上。而自整個之中國文化言，則中國缺乏緣科學而起之偏執等，及西方式之由批判之而貫通之之哲學，以與中國先哲之高明的智慧之所契悟者相印證，則無疑為一中國文化之短，而此種哲學之產生，無論由西方輸入，或由中國人自造，皆須以科學之發達，為其先行或並行之條件。

（八）中國人之理智力之運用於科學，可使中國人之理智力得不卷曲於人事關係中而化為世故心、猜疑心、作偽心等之價值

最後，我們還可以說，自人之理性之發展的自然傾向上看，乃理當首發展為向外探求之科學的理智者。人之能進而眞認識仁心中之理性，或眞自覺人之仁心，其自然之路道，恆由人往窮極其科學之理智之時，不免於碰壁，或落入吾人前說之大虛無主義，遂使人不得不回頭，求向上一機。此卽西方之理想主義哲學家，通常所經歷過之道路。中國先哲以其志道之篤，而直下承擔此向上一機，並以之垂敎，則純為「苟非其人，道不虛行」之事。此實非所以接一般世俗之才智之士。由此而中國先哲之敎，遂與一般世俗之才智之士之心情，在實際上恆打成二截。一般世俗才智之士，在中國先哲之陶冶下，不能窮科學的理智，以研究科學，使其理智有所寄托後，再由碰壁等再回頭；則其此種理智，卽恆化身或僵固成為另一種形態之理智。此種理智，我可名之為世故心、猜疑心、與作偽之理智。

我們如果將中國人與西方人之道德比，我們可說中國人之忍耐力與好和平等，實非西方人所能及。而中國人之胸襟，亦可說較一般西方人爲廣大。此由其宗敎信仰之寬容，最可見得。但是西方人却皆比較率眞，對人亦比較能信託。而中國人之世故心、猜疑心、與作僞之能力，則恆比西方人强。中國人固常如此批評自己，西方人亦多加以明白指出。但是其所以如此之故何在，則很難說。而我之一種解釋，卽是由中國人的理智，未能充量表現於科學性之好奇心，與對各種客觀事物與自然界之研究。由此種理智之活動之無出路，遂化身爲世故心、猜疑心、與作僞之理智。我們說，世故心恆使人根據世故，而揣測他人所以有某言行之內在的另一方面之動機與目的，以求與之適應。而猜疑心則更是專從人之內部的不好動機上着想，以預先防備。而善於作僞之能力，則是一種在表面上襲取各種好的言行，以掩其實際上之不善的一種能力。我作僞，則成就我人格之內外二重化。世故心與猜疑心，視他人直接表現與其內心爲二重，卽把他人之人格二重化。此二種心情，又恆相互引生。因愈有人作僞，則他人愈要講世故而多猜疑。反之，人愈相猜疑，亦愈逼迫人作僞，以自爲地步。這不是中國人的人生與中國社會文化之一小問題。這是中國人之生命中，恆有無數紆結，生命力不能暢發之一原因所在。亦是中國無數社會的事業，不能開展之癥結。然此二心情，實皆依於一種理智之運用而生。世故心與猜疑心，是要由直接經驗中所見他人之表現，透過去，以對他人內心動機，作一種假定與猜測。此在本質上，與人之由直接經驗中之自然現象，以推測自然事物之本質或原因之科學理智，正爲同類。但因他人之內心畢竟如何，亦不能加以證實，吾人亦恆不求其證實。於是此假定或猜測，遂恆與人利害之情相夾雜，而極易僵固化為一不容批判的斷定；由此斷定以謀如何對人適應防備。至於人之作偽，則由人之知某種言行之為善，已為人之仁心所認定，而人又自知其未能眞有發某種言行之內部的動機，遂將某種言行之表相，與其內部應有的動機，加以分離，而襲取之，以貌合於人之仁心所認定，並免他人對我之毀謗。此亦出自一種分析人之行為表相，加以移用之抽象的理智能力，與自利之心相夾雜之產物。故非聰明人，亦不善作偽。我們可說，人之理智的能力，總要有所用。故如不用之於客觀事物之分析與探究，便自然會用之於人事關係中。人之理智的能力，必肯定直接經驗的世界，與其外之世界之二重化。故人之世故心、猜疑心、作偽心，即在個人主觀所接之人事關係中，構造出二重之世界。此種中國人之作偽能力，與世故心、猜疑心之毛病，蓋自古已然，而於今為烈。故中國先聖先賢之教，特重誠信之德。而當此先聖先賢之教淪亡之今日，則此毛病，更無足以醫之者。而此種毛病之根，則我想其中至少有一部份，是在人之抽象的理智，未能先以一超人事關係之客觀對象，或自然事物界，為其運用之所，並由之以訓練人之理智活動之客觀性、冷靜性等，以使人對其個人所接之人事關係，亦能更有一客觀冷靜的眞實了解，而處之以正當態度。今既不然，於是人之理智，只有卷曲於個人之主觀所接之人事關係中，以與人之利害之情相夾雜，而化為世故心、猜疑心、與作偽之能力矣。由是可知，我們眞要重中國先聖先賢重誠信之教、亦當兼自將吾人之抽象的理智，運用於客觀冷靜之科學之研究始。

（九）結論：吾人論科學之價值，應自中國文化中之仁教上立根，及科學家精神與智與仁

我在以上約畧說明了（一）科學技術之帮助中國民族之求生存之價值，（二）應用科學技術所成之器物世界，爲人格精神交通之媒介憑藉之價值，（三）分析辨類之科學理智，帮助成就中國之國家社會組織，以爲人之仁心得以超升流行之軌道之價值。（四）科學理智之超越直接經驗之世界，而間接引發人之虛靈明覺心，以使仁心之流行，不自限於直接經驗之世界之價值。（五）科學知識之重普遍概念等，使人精神更能貫通周運於主客之間，及不同時空之事物與經驗間，與中國人所重之歷史知識，可相輔爲用，以涵養以通貫爲性之仁心之價值。（六）科學之引發從事批判貫通之哲學，以絕去緣科學概念等而生之偏執之根之價值。（七）中國人理智力之運用於科學，可使中國人之理智力，得不卷曲於主觀個人人事關係中，以化爲世故心、猜疑心、作僞心等之價值。我們上所說科學之這些價值，只有比今之一般宣傳科學者講得更多。這可說是因爲我們更能承認中國文化歷史中，缺乏科學所生之弊害。這弊害是愈到後來，才愈顯著的。但是我們所講的這一切科學之價值，都是對照着中國文化之發展至現在，其本身之需要上說的。中國文化本身之需要，只是要充量發展其仁敎。因而此

一切科學之價值，都只是爲了我們要發展此仁敎，以成就中國人文世界，與中國人之精神生活中之文理，而後被我們所肯定。此外，如科學的知識、科學的理智活動，尙有純粹的體現眞理上的價值。照我們看來，此亦須經我們之仁心，先肯定「體現眞理」本身，爲一有價值之事。關於這一點，讀者可以把本文中篇，再加一看。由此而我們之主張發展中國之科學，便完全是從中國文化中之仁敎自身上立根，決非出自流俗之向外欣羡之情，或追趕世界潮流之意。亦不是只本於一光禿枯乾的純理智的理由。如科學可破迷信，使人得眞知，可養成一懷疑不輕信的態度，使人不致中極權主義之宣傳之毒等。人從向外欣羡之情、或要趕潮流而學科學者，當然亦可容許。說科學可養成懷疑不輕信之態度等，當然亦不錯。但是這些道理，皆太膚淺，且都是從西方抄襲來。在西方之文化傳統中，原有種種宗敎上、神學上之獨斷敎條與迷信。所以西方近代思想家，尊尙懷疑不輕信的態度，有很大的價值。但是在中國文化之核心中，則並無這些迷信與獨斷敎條。現在中國文化的病痛，正在人之無正信。一切中西之思想觀念，皆相抵相消，人皆徬徨歧路，寸步難行。這時所更需要的，是疏通各種思想觀念上之隔閡，以逐漸匯歸正信，使人有路可走。所以只拿養成懷疑不輕信的態度等，作提倡科學之理由，便文不對題，亦不能收到其意想中提倡科學之效果。只知說這一類的話的人，大皆全未嘗透入中國文化之問題的內部，全不識中國文化在什麼地方眞需要科學，科學應當在中國文化之什麼眞需要處立根。所以其所說的話，亦永不能透入中國人心底，激發出中國人從衷心去努力學習科學的志願，而創造中國的科學文明，培養出眞正的中國科學家。實際上一個純正的科學家之研究科學，最初的精神動力，只在其相信有客觀的眞理，乃進而積極的構造理論假設，再求積極的經驗，爲之證實。他只能因相信另有眞，而後能疑僞。此眞正相信有客觀眞理，而後運用理智，以求知之的純正科學家，其所以能不斷用理智，亦皆依於一內在的眞誠，此眞誠亦卽科學家之仁。而一個純正的科學家，他雖然得了許多知識，形成了多少科學的概念假設，理論系統，他只要不執之爲最後的眞理，而恆期待或要求未來經驗爲之證實，他之心靈，卽在事實上表現一無上之超越性、涵盖性。由此而可形成他之種種謙虛、涵容，以及尊重科學以外之人文，並對人類社會表示關切之德性，而表現科學家之仁。由此故知，一純正的科學家，雖可不在口頭上講仁，然他之不斷運用理智的心靈，正未嘗不依於仁，而表現仁。故我們可一方尊重愛護科學家之人格，一方亦可從自覺的要實現仁敎於社會文化的動機，以一與科學家人格中所亦具有之超越涵蓋的心靈，去肯定非我所學的科學之種種客觀價值，而去提倡科學，培植科學家；一方亦可自覺的依此動機，以自求科學上之智，使自己成爲科學家，或多少了解科學的人。這樣看來，則我們愈能對人類社會、中國文化有愛護之仁心，愈認識科學對於中國文化之仁敎之實所顯之價值，亦卽愈能激發出我們之從衷心去愛護科學與學習科學之智的志願。

方才所述依仁以求智、依仁以愛智之說，唯一的理論上的困難，似在通常人之仁心發動時，恆只是在情的世界中。由情的世界轉入純智的活動，似乎不易。但是這至多只是一個人之在一時間，不易兼備此二者。自整個社會文化言，或整個人生言，或最高人生境界言，則此矛盾儘可解消。自整個文化言，我們儘可依我們之仁心，承認其他在外表上只求科學之智之人，與其工作之價值。因爲我們知道其外表之理智活動之內部，仍依於仁，其活動之成果，亦可滿足我之要實現仁教於社會文化的動機。自整個人生言，則我們每一個人自己，亦儘可一時在純情的世界中生活，一時在純智的活動中生活。而自最高人生境界言，則我們須知，眞自仁心所發之不容自己之情，同時亦是能自作主宰的。此自作主宰之涵義，是此情恆要求自任持其自身，爲一普遍無私之平情，而使之永不降落而爲激情。此普遍無私之平情，與求普遍眞理之理智，在本性上乃如如而相應。此中之情，使智不致陷溺於抽象之普遍者之中。此中之智，使情不致沉沒於具體者之中。於是使情得兼具超越性而恆升，使智得兼具內在性，而與具體物相親和。在此人生境界中，則人之用智，皆恆自覺爲開闢心量之資，故能善往而亦善復。「往」以見此心之不可沉沒於具體，「復」以見此心之不陷溺於抽象。則智周萬物，未嘗離仁而自運。而皆依仁以成，兼足以養仁矣。此合仁智之境界，雖非聖賢不能至，然吾人之心既可嚮往之，則知依仁求智之事，在理論上，實無不可解消之矛盾矣。

（十）上中下三篇全文結論：對中西文化之大仁與大智及一些感想

本文上中下三篇所述，似頭緒繁多。實皆理有必然，相沿而至。今亦不暇再加以提要重述。望讀者自會通前後文，而觀其照應之處。總而言之，照我們的意思，人之科學的理智，若無仁心以主之，而眞任其往而不返，則推類至盡，必落入懷疑主義、虛無主義，而科學知識技術之應用，亦可有價值，亦可無價值。由此而知中國文化中仁敎之可貴。此爲吾人對科學之大智。但中國文化之忽視科學的理智，與科學知識技術，則爲使中國文化中之仁敎，不能眞正伸展開拓，而完成其至高之發展，而或使中國人反淪於大不智者。由是而我們如眞愛護中國文化，與其中之仁敎，對比仁敎本身有仁心，而望其不毀，則不能不依仁以求科學之智，而此又正爲表現吾人之大智者。由此故知，吾人今之提倡科學於中國，或尙望多少貢獻中國文化中之仁敎，於特尊尙科學之西方世界，卽非復只爲一截長補短，自外湊合之事，而只是本於仁敎與科學之理智之內在的相依相涵之理，欲仁成大智，智成大仁，以各完成其文化之最高發展之事而已。

我在本文篇首，說到愛因斯坦之所憂慮。他之憂慮，是在現代文化中，科學與人生全體之間，總有某一些問題。而自中國文化來說，科學如何在中國文化中立根，而又不至傷害到中國文化，亦是一大問題。這個問題，實在並不簡單。人文科學之一詞，幷不能把人文與科學卽貫通起來。籠統的講中國文化與科學之結合，亦結合不起，這必須大家知道此問題中的甘苦。此問題中之甘苦，我亦許體驗得還太少，說出的更不完善，我希望大家有更多思索。但是千萬不要相信流俗的知識分子，以取消問題爲解決問題之方法。現在我們只要稍爲放眼看世界，回頭看中國，試問人類的光明在那裏？國際的正義在那裏？國家的前途在那裏？從樂觀處看，固可樂觀處甚多，從悲觀處看，亦處處可使我們悲觀。我們試姑從悲觀處看，作一萬一的國破家亡的假定。我仍不相信中國的任何學者，若果如愛因斯坦一般，去入了美國的國籍，會眞覺美國卽是自己的家。從此看，中國人仍畢竟是中國人。說中國人是中國人，而對其國家，對其文化，一無愛護之情，我畢竟不能想像。則要輸入西方科學，而不求與中國文化中仁敎相融通，我仍是不能想像的。然則爲什麼直到今日，還有許多要藉科學一類之口號，以打倒中國文化，以所謂孔家店之輕薄名詞指孔子之思想的知識分子或大學敎授呢？這問題，亦只有一個答案，卽由中西文化之衝突，而使中國這些知識分子，亦暫成一旣不仁又無智之知識分子了。想到這些地方，實在使人更無話可說。只有付之長嘆。如果讀者亦爲之長嘆，我想我們還是自求我們的思想之道路才是。只要思想上大家能走到正路，我相信國家民族與人類之前途，仍然是有出路的。

（民主評論六卷十四期四十四年七月）

柒、百年來中國民族之政治意識發展之理則

我們論百年來，中國民族之政治意識之發展中之理則，是預備從整個中華民族百年來，奮鬥求建國之歷史中，看其政治意識之向上發展的方面。如純從現實上看，這一百年中華民族之奮鬥求建國的歷史，可以說整個是一悲劇。但是如從其奮鬥的精神與意識方面去看，則我們仍不能不承認中華民族之始終未嘗屈服，而不斷在求掙扎向上。在他之奮鬥的歷史中，亦確走了許多錯路，否則不會有今天。但是他亦同時由不斷掙扎向上，而不斷改正其錯路。而每一錯路經走過，而又改正，則可絕去再走的可能。此之謂歷史的經驗教訓之價值。如從此看，則今日之中華民族，雖處在存亡呼吸之際，若一無所恃，一無所有；但是在精神上、意識上，則他亦可說有地球上任何民族、任何國家所無的最充實的「有」。此最充實的「有」，即他百年來之奮鬥求建國，不斷失敗，而又不斷掙扎向上的歷史經驗。但是此歷史經驗之價值，必須為現在與今後之人所眞實自覺，然後有助於未來之建國。此價值之自覺，主要繫於對中國民族百年來政治意識之發展中之理則之自覺。

我們要眞實自覺中華民族百年來政治意識之發展中之理則，必須把中華民族視作一整體來看。我們要暫忘却一個一個的個人，或一政黨團體之是非得失功罪，姑把諸個人、諸政黨團體，當作客觀的中

華民族求建國的精神之表現或代表者來看。功是中華民族的功，罪是中華民族的罪。就一個人、一政黨團體來論其功罪，是另一問題。而此問題，嚴格言之，恐只有未來人，可以加以論定。在同時人論此，恆難免因夾雜恩怨利害之情，與各人主義政見之不同，而難得其平。而我們如只將一個人或政黨團體，視作一客觀精神之表現或代表者來看，則可使我們去掉一切恩怨利害之情、主義政見之蔽，而以平等心觀世運。在我個人因未參加實際政治，亦不屬政黨，自信或較能以平等心論此，而較少顧忌。惟望讀者，亦以此意相接，以讀此文爲幸。

百年來中華民族政治意識的發展，其外在的刺激，是西方之軍事、經濟、政治、文化思想之勢力，對中國固有之社會文化之衝擊，其內在的目標，則是向着一個名符其實的中華民國的建立。中華之意義，是表示歷史文化傳統之延續。民之意義是民族、人民、現代的公民。國之意義，是一現代的國家。我們今可把百年來中國民族政治意識之發展歷程，分爲九個階段，來指出其向此目標之逐漸的迫近。同時可以看出，中華民族之應付外來的西方勢力之衝擊，從一方面看，雖似步步退讓，步步勉强求適應。然另一方面，亦是步步在重建他自己，凝斂他自己，而求主宰他自己，創造他自己的前途。當他在現實上每遭遇障礙打擊而失敗時，他便在理想上、思想上求改弦易轍，或向上提昇。而當他在理想上思想上另發現新路時，他亦能再去衝破現實的障礙。從此九個階段每一階段中代表的個人或政黨團體看，他們常只能代表其所在之一階段，而恆不能代表後一階段。于是當民族之政治意識發展到後一階段時，他們常免不掉墮落或沉淪。但是前仆而後繼，整個中華民族仍然是循其向上發展的理則，而不斷前進，以迫近其內在的目標。而就一切的個人政黨團體，對他們所代表的階段之貢獻而言，則都表現一永恆的價值。當時之成功之價值，是永恆的，後來失敗之價值，亦是永恆的。成功與失敗，同值得來者之崇敬、讚歎、同情或憫恤、歎惜；亦皆足以鼓舞來者，啓迪來者，訓誡來者，使我們今日能明白我們所在的地方，與常作些什麼。成功與失敗之事，同在百年來之歷史中，整個中華民族的生命中，而豐富了此歷史、此生命。這樣看，則他們之功是功，罪亦是功，這是我之本文不重論任何個人或政黨團體之功罪之又一理由。

（一）依于自然生命衝動力量之太平軍與太平天國，及中國民族在近代所遭遇之神魔性的夾板，與其求兩面撐開之內在要求

中國民族百年來，政治意識之發展的第一第二階段，即大家所共知的太平天國之革命運動，及平太平天國之亂的曾國藩等，所表之政治意識。對於太平天國之革命運動所代表之政治意識，我名之根於民族——主要是中華民族——的自然生命之衝動，以反壓迫之意識。對於曾國藩等所代表之政治意識，則人皆知其依於他們對於中國固有文教之衛道意識。我說太平天國之革命運動所代表之政治意識，是根於民族之自然生命之衝動，以反抗壓迫，亦如中國歷史上一切流寇之亂，初皆根於人民之自然生

命衝動，以反抗壓迫。此種之反抗壓迫，初皆是反抗一種不合理。但人之反抗不合理，不必自覺求合理。而人之反抗不合理的力量之來源，更不必自覺的依理性而生，恒只是一些非理性的自然生命衝動。而人之嘯聚成羣，以集合其力量，亦恒只是依於一種非理性的互相模仿、暗示、習染之羣衆心理。當然太平軍、太平天國亦有他的軍事、政治、經濟、社會之制度，而且有他們之宗教儀式與思想。這些思想等，仍是依於人之理性而後能成。但是這些東西，對於太平軍與太平天國所由成之力量言，只是一外加的「形式」。而此形式，並不能盡其規範此力量之責。此形式本身，亦包含種種自相矛盾的成份，而使其自身亦不能支持下去，而歸於破滅。故我們說：太平軍與太平天國之革命運動，只代表鴉片戰爭後，中國主要民族卽漢民族之自然生命，不甘受外來的壓迫、與滿淸的壓迫之一種衝動。人之自然生命衝動，本身有一神魔性。而當其由羣衆心理而集合，以表現爲政治上的革命運動時，卽自然易與一種宗教信仰相結。此有無數歷史事實作證。但此宗教信仰之爲何形式，則可純爲偶然的。太平天國之奉上帝教，亦不過只因兩廣一帶，適逢有基督教之傳入。故洪秀全襲取其觀念而成上帝教。但由此上帝之觀念，是由向外襲取而來，故其與中國人之自然生命衝動相結合所生的，對於傳統社會文化之破壞力遂特大。原自希伯來的基督教，在西方中古，與希臘、羅馬之文化，尚力求妥協融通。而太平天國，則欲反中國數千年之歷史文化，以至以六經爲妖書，藉上帝以鞭撻孔子。此亦中國以前之流寇所不敢爲。從這些地方，及其定都南京後，諸王之爭鬥殘殺，與種種人欲橫流之事上看，則太平天國之革命運動所代表之政治意識，便只能說是根於民族的自然生命之一種衝動。但是我們亦須認識這個衝動所成之政治意識，是中國近代之政治意識之發展之第一個肇始的階段。此肇始的階段，哲學的說，失敗於他要衝破中國數千年之文敎制度之形式，而又不能獲得其自身的形式，以貞定此衝動之泛濫。然而數千年來的文敎，不能使太平天國根本不出現，使當時之革命運動成另一形式，仍同時證明中國數千年來的文敎，亦並未能透入於中國下層人民之內部，而構造之、條理之、主宰之。此太平天國之上帝觀念，與下層人民之自然生命衝動之結合，以破壞中國傳統之文敎，好似一個神魔性中之夾板，初次對中國之傳統文敎，加以壓搾。這個神魔性的夾板的一邊，是要超越於中國固有文敎之上。此在太平天國，以上帝之觀念爲代表。此繼後則化爲各色各樣的，非中國固有的思想觀念之轉入，今則爲馬克思。而其另一面則爲中國傳統文敎之潤澤之所不及的，非理性的自然生命衝動。此亦一直與前者相依而行，以破壞中國之文敎。今則化爲共黨之暴力。而中國民族以後之一切政治意識，進一步的向上發展之階段，則須從他之如何一步一步在此夾板中奮鬥，求兩面撐開中認取。

（二）曾左李胡之保存中國倫常文教之衞道意識，與其中所包含之缺憾或對罪過之承担

百年來中國民族之意識之第二階段之發展，卽上面所提到的平太平天國之亂的曾國藩等，所代表

之保存中國倫常文敎之衞道意識。當太平軍初起的時候，一方以天父天兄爲號召，一方以驅除韃虜爲號召，再一方其軍事、政治、經濟之設施，亦表現傳統儒家之均財富之精神，及其他種種可取之處。從後二者言，中國之知識份子，原當加以擁護。而實際上，亦有不少中國知識份子，投入太平軍中，爲之訂立制度等。然而曾國藩、羅澤南等，不從此後二者着想，而專自其破壞中國之倫常文敎上着想，乃決心加以反抗，終於加以討平，這中間不能沒有一大苦心、大智慧。純從傳統之民族的夷夏之義講，他們豈不知無爲滿淸效忠之必要？然而爲了倫常文敎，則他們只有暫將民族的夷夏之義放下，這是苦心的智慧的抉擇。然亦可說是承担一罪過或缺憾的抉擇。這抉擇之客觀意義，是要先救中國民族之倫常文敎。此倫常文敎，是中國民族之靈魂。於是中國民族之身體，無妨暫對異族屈膝。這是不能無缺憾的抉擇。然而在太平天國要以六經爲妖書，藉上帝以鞭撻孔子時，這卽是中華民族唯一可能有的最高的政治態度政治意識、政治意識，包含之缺憾或對罪過之承擔，則表示近百年來中國政治意識之向上發展，由第一階段至第二階段的艱難。

（三）自強運動中師夷制夷之意識中之內在的矛盾，及此矛盾意識之分解

中國現代政治意識之第三階段的發展，是曾國藩李鴻章等平太平天國之亂以後，直至張之洞等之

學習西方科學技術，從事中國之軍事、交通、工業之建設之自强運動。這運動，從外緣方面看，是由中國屢次戰敗，列强之虎視眈眈之所逼成。但在當時，亦儘有站在中國理學立場之名臣，如倭仁、徐桐等，加以阻撓。然而這運動，實際上仍是中國文化精神儒家精神之所主宰。此中之政治意識，正是曾、李等平洪、楊之亂的政治意識，當有的進一步的發展。太平天國之亂，是使中國之倫常文敎動搖，而如戰慄於存在與不存在之間。列强之虎視，是使中國之疆土日削，而民族國家之存亡本身成問題。本來歷史上所謂四夷對中國之侵畧，原與中國歷史相終始。但是歷代抗夷之道，只須求諸己，如設法屯田固邊，或長征絕域。求諸己以制夷的精神，是向內的、凝聚的，這事仍較容易。然而近代之「洋夷」之所以能侵畧中國，則在其科學技術。而此科學技術是中國所沒有的。此不能求諸己，而仍須派遣學生去求諸夷。此種師夷以制夷，而謀中國自强運動中，所包含之政治意識，在中國歷史文化上看，是從所未有。這意識中，包含一種無限的精神上的委屈，亦包含一幾無法統一的內在矛盾。師夷之長，必敬夷之長。凡人之情，敬之則不忍求所以制之。而吾人凡求所以制之者，則必不能同時敬之。欲制夷，則夷在我之外。欲師夷，則我須自居於夷之下。此矛盾將如何統一？故當中國人之此矛盾之意識，終于分解時，則順師夷之意而極之者，遂爲數十年來崇拜西方文化學術，而鄙棄中國文化之潮流。而欲制夷又不欲師夷之技術以抗夷者，則爲義和團。義和團既失敗矣，則師夷之意長往而不返。此矛盾意識之不能不分解，勢也。然在當時，列强之環視於外，中國人既自愛其民族國家，自尊其文敎，又不能不制夷。而欲學科學技術，又不能不師夷，於是只有同時承担此矛盾之意識。然尅就此能承担矛盾之意識而論，仍有一段精神。此精神即中華民族之自覺的捨棄其一部份之文化自負心，而學於外人，以求自己之另一部文化與民族之保存。此以黑格耳之辯證法論之，此即中國民族之精神之在近代之「外在於其自己」以「爲自己」之事之開始也。

(四)變法運動與中國傳統政制之成爲自覺的加以省察變革之對象

中國現代之政治意識之第四階段之發展，是由求富强之運動，轉變爲晚淸之變法運動。此變法運動，實以西方政制爲模範，即師夷之長之進一步。此中有中國人精神，進一步的外在於自己，以批判其自己，而超越其自己之事。此變法運動，乃求富强之運動，所自然推致而出。富强運動之着眼，在科學技術，與物質之建設。然物質建設之事業，科學技術人才之培養，必與一套新的制度相應。此即已須多少衝破傳統之制度。如培養科學技術之人才，賴於與學校，即須衝破科舉之制度。而物質建設之事業，在本質上爲一社會事業，爲社會上大多數人之事。因而必須啓發民智，善用民力。民力與民智，愈被重視，則君主之專制之制度，必然被衝破，舊有之政制，必須求變革。在西方，近代之工業化，無不與立憲政制相緣而至。故中國此時之變法運動，亦勢不容已而起。此明是中國民族之政治意識，「由科學技術以求富强謀民族之生存」，進至「求所以致富强之政制之變革」之進一階段的發展。至此階段，而後中國之政治制度本身，爲人之政治意識所自覺的加以省察變革之對象，此二千餘年來所未有者也。

（五）辛亥革命前烈士精神之依于民族大義之自覺及中國傳統之成仁取義精神，其異於太平天國之革命運動只出於民族之自然生命之衝動者，表示一政治意識之升進

中國現代政治意識之發展之第五階段，爲辛亥革命之政治意識。從歷史事實看，辛亥革命乃由康梁與光緒之變法運動之失敗所逼成。革命前變法派與革命派之政治理論之爭，實各持之有故，而各言之成理。在變法派之立場，是只改政制，不改國體，仍可富强，兼可免社會秩序之大破壞。彼等心中所慕者，乃日本之維新。當時梁任公曾著文預言中國革命後，必如法國大革命之繼以無盡相續之革命。此正是不幸而言中。我以前亦嘗極佩其遠見。然而當時如果變法眞成功，則還自三百年以來，近自洪秀全以來，漢民族受滿淸壓迫，而欲反抗之要求，便終不能滿足。此要求須滿足，則革命之運動，勢不容已。而辛亥革命前之諸烈士之分別成仁取義，則大皆本於眞正之民族大義之自覺。此與太平天國之反抗滿淸，只出於民族自然生命之衝動之集合者不同。此是植根於中國文化而出之革命精神。則

辛亥革命運動之成功，亦即中國文化與中國民族之精神之一種成功。謂此非中國人政治意識之發展之更高階段，不可得也。

（六）民國初年人民之政治意識爲自覺的阿斗意識，與阿斗之必然的初步命運

中國現代政治意識之發展之第六階段，是民國初年至新文化運動的一段。民國以來，時代愈近，我們所能記憶的事愈多。而一時期之時代意識時代精神之所在，愈不易爲人所看明白。因而我們須超越的看，凌空的看。我們對民國初年一段的歷史，大家所記得是二次革命，袁世凱竊國，武人割據，毀法護法之爭，南北之不統一，張勳復辟等之一大串事。但是畢竟這些事之意義何在，及民國初年之中國人政治意識本質是什麼，則甚難說。

照我的意思，中華民國之正式成立，當然是中國政治史上劃時代之一大事。如直接接上清代之政治之發展來說，則由太平天國之本於民族之自然生命衝動之反抗滿清，至自强運動之重科學技術，與物質建設，以求民族之生存；至變法運動之求改變政制，至推翻滿清，正是完成了一個自下而上的清代之政治之徹底變革的歷程。從此五族共和，則實現了漢民族三百年來，求自滿清壓迫之下解放的要求。而當民國初建，君主不存，總統當時所出文告，明以公僕自居；這理當是全國人民充滿一「頂天

立地，在政治上更無覆蓋之者」的意識，去從事創建國家的時代。然而民國初年政治上之不安，却使民國初年之人民，充滿怨尤。首先革命黨人之以功成自居，爲人所厭。次則有袁世凱之扼抑黨人。進而乃有二次革命，洪憲稱帝等一大串事。而其所以致此一大串事之故何在？此淺說是在辛亥革命之成功太易，成功後武人依舊，政客依舊，農村之中人民嚮往皇帝之意識依舊。深說則在中國人民之無力，社會之缺乏各種職業、宗敎、文化之組織，以爲民主憲政之基礎。此點我在人文精神之重建一書亦常說到。由是而皇帝可以再現。由是而政黨無社會基礎，議員只爲代表個人之政見，或只求個人之利益，而漸化爲政客。由是而軍閥可以割據。孫中山先生民權主義說人民要有權，政府要有能。人民是阿斗，政府中人是諸葛亮。民權主義是要四萬萬人作皇帝，卽要四萬萬人作阿斗。民國成立，可謂四萬萬人皆作了阿斗。阿斗自覺是皇帝。民國初建，人民見總統口口聲聲以公僕自居時，亦當多少有阿斗的感覺，自覺是中國之主人。然而這種感覺，同時又是虛的。因人民如只是像阿斗之無能，則諸葛亮而不賢，以至要作皇帝，或一羣諸葛亮，分別化爲軍閥政客，而爭權奪利，阿斗是無辦法，而只有在旁觀看，或任其蹂躪的。所以我們可以姑名民國初年，中國人民之政治意識，爲阿斗意識。阿斗之無能，是當時中國之人民之缺點的比方。阿斗之自覺是皇帝，則是比喻民國初年，中國人民之自覺是中國之主人之一時的新鮮感覺。此感覺畢竟爲中國以前之人民從所未有。此表示一中國民族政治意識之發展之新階段。而阿斗之無能，則是民國初年之政治，走不上眞正的民主憲政之路之必然理由所在。

（七）新文化運動完成中國人對過去政治文化之自我否定、自我超越之歷程，及其所表現之自然心靈之朝氣，與五四運動之保存國家主權之意識，及其推向之國民革命運動

中國近代政治意識之第七階段，卽從新文化運動、五四運動至國民革命之一階段。此一階段之政治意識之發展，其根本方向，是在尋求或建樹一自下而上的革命運動之組織的力量。這是從民國初年政局之不安，人民之無力量，以監督實際政治，所理當逼向的方向。但剋就新文化運動本身說，則初不是一政治運動。這運動本身，乃是一方原於當時中國知識分子，對當時之現實政治之失望，故相率談文化，不談政治。一方則原於當時中國知識分子之認識到，政治之基礎在文化，同時覺傳統之文化，乃與民主憲政之精神相違，因而要先從批判傳統之文化下手。新文化運動之口號有二，一爲民主，一爲科學。但此科學之涵義，實重在科學方法，科學態度，而不重科學技術，科學知識，科學理論系統。此所謂科學方法，科學態度，又重在懷疑、批判、發問題、重新估量價值。而當時大家所懷疑批判的對象，則爲中國之傳統文化。而此運動之歷史的意義，則完成了自晚淸以來，中國人對其傳統政治文化之自我超越，自我否定的歷程。而新文化運動之領導人物之思想，如打倒孔家店，疑古，打倒

禮教等，亦正多由晚淸之章太炎、康有爲、譚嗣同諸人，對中國文化學術之批判言論，引申而來。我們說，如果只變法不推翻滿淸，則中國傳統政治之破壞不到底。同樣，如果無新文化運動，則整個中國傳統政治與文化之批判，亦不能到底。故新文化運動之歷史意義，正是完成了一個自太平天國以來，中國傳統文化之動搖破壞之機勢。至此而言，此正是一舊運動的延續與其完成。至其新處，則通常說在當時之多方介紹西方思想，這亦是表面之談。當時介紹西方思想，實都是零零碎碎。論有系統的介紹，不如前之嚴復、林紓。論數量，不如國民政府建都以後。新文化運動之新處不在此。此新處不在其成績，而在其一股新鮮之朝氣。此朝氣由何而生？此正由其對傳統文化，敢於抱批判懷疑之態度而生。批判懷疑之態度，是一不受任何已成觀念之束縛的態度。這個態度，可使人有一個心靈解放的感覺。這使當時人表現了一種自然心靈的朝氣。此與太平天國只代表一自然生命的衝動，固是高了一級。但是尙未進到一理性心靈、道德心靈的朝氣。自然心靈的朝氣，只是天眞而可愛，亦可引發鼓動他人的興趣，如芳香之隨風擴散。但是他如果不升進爲理性的心靈、道德的心靈，則不能有創造的成果。胡適之的哲學，顧頡剛的史學，錢玄同的文學，陳獨秀的政治，嚴格說，都是只表現一些自然心靈的朝氣，而無正面的具體的成果的。而由自然的心靈升進爲理性的心靈、道德的心靈，則必須不以消極的懷疑批判傳統文化，空口言重新估量價值自足；而須積極的重建價值意識，文化意識，歷史觀念，以貢構實際的社會文化。但是新文化運動在文化方面，只作消極的方面，尙未作到積極的方面。

新文化運動通常與五四運動並稱，實則二者之意義不同。新文化運動是文化的，而五四運動是政治的愛國運動。愛國運動，是一種積極的有所肯定的活動。純從新文化運動之懷疑批判之精神說，國家應不應愛，亦是一可懷疑的問題。當時亦儘多由懷疑家庭而懷疑國家者。新文化運動時的思想，是要民主與科學，此二者皆是對內的。愛國則是對外的。國家民族觀念，亦明非從事新文化運動的思想家所最重視的。故此二者雖同時而起，以至當時之學生，可同一人而參加此二運動，而二者之根本意義，仍然非一。五四運動所代表之政治意識，我名之保存國家民族之政治意識。順此意識發展下去，則為廢除不平等之條約，反對帝國主義者之特殊權利之意識；而宣傳此意識，並與打倒北洋軍閥，以改革國內政治之意識相結合，以見之於行動之事，則為國民革命。

（八）國民革命後之黨治精神，為民國初年之嚮往憲政精神之自覺的自我超越，及中國知識分子之自覺的以其政治理想走到民間，而求透入民族之自然生命

國民革命之政治意識，又是中國現代政治史上，劃時代之一種政治意識。國民革命之領導思想，是中山先生由軍政至訓政，再到民主憲政的思想。中山先生之所以有這個思想，正是鑑於中國人民之無

力無能以行憲政，才落得民國十餘年來之袁氏稱帝，軍閥割據，曹錕賄選，人民所選議員，皆成豬仔。於是，他主張再來一次革命，並訓練人民以實行憲政之能力。乃重改組國民黨成革命黨，進而依黨建軍。中山先生這個思想，當然受了俄國列寧之革命的暗示。但是他想的訓政期間，只有六年，卽歸到民主憲政。此與列寧之無限期的無產階級專政，共產黨專政之說，根本不同。但是純對民國初年已流行之民主政治之理想說，則一黨訓政、以黨治國之事，畢竟是黨高於民，黨高於國。這個觀念，原是不合民主政治之理想的。然依民國初年議會政治施行之失敗的敎訓，則爲了達到眞正民主憲政的目標，又除了先以一黨之組織，去組織人民，使其有能力行憲政，又似別無辦法。於是只好由民初議會政治，退至軍政訓政，欲以後者爲手段，再求有以達憲政之目的。這又是一個有內在矛盾的政治意識。而孫中山先生及國民黨，卽須承担此有內在矛盾的政治意識。此內在矛盾，我們由後來的歷史看，便可知其實不易承担。然而在中山先生與國民革命時期之國民黨領導人物，與無數青年之嚮往此理想，則亦明表示中國近代之政治意識之一向上發展。其中自有一段精神。此精神，我名之爲中華民族在民國初年之嚮往憲政之精神，之自覺的自己超越，以求重新實現其自己之精神。

爲中山先生精神所領導之國民革命，還表現一個精神，卽是以一政治理想，尋求同志，喚醒下層民衆，以團結爲一革命力量之精神。這個精神，亦爲共黨及西方之革命家所同具。但是在過去中國歷史上，則並無此事。過去中國之知識分子，可以懷抱其政治理想，擇君而助其打天下。或於天下大定後，助之治天下。此是以政治理想，依附一現實之政治力量，而求此理想之滲透入此力量，以實現理想。此其精神，固未嘗不偉大，而其爲功於國家者，亦可能很大。但是先依一政治理想，以旁求同志，喚醒民衆，則表示一種以政治理想之自上而下，貫徹於民衆，凝聚其力量，而團結的精神。此精神使中國之知識分子，與其政治理想，走入民間，散於社會。而此理想，乃成爲運動的，透入民族之自然生命中的。此與太平天國之革命，初乃純依民族自然生命衝動，以反抗壓迫，遂有一本質之不同，而國民革命之所以成功，而堪代表中國政治意識發展之又一新階段之故，亦即在於此。

（九）對日抗戰與其勝利之一度完成「中國民族之對外獨立要求與其實現」之眞自覺，及訓政的國民政府之內在的不穩性

中國民族之現代政治意識之第八階段之發展，是從國民政府之成立至對日抗戰之階段。這一階段之發展，是完成了一個民族獨立要求一度得實現之自覺。在抗戰期中，整個中國之地面，幾爲日人鐵蹄所踏遍，而整個中國人民，都多多少少直接間接，有所貢獻於抗戰。抗戰之所以能進行至八年之久，從整個來說，實賴全民族之一種向心力。中國後來之勝利，雖非中國之獨力所致，然中國旣然勝利了，則中國人總算雪了六十年前的中日戰爭時戰敗之恥。而且此勝利，是鴉片戰爭以來，中國對外戰爭之唯一的一次勝利。此次勝利，使中國擺脫了對一切國家的不平等條約，成爲四强之一。不管

不强，然其被稱爲强，已有無限光榮。則抗戰之勝利，無論如何總是在中國人之政治意識中，留下劃時代的一頁。此一頁是從外表上看來，中國成了一眞正頂天立地的國家。只是自內部看來，則全不是。而從抗戰勝利之所以會轉到共黨之赤化大陸之故，則正在內部之全不是上。這內部之「全不是」所依之政治意識，必須溯原於國民政府之成立。

我們前說國民革命的成功，是由國民黨的政治理想，能凝結同志與民衆之力量，以成一革命力量。而國民黨之內在的危機的開始，則在其政治理想並不能凝結其自己，此初表現於寧漢之分裂，及以後對閻、馮對桂系之內部戰爭；而且亦逐漸離開最初支持其革命成功的民衆。而我所要說的，似玄虛而實最切實之一點，則是中山先生之訓政的理想，實現爲一訓政的政府，在本質上即不能穩定的。因爲中山先生之所以要主張先有軍政訓政二時期，乃是爲感於民國成立後，人民之無能力以行憲政而設。此實是以退爲進。而其「訓政」之意義，實只是與人民以行民主憲政的「政治敎育」之意義，在根本上即爲過渡的，而且根本不是以穩定訓政時期國民政府之政權爲目標的。一個政府成立之後，可以在實際上被其他政府取而代之。但他如有力量，亦可無能取而代之者。但是一個政府如果在成立之先，在理論上，即預備渡過一形式之政府，則是一先天的臨時政府。訓政時期之國民政府，既在理論上是爲訓練人民之將來之行憲政而設，則正如一先天性的六年的臨時政府。臨時政府便是本質上不能穩定的。因爲在全國人的政治意識上，他是一將不存在的而暫存在的政府，因而訓政之時間愈拉愈長，即愈爲人反感。這是訓政時期的國民政府之根本上的缺點之所在。

國民政府訓政時期又一缺點，是當時之所謂之以黨治國，黨權高於一切的理論。這初是學俄國的。相沿而有人要想使國民黨學意大利之法西斯、德之納粹之重黨的組織與擁護領袖的精神。提倡這種思想者，其動機不是必壞。因自九一八以後，大家爲了要抗日，社會賢達之士，亦都強調政府之統一與有力之重要。這是根於一國家民族合力對外之意識。順俄、意、德此路思想下去，很可以把國民黨與其領袖絕對化。如果眞能絕對化，未嘗不可使訓政時期之國民政府雷厲風行的作一番事業，並衝破上述國民政府只爲過渡之政府之意識，而穩定了國民黨人及人民的政治意識。但此事與國民黨及孫先生之原始理想在民主憲政又相違。儘管人可在實際政治上其主觀的努力，是求向此而趨，然在理論上通不過去，則主觀的努力不能取得客觀的公認的形式，終仍只增加人們對國民黨的反感，而更要督促國民黨之早結束訓政，實施憲政。

國民黨二十年之訓政之政治，乃既非民主，而又以憲政爲目標，有求專政之實，又不能在理論上主張專政，兩頭牽掛，理想與現實，表裏相違的政治。因其非民主而有求專政之實，故爲一切代表自民國以來之民主意識的國人所攻擊。因其所嚮往者，又實在民主憲政，故在理論上終不能對此等攻擊，加以還擊，只有承受。又因其在理論上，不能主張專政，而所嚮往者本在民主憲政，故雖有專政之實，又不能如共黨之明倡無產階級專政者之理論與實踐之能合一，而行專政時之有力。而共黨復始終能近承國民革命時，知識分子與民衆相結合之精神，以凝聚力量，並以其鐵的組織，規範運用此力量。由此具民主意識的國人與共黨，對國民政府之夾攻與逼迫，於是一面促成了國民政府三十七年之正式行憲——此爲國民黨之原始目的，一種形式上的實現，亦爲具民主意識之非國民黨之人士的目標，一種形式上的實現；而在另一面，則摧毀了國民黨對黨內之凝固力量，與對國家之實際統治力量，而另外又無力量代之而起，而大陸中國之淪於共黨之手，亦成勢所必至矣。

（十）共黨之所以不能代表百年來中國政治意識最高發展之故；百年來中國人之政治意識過去所經歷之曲折與歧途，及其總超越；與今後之道路，及依于道德心靈理性心靈之民主建國精神

然共黨雖然統治中國今日之大陸，共黨之政治意識，終不能代表近代中國之政治意識之最高發展。國民政府，三十七年之行憲，不及一年，即遷處台灣。然台灣之國民政府，其所依賴以存在之人民之政治意識，仍代表百年來之政治意識之最高一階段之發展。此不能以一時之成敗論，而當自中國百年各階段之政治意識之發展之內在的目標與必然之理則論。

共黨之政治意識之所以不能代表近代中國之政治意識之最高發展，是因我們雖願以最同情最忠厚

之心，來看共黨之政治意識之最好處，他亦只代表中國人百年來，爲求民族國家之獨立，而反對帝國主義之意識，及知識分子以其理想，俯身與農民之力量結合，以打倒官僚政客，與去除地主資本家之剝削之意識，及對於中國傳統文化風俗之不好處，或不適時代的方面，加以掃除之意識。但是這些，都是消極的。其所以能在大陸打倒國民政府的理由，在事實上，乃依於人們對於國民黨訓政二十年之反感之積果。在政治協商會議時期，內內外外，都在意識上，要逼迫國民政府，結束訓政以行憲。而行憲後，則一般的國民黨人，自己或忘了這本是其自身之原始理想的實現，反只覺其失去了在訓政時期的政治地位與權力，遂或同時失去其責任感。而在社會人民方面，則實際上，對於民主政治之精神與制度，有眞正的了解與信心者，亦莫有客觀的社會力量，來支持與帮助政府之憲政。由此而行憲的開始，即成人心大崩潰的開始。共黨即以此而據有中國大陸。其據有大陸，實依於時勢之機會，而非依於馬列主義之理想眞爲中國人心所要求，彰彰明甚。從中國民族百年來，政治意識之發展各階段之趨向說，他明是要建立一眞正中華的，民族的，民主的國家。「中華」表示歷史文化的延續。「民」表示民族的，民主的，即表示政權屬於全部中國人民，中國人民在其國家根本大典之憲法下，運用政權，從事政治活動。故國家與憲法，必須在一切政黨之上，而不在任何政黨之下。因而把馬列主義放置於孔子之神位之上，一面倒於俄國的共黨之一黨專政，在根本上，即與中華民國之所以爲中華民國之理念相違。則共黨之政治意識，如何能成爲百年來中國民族政治意識之最高發展？

至於現在台灣的國民政府，他失去大陸，這當然是有罪的。訓政時期的國民政府，除了領導抗戰有功外，過失亦可多至不可勝數。但是在根本原則上，國民黨與國民政府，却最後並未改變要實現民主憲政的理想，亦始終未把其政治的基礎只放在一階級上，並始終要想延續中國之歷史文化。總而言之，卽始終要建立一中華的、民族的、民主的國家。這個原則的方向，並莫有錯。從國民黨改組後，至訓政時期之以黨治國上看，這是一個曲折。這是由民國初年行民主憲政失敗的教訓所逼出。這個曲折的客觀意義，是使中國知識分子，走向民衆，以求新政治力量。此前已說。這個曲折，使國民革命時期之國民黨與共產黨之作風，難以分別。由此而國民政府成立後，有黨權高於一切之理論。這開始使人民對國民黨側目。而後來國民黨中一部份人之嚮往法西斯，則更是國民黨原始精神之一違反。這是由上說之曲折而生之一歧路。此外在國民黨改組派等中，又有爲國民黨之政權，尋求階級基礎者，此是受共黨思想之影響而生的又一思想上之歧途。至於汪精衛後來之求中日和平，忘却當時民族抗戰之神聖意義，則是原於錯置傳統之天下一家之觀念於當時之再一種思想上之歧途。但這些歧途的思想行動，畢竟皆一一被否定，而終於有三十七年國民政府之正式行憲。此行憲是直接接上民國之所由建立之原始精神，而爲此三十年中上述「一切政治思想上行動上一切曲折歧途」之總超越。這在理論上，應當是中國眞走上民主憲政之道路的開始。國民政府今雖退處台灣，其推行民主憲政之成績如何，是另一問題，但是整個中華民族終將順此道路而行，以使中華民國成名符其實的中華民國，則沒有任何東西能加以阻撓。因這是百年來中國人政治意識各階段的發展之內在目標之所在。在此道路上儘管尚橫梗着內在的外在的阻礙，但是我們都可以由思想與行動，逐漸加以清理掃蕩。外在的阻礙，當然是與中華民國之精神之爲「求建一中華的，民族的，民主的國家」，全部相違，而只信馬列主義的，一面倒的，以一黨一階級專政的共產黨。而其內在的阻礙，則是一些與此精神尚不能相應之一些觀念氣習的種種糾纏。這些觀念氣習之種種糾纏，有各種複雜的來源，頗難一一加以清理，而此即可阻礙今後之民主憲政與反共復國之路。而清理之完成，則將導致中國民族之政治意識之更高階段之發展。此我名之爲依於理性心靈與道德心靈的民主建國精神，以別于以前之諸階段。此當另文別論之。

（祖國周刊十二卷七期四十四年十一月）

捌、論與今後建國精神不相應之觀念氣習

（一）導　言

我在論中國民族百年來之政治意識之發展之理則一文中，指出行憲後之國民政府之成立，是代表百年來中國人之政治意識之發展的最後一階段。此階段是中國眞正走上民主憲政之直路之開始，直接契接於百年來中國人之政治意識之發展的內在目標，而合於中華民國之所以爲中華民國之理念的。但是根據此文的意思，尙不能推論出，今在台之國民政府，與支持此政府存在之中國人民之政治意識，在全幅內容上，都是合乎此所嚮往之目標的。行憲後的國民政府，只是在政治制度上具備了一立憲政府的形式。此形式，只是在原則上爲中國人民之政治意識所要求所支持，否則他不會出現，不會存在。但是此支持其出現存在的政治意識，可以退墮，其內容中亦可有許多夾雜不純的成份。人民之有此政治意識，亦可並非皆依其眞知灼見，自覺根據種種確乎其不可拔的理由的。這就使此行憲後之國民政府，仍未能眞建立於堅實的人民之政治意識的基礎之上。而要建立此基礎，則必須不斷的去掉此中之夾雜不純的成份，振拔人心之一切退墮，使人多具備政治上的眞知灼見，深知中國百年來之政治

意識之發展所嚮往的內在目標所在之民主憲政之理想，與如何實行的方法，所根據的確乎其不可拔的理由所在。總而言之，即是要大家發展出一眞依理性心靈、道德心靈的民主的建國精神。然而我們所要說的正面意思，必須先從反面的，對各種我們認爲與中國人百年來政治意識之發展所嚮往之內在的目標，不相應或相違之各種觀念氣習，加以淸理化除下手。這些觀念氣習，或原於中國傳統的思想，或原於西方傳來的思想，或原於數十年或數百年中國人之政治習慣社會風氣，或原於人性之自然的弱點，及種種偶然之情勢。但是我們的討論，仍只是爲的理解，而不是要對人歸罪或責難。所以我仍儘量自勉以冷靜的語氣論之，亦希望讀者以冷靜的心情，加以體察。

我所認爲與百年來中國人之政治意識之發展所嚮往之內在目標不相應或相違，而不足爲中國今後之民主憲政或民主的建國精神之基礎的觀念氣習，而今仍到處流行於中國之社會人心者，主要有五。一是傳統的中國知識分子，直接以天下爲己任，與得君行道之觀念氣習。二是視國家爲有機體，以政治領袖爲頭腦，政治只爲身使臂，臂使指之事的觀念氣習。三是只重政黨與政府之組織之觀念氣習。四是重民族而輕國家的觀念氣習。五是以國家爲個人工具，以政治法律之價值，只在保障個人之自由權利之觀念氣習。這些觀念氣習到處流行，人隨處可碰到，而其本身復互相矛盾。人恆不入於楊，即入於墨。所謂扶得東來西又倒。然而却都是與百年來中國人政治意識之發展所嚮往之內在目標不相應或相違的。因而皆尙不足爲今後中國之民主憲政或民主的建國精神之眞正基礎。但其所以不相應或相違之故，又各不同，此須分別畧加說明。

（二）直接以天下爲己任及望得君行道之觀念氣習

我們說傳統的中國知識分子之直接以天下爲己任及得君行道之觀念，與今後中國之民主的建國精神不相應或相違，不是說此觀念在從前不表現一種高的價值。因其亦依於一對天下之責任感與對治道之忠誠。我們只說，在現在則不能再有。這道理極簡單。因爲我們既然肯定民主憲政，則不能自己爲君，亦無由得君行道。現在政治上之最高領袖，在法理上與實際上，均不能如過去帝王之有絕對的權力，以使他自己或任命他人當王安石、張江陵的地位，而使其可直接以天下爲己任。現代的人，只可直接以道自任，而間接以天下爲己任。道是普遍的，人皆本可直接以之自任。但天下是具體的，只有君主時代的君主，自覺普天之下莫非王土時，他乃能直接以天下自任或將治天下之責，交與宰相，使之直接以天下自任。所謂直接以道自任、間接以天下爲己任，是人人都可作得到的。此淺言之，只要一個人眞能求自己言語、行爲、學問、事業之合理，並通過與我平等並立之他人的各種社會倫理關係，以使我之合理的言語、行爲、學問、事業之影響，散在國家天下，以盡我對超越於我之國家天下之責任，都是一種間接以天下爲己任。在此中，如我要專門從事政治活動，以實現我之政治理想，我便須先間接的通過不定數的他人之合法的推舉，而後去從政。此之謂民主政制下的間接的以天下爲己任。而最理想的民主政制下的政治活動，則是間接的通過：不定數亦能間接以天下爲己任的人之推選，而後去從政。但是中國數千年傳統政治意識的遺留，由清末民初至今之知識分子，亦多尙不能全脫離一種直接得君行道，而直接以天下爲己任之意識。如康南海梁任公二先生，及以後進步黨中之賢達之士，皆不脫此意識。此意識之退墮形態，卽爲舊式之官僚。此種舊式之官僚意識之要不得，今人多能明白。而此意識之正常形態，亦只適合於中國過去社會。而其向上發展以轉化出之新形態，則正當爲一間接的以天下爲己任之意識。此當在後文論之。

（三）國家爲有機體，而政治之事爲身使臂、臂使指之事之觀念氣習

關於視國家爲有機體，及政治爲身使臂、臂使指之事的觀念之來源，一方是西方的，一方是中國的。這一種觀念與前一種之觀念，可以相尅，亦可以相生。所謂相尅者，卽此觀念是重視國家之全體的。個人於此乃只自視爲國家有機體之一部，而須盡其份內之責。所謂相生者，卽一黨或政府之領袖，他要以天下爲己任，便需要人上受命而傳下以令，以使諸個人之工作靈活配合，以達一政治上之目標或理想。這個觀念，從一方面看，亦並不壞。在一切公共事務上，人亦似須依此觀念而行，方易見效率。但此觀念不能當作爲一種政治思想理論來看，而視之爲眞。因此觀念中，未對於個人自覺的重要，個人人格尊嚴，有如實的認識。這種觀念由一政治上領袖口中講出，尤爲不妥。而聞者如卽信

以爲眞，如其所言以自處，則終必自泯其個人之人格尊嚴。以國家爲有機體之政治上之領袖人物，恆以頭腦自居。但是誰應該注定爲手臂、爲爪牙、爲皮膚毛髮呢？以有機體之組織關係，比喻國家各部互相依賴之關係，以個人在國家所盡之職能，比喻一細胞在整個有機體中所盡之職能，從一方面看，亦可方便說。但是一當之爲眞，則說不通而極不妥。此最簡單亦最根本而顚撲不破的理由，倘不是一般所說：個體爲宇宙間最後之眞實；個人爲一絕對之單位，有不可讓渡之天賦權利；每一個人自覺與其他個人決不相同，而有其唯一無二之個性；或個人之自覺其爲他人所不能完全了解，其內在的意志無外在之力量可加以干涉等等。這些理由，倘都是可駁倒的。重要的理由是，個人之在國家所盡之職能，雖可是極小的一部份，但是他可對於他之在整個國家中之地位有一「自覺」。而此「自覺」，既是自覺他自己，亦自覺其心中之整個國家。此自覺可涵蓋整個國家於其內，於此卽眞見個人之無上的尊嚴。由此而諸個人在國家中，卽各對其自身爲一目的。諸個人合組成之國家，乃爲一內在的相涵攝之目的系統。此與機器或有機體之各部份之互爲手段，分別言，不能各爲一目的者絕對不同。由是而我們視此比喻爲眞，卽勢必使我們忽畧個人人格之重要，及人格尊嚴之認識，而與民主之意識相違。然而此種以機器或有機體比喻國家之論之流傳，却極易被人當眞，而不知其生心害政之弊之所極也。

（四）只重視政黨與政府組織之觀念氣習

所謂只重視政黨與政府組織的觀念氣習之來源，乃由百年來中國人常被人與自己，稱為一盤散沙，而不似西方國家之有嚴密組織。這話是不錯的。而中國之國家如要近代化，亦必須內部有一組織。但是中國所缺之組織，實主要是社會經濟文化之組織。而中國之政黨與政府之組織之鬆懈無效率，其故亦在社會組織之缺乏，以陶養人之正常的組織意識，與政黨之無社會組織為之基礎，及社會事業之不發達，而使社會與政府發生事業關係之事亦少；因而遂使政黨政府之組織，亦隨之而鬆懈無效率。然而數十年來一般知識分子之觀念，總不免倒果為因。因而總想直接由政府與政黨組織之嚴密化，以領導形成中國社會之組織，而不肯先投身於種種社會事業，以成就社會之各種組織。此仍是走的中國傳統知識分子由政治到社會之自上而下的老路。此老路今日亦未嘗不可有少數人去走。政黨與政府，亦本可幫助成就社會之組織。但是總不能賢智之士都向此走。如都向此走，而只對政黨與政府之組織加以重視，必使社會事業與社會組織之自然的生發形成，反受政黨與政府之政見、政策、行政措施，及各種人事關係之桎梏，而不能發達。如此而民主政治，亦終不能有堅實的社會基礎，而終歸萎謝。此點我以前所論者已多，今不再及。

（五）重民族而輕國家之觀念氣習

所謂重民族而輕國家之觀念氣習之來源，一方由於中國過去儒家思想，總是以和天下為最高理想，於是中國現代人亦動輒想到全世界全人類，而嚮慕世界主義國際主義。又一方可謂由於中國現代人對西方的國家主義，恒化爲侵畧的帝國主義，所生之反感。在中山先生三民主義中於民族主義一章，首特標出國家與民族之分別，謂國家爲武力造成，民族乃自然形成。而馬克斯派學者，以國家爲統治階級的工具之說，其影響於數十年之中國人之思想者尤大。於是人皆怕談國家只喜談民族。今之民主社會黨青年黨，原名國家社會黨，或倡國家主義者，後皆不用國家爲黨名。此事我在七八年前，曾寫文提到，表示遺憾。但今則知在一時代意識所籠罩之下，人之一切觀念，皆不免受其影響。關於國家爲一階級之工具之說，明不合事實，可評論之點至多，今不必說。至於中山先生民族主義中論民族國家之分，重民族而輕國家之言，亦大可商量。民族固可說是自然形成的，然國家亦明非只賴武力所成，而主要是賴公民之共同的自覺的理性構造之所成。民族意識之依血統、語言、信仰、風俗、文化之共同處，而自然形成者，固然可貴。——此共同處之自覺，亦爲民族意識之要素，此實依於人之理性運用而後可能，由此益見民族意識之可貴。然只由此種種共同處之自覺，而形成之民族意識，亦可因種種共同處之喪失，而離散崩潰。而且只自覺其共同處之民族的分子，如不能共建立成一有組織結構之國家，則此諸民族諸分子，便終只合爲一集合體，而不能成一統一體。而要使之眞成一統一體，則必須此諸分子於其所具共同處之外，復能在一統一體中，表現種種不同而相異之機能，此相異之機能，復相依爲用，以成就此統一體。而此則皆係於人之共同的自覺理性之構造而後可能。而世之隨中山先生之言而重民族忽國家者，於此義更常不能識。而此義不明，則其所喚起之民族意識，終只爲一集合體之民族意識。此集合體之民族意識，雖亦兼依於人之理性運用，以自覺人與人之共同處以形成，然此共同處之本身之形成，則實主要賴於人之自然的暗示、習染、模倣之自然心理以形成，由是而此民族意識，卽非人之自覺的理性之構造，所綱維貫攝之至高的國家民族意識。是亦卽非與民主的建國精神相應之民族意識也。

（六）國家爲個人之工具之觀念氣習

所謂視國家爲個人之工具，以政治法律之價值，只在保障個人自由權利之觀念，乃與前所說重黨與組織，及視國家爲外在於個人之上之有機體之觀念等，直接相對反之一觀念。對此種觀念之理論上的批評，留俟下篇。今只從此觀念名號流行於中國社會之影響上說。

我們說因此種觀念，恆歸於個人之一切天賦人權，公民權利之指出，並可使各人對其特殊的個性及人格尊嚴，有一自覺；因而人可本之以反專制，反極權，反以黨治國，反無產階級專政，反一切化個人爲國家機器之零件或國家有機體之細胞之思想，亦反一切假借國家民族之名義，以剝奪個人權利，摧殘個人人格之政治措施。故此種觀念在西方之政治史，曾促成民主的政治法律制度之建立。此是此觀念之價值所在。

但是，此種觀念對西方社會所表現之價值，在中國則不能同樣表現。此乃因西方社會原有種種過於硬性之傳統的社會文化宗教之組織，與階級制度。故此種觀念之興於近代西方社會，可一方打破此等等組織制度之過於硬性處；而另一方其自身亦旋卽落實而具體化、制度化，表現於近代之新社會政治之組織中，因而能積極的有所貢獻於個人人權之實際的保障，與民主政治之設施。而在中國，則傳統之社會、文化、宗教之組織與階級制度，皆較缺乏，或極鬆懈。因而此種重個人自由權利觀念，流行於中國社會之結果，其所破壞者，卽非硬性之組織制度，而只爲固有之倫理風教。則此中之得失，至少各得其半。而因此觀念自身之流行，只是由於知識分子口頭上相互宣傳，而非由信此觀念者在社會上之行動實踐，曾與硬性之制度組織，奮鬥掙扎，而此觀念遂亦恆不能眞落實而具體化制度化，以表現於社會政治之組織中。於是此觀念在中國社會流行之結果，以數十年之歷史觀之，其價值遂至多只在消極的破壞民主之障礙方面表現。故今要反極權，此觀念仍有用處。但在積極的建立中國之民主政制及民主的國家方面，則此觀念在過去固未嘗顯其指導的作用，而在今後如只有此種觀念名號，亦必不能擔負此使命。我們看，在重懷疑批判之新文化運動時期，此種思想卽開始流行。而後來繼起之國民黨共產黨思想，却皆是重組織、階級、國家之觀念或名號者。此中之故，正在中國雖缺乏特尊個人自由權利之政治思想、一套保護人民自由權利之法律制度，但亦缺一套近代之社會國家之組織。保護人民自由權利之制度，亦原是須依賴一社會組織而後能存在的。因而中國在今日，亦需要重國家組織之觀念名號。後來國共二黨之重組織重國家觀念之錯誤，在其不免以爲有黨與政府之組織，卽可補中國社會缺乏組織之病；不知政治組織必須根於社會組織，而不能代替之。此爲我上文所已言。而一般重個人之自由權利之思想者，則只知厭惡國民黨共產黨之硬性組織，而徒恃言論，佈空氣，以加以破壞；而不知其只知重個人權利之觀念名號，與此重組織重國家之觀念名號，皆各有所見于中國之所缺而生，亦同不免一偏之見，且皆同不眞知國家中之社會經濟文化之組織之重要。於是此二種觀念，只是相激相蕩，代替而生，更迭流行於中國數十年之社會政治之意識中。誰也不能壓倒誰。重組織之觀念名號之流弊，已如前說。而重個人之自由權利之觀念名號之流弊，亦同樣極大。所謂個人之自由權利之觀念中之個人，原非指我一個人，而當爲指一切個人，故重個人之自由權利者，並非有意提倡個人之自私自利。此不成問題。然而在實際上人如不本此觀念在硬性之組織制度中奮鬥掙扎，以求建立保護自由權利之法律政治制度，而只以此觀念口號，爲衝破打倒傳統之倫理風敎之用，表示對現實之社會政治之組織之勢力之反感之用，則此觀念名號之價值，純是消極的，因而亦必不免在實際上，將個人之活動導向於消極的不受一切已成的社會文化倫理風敎規範之一途。而此觀念名號勢必成爲個人之自私自利之護符。而從理論上看，只順此觀念走，人亦至少無必然理由，以反對個人之自私自利。對此一點，當於另一文及之。

今之重個人自由權利之觀念名號者，又喜發爲國家政府爲個人保其自由權利之工具手段之論。以政府之所以組織，爲人民共求其福利之工具手段，猶可說。以國家爲個人之工具手段，則無理以說。而此言竟爲人所習用，卽賢者亦不免。須知國家不只是一諸個人間之「政治關係」，不只是一個形式，亦非只一個總體的名詞，更不是與個人相對的外在的東西。國家是兼涵：說此一切話之個人，與其他個人，及其間之實際關係，與總體形式，之一實在，而可爲諸個人之理性的心靈之所理解者。他如何可對個人爲工具與手段？此視國家爲個人工具之論，與視個人爲國家有機體之一細胞，國家機器之一螺絲釘之論，皆同原於對個人與國家之關係，無善解。茲姑不就理論本身說，此亦俟諸下一文。而只畧就此觀念名號之影響與流弊上說。後者之流弊在抹殺個人，人皆知之矣。然前者之流弊，則終不免使個人自覺如在國家之外，而使個人對於現實政治，動輒生反感式的批評，或只取利用之態度，對國家無感情，無眞責任感。且可歸於對一切爲保衛國家而戰之軍人戰士，歷史上爲國家而殺身成仁捨生取義之志士仁人，皆一無一特殊的崇敬之心。而此則成魔道之思想。將唯有使今之中國之個人隨時準備於國家亡時，飛往美國，享受其個人之自由民主之生活而已。世間有以國家個人之工具，以抹殺國家之眞實，國家之尊嚴之論，亦卽有以個人爲黨與國家之工具，以抹殺個人尊嚴個人之自由權利之論。眞所謂不入於楊則入於墨。於是只重個人自由權利之國家虛無主義，卽與極權主義似相反，而又爲雙生姊妹，此皆恆爲人之所不及料，而理有必然者也。

（七）結論

我們在以上評論今尙流行於現代中國，而不能與中國人百年來之政治意識之發展的內在目標相應，不足爲今後之民主的建國精神之基礎的各種觀念氣習。我們指出傳統的中國知識分子之直接以天下爲己任，及得君行道之觀念氣習之必須改變，國家爲有機體之比喩之流弊，只重視政黨與政府之組織之不足，重民族而輕國家之不妥，及以國家爲個人工具之說之不當；由是而我們以爲傳統的知識分子之直接的以天下爲己任之責任感，必須轉變爲間接的以天下爲己任之責任感，社會組織當爲政黨組織及政府組織之基礎，重民族亦當秉重國家，個人與國家之關係，當另求善解。我們以爲只有這樣，才可以奠立中華民國之所以爲中華民國，及與今後之民主的建國精神相應合之另一套觀念，而爲中國今後之民主憲政之思想基礎。而此另一套觀念，亦可並非眞正之另一套，而只是把這些爲國人所已知的一些觀念，使之眞正的互相配合，各得其所，而不致互相矛盾，相反相銷，或只是互相激盪，代替而生，更迭流行；而直下爲人所綜合的把握而已。要達此一步，則此中之關鍵，要在對於個人與國家二者之關係，有一善解。對此二者之關係之善解，則秉繫於對社會組織、個人、及國家之關係，有一善解。由對此三者之善解，便可使人對於此三者，並加以尊重，且與中國文化之根本精神相契合，亦與百年來中國民族政治意識各階段的發展，所嚮往之內在目標相應合。而此善解之形成，其要義，則在一方肯定個人之在社會組織與國家之內，社會組織與國家之超越於個人之上；另一方須肯定社會組織與國家之理念，在個人之超越的理性的心靈之所涵蓋以內。簡言之，卽須肯定社會國家超越於個人，及社會國家之內在於個人二義。由國家社會之超越於個人之義，以成就個人之自愛，與對社會國家之尊敬。由國家社會之內在於個人之義，以成就人對國家社會之愛，與對個人自己之自尊自敬。此二者似爲不相容而矛盾者。然我們如不能將此矛盾加以融解，則將終不能建立此三者之並重。斯事重大，各人於此矛盾中所感之種種困難，又各不同。一人能解得，不必能使他人亦能解得。如何能使人皆解得，要非一人之文字之力所克任。然而今要啟發培養中國人今後之民主的建國精神，爲今後中國之民主憲政，奠立思想基礎，則除向此用心，在此矛盾之中，殺出一條血路，使人人皆能由此走過去，將此矛盾兩面撐開、決無他路可走。凡只執彼自西方傳來之單純的個人之自由權利之理論，極權的國家觀念，與一黨專政之思想之一端，或只停滯於中國之傳統之政治觀念之中，皆同爲斷港絕潢，歧途末路。此吾人只須深觀於此中義理之必然，中西社會文化學術相遇所生之衝擊，中國百年來之歷史，與今日之病痛災禍所自生，及種種偏執一端的觀念名號所生之流弊，便知此言之不謬。讀者無妨再將我之論百年來中國民族政治意識之發展之理則，與本文所述今尚流行之觀念氣習，加以合勘，以知此中之問題結穴所在。至於我個人於此之所見，則當另寫理性的心靈與個人社會組織及國家中詳之，以俟讀者之教。

（祖國周刊十二卷八期四十年十一月）

玖、理性心靈與個人、社會組織及國家（上）

（一）畧說西方傳入中國之個人自由、社會組織及國家觀念之變質

我們在前二文，歸結到指出今後中華民國之建國精神之思想基礎，係於個人、社會團體組織、與國家三觀念之配合貫通，以與中國文化之根本精神相契合。這是一不容易的事。其所以不容易，是因中國人今之分別重此三觀念者，多由受西方思想之影響而使然。而在西方思想中，此三觀念卽恆未能互相配合貫通。大家知道，洛克、穆勒所開啓之英美式之民主自由主義，是重個人的。馬克思及許多社會主義與重社會之職業團體之思想家，如狄驥、拉斯基等，是重社會階級、社團組織的。德國派之菲希特、黑格耳所開啟之政治思想，是重民族國家的。這些思想本身互相矛盾錯雜，在西方更迭而盛。而數十年來之中國人之政治思想，亦更迭的受其影響，而互相矛盾錯雜，以迄於今。中國人若一定要待西方思想界把此問題作最後解決，有最後定論，然後一一照搬過來，則人家的思想，總是日日有花樣，我們亦總是永隨人脚跟、學人言語，而永無自己之立足處的。這須我們自己當下便高瞻遠

矚，從中西文化學術思想大端處，一眼看定，斬斷葛籐，直抒我們的意見，如陸象山所謂「將大綱提掇來」。至於與西方思想之挈長度短，則容後再「細細理會去」。

我之要首說的，是上述三種重個人自由、重社會組織、與重國家之西方思想，在西方近代之所以興起，而發生影響效果，皆與其社會文化背景相關。而在其傳入中國後，則由中國社會文化背景之不同，而影響效果，亦即不同。譬如就個人自由主義說，其所以在西方之近代興起，乃由西方近代人要解除種種由中古而來之極硬性的經濟的、宗敎的、政治的組織之束縛。而其所以爲現代中國人之所相信，則非如此思想之在西方思想之原意，而爲人所信。因中國以前本無許多硬性的社會組織對個人所束縛。而初惟是因此觀念一方與中國傳統思想之重個人一面相合，又一方則因中國人之想革新其傳統社會文化。此思想中重個人之觀念，頗可助其解除傳統之倫理、禮敎、風俗之拘束。亦可使其得一種自然的心靈之解放，遂爲新文化運動以來之中國人所信。由是而此西方式之個人自由主義思想，在中國流行之後，唯在消極的反抗由民國十四五年迄今之國共二黨之黨治上，顯一對政治上之客觀價值，而在積極的建立民主政制上，則此思想，迄今尙未能顯一客觀價值。我們於上述二文，即由此等等以言其尙不足爲中國今後之積極的民主建國精神之觀念基礎。讀者可以覆看。此其所以不足，亦即爲中國社會文化情形與西方之不同所決定。

其次，我們再看西方之重社會組織之思想，與近代國家主義思想之所以興盛，則其社會文化背景是：希臘羅馬之社會，即嚴階級之對峙，中古有宗教之組織，近世有產業之組織，此皆依於抽象的普遍目標，人與人之類別觀念而成之社會組織。而重抽象的普遍，重分類別，亦爲西方哲學科學之原始精神所在。同時西方自希臘以來，即有城市國家。中古北方蠻人南下，各蠻族復互相衝突，曾分別建國。至近代遂演成各民族國家之爭霸。此即西方近代重社會組織之思想，及國家主義思想所以興盛之故。然在中國社會固有之組織，大皆爲倫理的，地方的，或友誼的組織。如宗族之組織，同鄉會之組織，同年會，詩酒會，臨時學術講會，及金蘭結義與幇會之組織，此可總名之爲人與人直接相遇之組織。而素缺西方式依於人之類別之分的階級對峙，依於抽象的共同超越信仰之宗教組織，謀共同利益之近代產業組織。此可總名之爲依於抽象的共同目標爲媒介之組織。故在中國之哲學思想上，亦不重「抽象之普遍」，「類別」之概念。中國復早爲一大一統之天下。歷代北方夷狄之入侵，亦終與中原民族融合，而歸於大一統。故傳統中國人之政治意識，明是天下意識超過國家意識　唯近代中國，遇西方之侵畧，乃發憤謀富强，而後重現代產業之組織，現代國家之組織。然以此中西社會文化背景之不同，故西方式重組織之觀念傳入中國後，中國人在實際上較感興趣之組織，唯是政治組織。此正是因在政治組織中，人與人直接相遇之成份最多。而近世之中國政黨組織中，人事關係之重要，亦恆過其所宗奉之抽象主義之重要。此亦傳統之風習使然。西方之重國家之觀念傳入中國後，中國人之所以喜言民族，而較輕國家之概念，亦正以中國之社會文化背景中，素缺西方由希臘之城市國家，至近代之民族國家之爭霸一段歷史之故也。

讀者如果對於上面一段所說完全明白，便知西方式之重個人自由之思想，重社會組織之思想，與重國家之思想之傳入中國，實際上早已因中西社會文化之不同，而變其意義與性質。而中國之建國問題之複雜，亦正在此等西方思想到中國，亦不能不變性質意義之處。是知吾人之只襲取西方思想，亦永不能解決中國之問題，而必須依吾人自己之思想，以求貫通國家、社會組織、個人之觀念，以與中國社會文化精神求配合也。

（二）論自事實上之存在觀點及主觀心理之需要，不能建此三觀念當配合貫通之理由

我們要貫通國家，社會組織及個人之觀念，是為中國人應當具有的建國精神，奠立思想基礎。所以我們首須認識，我們不能由客觀事實之存在的觀點，以及人之主觀的自然心理需要的觀點，去看此三者之貫通。而須由理性上的必然，與理想上的當然，去確知此三者之貫通。從客觀事實存在的觀點，以及人之主觀的自然心理需要的觀點，去看此三者之貫通，可作為一社會科學研究之題目。但是不能達我們的目標。因為縱然從此二觀點看來，此三者是貫通的，但是每一人自己，為什麼應當在精神上，同時肯定尊重此三者，在行為上，努力求此三者之關係之實際上的配合貫通之必然理由何在，

仍然是不能決定的。而中國人之應當具有的建國精神所根據的思想基礎，則正必須是能說明此我們之爲什麼應當之必然理由的。

所謂從客觀事實存在的觀點，去看個人、社會組織、國家三者之配合貫通。即是從客觀之歷史事實上，社會事實上，去看三者之實際上互相倚賴而有的關係。此中當然有各種不同淺或深、簡單或複雜程度的話可說，以指出：至少在文明人，個人皆在某一社會組織中、某一國家中存在。亦莫有無社會團體組織之國家，更決無莫有個人爲分子之社會組織或國家。此三者總是在事實上看來相依而存的。但是在事實上的相依而存，並不必然要我們一定要對三者平等的加以尊重，並求其繼續相依而存。所以人儘可主張無國家的無政府主義，個人亦可不在一切社會組織中生活。如隱士及修道者。人亦可只尊重三者之一，而看輕或否定三者之另二者的價值。如人可尊重國家而看輕個人。

所謂從主觀的自然心理之需要，以論此三者之配合貫通，即是從人之有各種心理上的本能傾向、或需要，來指出人在實際上是需要此三者之配合貫通的。如人可從人之模倣、同情之心理，同類意識，人之種族本能，羣居本能，來說明人之需要參加社會組織與愛護國家。人可從人有各種求有所獲得，佔據其所有，及競爭好勝之心理，人有個人性格之不同，個人興趣之不同，個人之有限的內在能力，須獨立發展，來說明人需要個人的自由，個人之不能不有特殊的權利。這當然亦有許許多多的理論可說。但是這些從人主觀心理上，需要國家社會組織，需要個人自由之論，同不能建立我們一定應當兼滿足三種需要，或使之平等的滿足，並求其配合貫通之必然理由。因爲此種需要，在我們分別發生時，正當是互相排斥的。如我們個人之要求有所獲得佔有之心理，即可與我們之好羣心理，同情心理互相排斥。我們之模做同情之心理特强時，我們亦可不顧個人興趣。自此每一需要之本身看，皆無「一定顧及另一需要」之需要。亦卽找不到要顧及另外之需要之理由。然則我們在有一需要時，爲什麼不可不顧一切呢？而事實上亦有人求滿足某一需要時，卽不顧一切之事。這時你有什麼理由說，他一定不應當呢？在此你不能說，你如果不滿足一心理需要，將妨礙另一心理需要。因爲從當前所要滿足的心理需要本身上看，根本無不可妨礙其他心理需要之理由。其次，從各個人之心理需要上看，亦各不相同。有人需要多的社會團體生活，有人更需要個人的孤獨生活，有的人民族國家感情强，有的人弱。這些從各人之主觀心理上說，都是眞實的事實。對於民族國家感情弱的人，他根本無愛民族國家之心理需要。你又有什麼理由對他說，他之此感情應當强，或當去想法使此感情强呢？你之此感情强，不過你之心理需要如此。你有什麼理由，一定要他人之心理需要與你一樣呢？從你與他之心理需要，各爲一需要言，二者平平等等。河水不犯井水，你有何理由說他非而你是呢？如果你說，因你民族感情强，故你需要他人之民族感情强。所以你要說他不對。則他亦可說，我之民族感情不强，我不需要顧及你對我之需要。則這一問題，便終成一死局。由此故只從各人之主觀心理需要上，去建立人之當兼尊重個人、社會組織及國家三者之理由，絕無路可通。

(三) 個人主義的功利主義之不能建立人當尊重社會組織及國家之理由

我們知道了從客觀事實之存在的觀點及主觀的自然心理的觀點，不能找出我們當兼尊重個人、社會組織、及國家之理性上的必然理由後；我們還要畧說明依一切功利主義之觀點，亦不能眞建立此理由。

依此種觀點是說，我們之所以當尊重個人、社會組織、及國家三者之理由，在任何個人如要滿足慾望需要，獲得其權利，必須有社會之組織或國家之組織，爲保證憑藉，或工具手段。同時我們如要社會國家之組織健全，則必須以其中之個人，能自由發揮其天賦的一切能力，其權利之得保障爲條件。如羅素調和個人與組織之關係之理論，亦是屬於這種說法的。依這種說法是說，只要我們之理智能認識到個人之達其目標，係於有社會國家組織爲工具或手段，則我們便可由重個人之心理動機，過渡至重社會國家之心理動機。而我們之理智如果能認識到：社會國家組織之健全，必須以個人之被尊重爲條件；則我們可從重社會國家之心理動機，過渡至重個人。換言之，卽只要我們之理智眞見得個人與社會國家之組織互爲工具手段或條件之關係，則我們必兼重此三者。

但是凡從此種思路着想的人，在本質上，仍是從人主觀心理着想，而且最後是必然只重個人的。

因爲此說之一面，謂我們之所以要重視社會國家，只是因捨此不能達個人之求其生存等目的，故人可由重個人之心理動機過渡至重社會國家云云，此固是依於重個人之觀點。而此說另一方面，謂必須個人被重視，而後社會國家之組織能健全，故人可由重社會國家之心理動機，過渡至重個人云云。亦仍是重個人的。因重社會國家之心理動機本身，在此仍視爲是屬於個人的。滿足個人之社會國家之心理動機，仍只是滿足個人之一種要求。所以依此說必然歸到：人之所以要參加社會國家之組織，或建立民主之政治法律，都只是爲要分別滿足諸個人之心理動機，而使其得一種快樂或利益。此快樂或利益，爲精神的或物質的。此心理動機，亦可爲利他或利己的。但利他的動機之滿足，與由之所得之快樂，仍是屬於個人的。因而一切社會國家之組織，與民主，政治法律，都是爲個人的，其價值亦都是對個人，而屬於個人的。此之謂個人主義的功利主義。

但這種說法，實際上仍不能建立我們當尊重個人社會組織與國家之必然理由。這種說法之謂個人之生存等，必待於社會國家組織之健全；及社會國家組織之健全，必待個人之能自由發揮其能力之理論，當然是合客觀事實的。人之理智亦能認識到此。但是現在的問題，是要把此理論應用到我們每一人自己身上來，看其能否成爲我當兼尊重我個人、社會組織與國家之理由。而此理論明不能成爲如是之理由。我儘可承認，我個人之生存等，有賴於社會國家組織之健全。但是在我視後者只爲達前者之工具手段時，則我們所尊重的只是我們自己，而非此手段工具。手段工具之價值，只附從於目的的。

我們決不會尊重手段工具本身的。如果對我而言，國家與社會組織，只是我達我個人目的之工具手段，我如何能眞加以尊重？而且從我之目的之達到，與國家社會組織的健全的關係言，明有各種不同的密切程度。有的私自目的之達到，有賴於後者的地方多。有的私自目的之達到，有賴於後者的地方少，以至等於零。譬如我的私自目的，只在作詩作畫，或作哲學冥想，則有待於國家社會之組織之健全的地方，便較少。所謂國家不幸詩人幸，時代愈混亂，學術思想愈發達是也。從此說，則如果一個人他自覺其個人之私自目的之達到，根本與社會國家及其中之其他個人無關，我請問你將用何理由來說，他應當關心國家社會組織？說他除應當尊重他個人外，兼當尊重社會國家？或說他應爲社會國家中其他個人爭自由，爭人權？誠然，你可以種種的理論分析，來證明人在自覺其個人私自目的與社會國家及其他個人無關的地方，都有關係，卽關係表面極疏之處，實際上關係皆極密。但是他儘可對你所說，全不認識。如他不認識，於此卽有關同於無關。你又有什麼理由說，他必「應當」加以認識，而「應當」尊重社會國家？

這種說法之所以不能應用到我們自己，以建立我們自己當尊重社會組織與國家之理由，在此種說法，只知一切價值之感受，屬於個人，一切價值亦皆由個人之活動而實現。而不知價值有對自己的主觀的價值，有對他的客觀的價值之分。亦不知個人之所以能實現客觀的價值，則由於個人有超越於他個人自己以外，以涵攝、成就、尊重他個人自己以外的世界，之理性的心靈與道德的心靈。這種說法，對於人之一切活動之意義，只知從其開始點與終結點看，而不知從此一切活動本身看。由此遂以人之一切活動之意義，便或是發自我個人，而落點在另外之一一個人身上；或發自其他個人，而落點在我個人身上；遂對於人與我諸個人活動本身之依於人之道德心靈、理性心靈，而交互貫通處之意義，全不能如實的認識。由此而永不能如實的理解社會組織與國家，亦永不能建立個人之當尊重社會國家之理由。因而這種思想，如果應用到我個人自己身上，亦永不能成爲我當自覺的超越我個人之私自目的，而去尊重社會國家之理由。人將這個理論，應用到他自己個人身上，個人眞依之以行，最後必落到自私自利的個人主義。此是理論上之無可逃。而在實際上，信此理論之未必即歸到自私自利之個人主義者，則因其所謂個人，在概念上，乃指一切個人。然而他如果不承認個人之有超個人之私自目的的理性心靈、道德心靈，則他即根本不能形成一超越他個人，包涵其他個人的「一切個人」之一概念。然他如眞由反省，而承認個人之有一能超個人之私自目的之理性心靈、道德心靈，則個人主義之思想，即永遠被超越。而此一名即須徹底改變其意義，而同於人格主義之一名。

（四）社會主義的功利主義之不能建立人當尊重個人之理由

我們說了個人主義的功利主義，不能建立個人當尊重社會國家之理由，我們亦須同時客說明，一切只視個人爲社會之一部，民族國家之一部之思想，不能建立尊重個人之理由。個人主義之不能建立個人當尊重社會國家之理由，是因把此主義，應用在我個人之身上，以個人直指我這個人，則「我這個人」之觀念，便把此「個人」之觀念，原爲「指一切個人」之意義截除了。我之個人與其他個人之通路，卽斷了。因而我卽無理由，必須再有對與其他諸個人合組成之國家社會之本身之尊重。至于只視我個人爲一社會民族國家之一部份的思想，不能建立尊重個人之理由，則是因在此中個人之觀念，已全沉入社會民族國家之觀念之中，爲其所掩覆。因而此思想終必化個人爲社會有機體一細胞，一大機器之螺絲釘，而使個人自由，個人權利之觀念，不能眞正樹立起來。一切原子式的個人觀念，是楊朱式思想。一切大包小的社會國家與個人關係之觀念，是墨翟式思想。人初總不免不入於此，卽入於彼。而此二者，實皆不能平等尊重個人與國家社會，不免使其中之一受委屈。因而人之信此二者，不能有直立的思想與精神。人無直立的思想精神，是必不能眞建立他自己，亦不能眞建立他所在的國家社會之組織的。這個地方，唯一的突破兩難之出路，是眞了解到個人之有超個人之理性心靈、道德心靈，能涵攝、成就、尊重他個人自己以外的世界；知此諸個人合力成就之社會國家組織，皆爲個人之心靈精神之客觀表現。因而個人與社會組織及國家之間，誰亦非誰的工具手段，乃是同時一齊建立而俱尊，內在的互相涵攝而俱成。人知此，斯能使三者皆不受委屈，而人之思想與精神，亦皆爲能直立，而足以建立民主的國家社會者矣。

（五）理性心靈與其歪倒的表現

我們所要建立的這種思想，是要在根本上超出一般之客觀事實、主觀心理及個人與社會之對立的範疇。而這種超出，只係於我們可由人之「能自覺」，以見其實具通內外人我的理性心靈或道德心靈；而此心靈之精神，則必求客觀表現為社會組織與國家。因而人眞自覺他自己個人之尊嚴之所在時，同時卽必然自覺，當尊重國家社會。這個道理，實際上非常簡單。但人因不能回頭反省，便相距愈遠，愈說愈支離。我們須知我之能自覺，卽一我之能超越我自己的當下證明。而我在超越我自己，而自覺我自己時，我如果眞見有我自己可說，卽必同時覺到我以外之客觀世界中的他物與他人。否則，便是無人無我，而唯是照體獨立，直契天心。此後者是宗敎及形上學的絕對境界，今姑不說。在通常生活中，我在自覺有我自己可說時，皆是對他人而說。因而我之說我覺我時，皆是與覺你或他人，俱起俱生。而我在覺你或他人時，我卽涵攝你或他人。此中卽有對我與你或他人平等的俱加以肯定的心靈。此心靈，尅就其本性而論，卽是一理性的心靈、道德的心靈。亦卽中國先哲所謂仁智合一之本心。由此而我恆求我所有之目標與活動，成為普遍化於他人者；而在見人之亦有此目標與活動時，我亦同時卽自覺我之目標與活動之如客觀化於自己之前。此種「望我所有之活動為普遍化於他人，而客觀化於自己之前」之精神要求，卽終必歸於求社會組織與國家之建立，以表現人與人間之理性活動。所謂人與人間之理性活動者，卽一種「相互求普遍化客觀化其目標與活動於他人」之精神要求、精神活動。故理性之活動，乃永爲由人對其自我之超越以完成之活動。便與一般日常生活中之主觀的自然心理之活動，有根本之不同。一般日常生活中之自然心理之活動，可合於理性，可不自覺的表現理性。然恆非自覺的理性活動，故恆不表現人對其自我之超越。因而在此中，人亦不對其自我規定一「當然」。故由人之自然心理活動，個人亦不能建立尊重國家社會組織之當然的理由。然人之此自覺的理性活動，則因能對其自我規定一「當然」，故亦能由之以建立一人當尊重國家社會組織，亦當尊重其自己個人之當然理由。而亦卽可爲吾人所說之民主的建國精神，建立眞實之思想基礎矣。

我們上已說人之理性的心靈，道德的心靈，表現爲「望其自己之目標活動，成爲普遍化客觀化於他人」之精神要求。此所謂求普遍化、客觀化其自己之精神要求，自形式上言，可分爲二種。此二種形式，一爲歪倒型，一爲正常型。歪倒型是論語中孔子所謂「求聞」，正常型是孔子所謂「求達」。但「求聞」、「求達」二名，今人已生疏。我只好說所謂歪倒型者，卽我前在論人生中之毀譽現象（人生雜誌百期紀念號）一文中，所謂人之求譽避毀之意識。我在該文中，從各方面說明，在俗情世間中，莫有人能逃出此一關。又指出人之求譽，而欲人之讚美我之活動，或讚美我之心理，卽欲他人之心中有我，我不爲他人心之所拒。此卽一種欲我之自我之得普遍化客觀化於他人之心，而再投映於我自心之前。此意識之形而上的根，實依於人之求超越其自己，而普遍化、客觀化其自己的道德心靈、理性心靈。然而這却又是此心靈之歪倒的表現。其所以爲此心靈之歪倒的表現者，因此中夾雜一私意。在此中，我只求人之心中有我。此中之我自己，如爲一硬核，而只求他人之心能讚美之、承認之、包涵之。因而同時未能如實的表現此理性的心靈，平等的看待人我之本性者。然而人之理性的心靈，爲本性上必然要求「自己超越其自己，以普遍化客觀化其自己」，因而不同於一般的自然心靈之處，則最易自此歪倒的表現中識取。

我們曾說在我們之求譽之意識中，我們是對我之一切活動，皆求人之譽我不毀我。故我們由自然而發之一切求眞、求美、模倣、同情之活動，我們都希望他人加以讚美。而且對於我們一切已成的活動，我們都可望人加以讚美。卽是我自己之求譽求讚美之活動本身，只要已發出了，我亦不願人之毀我之此活動，而望人譽我之善於求譽；或作僞以使人不知我之求譽，而譽我之不求譽。總而言之，此人之求譽要求，乃一永不能完全滿足之要求。其所以永不能完全滿足，乃由我在方自覺我之活動爲已成，而又覺我外尙有人時，我卽必然同時求此活動再爲人所譽，以普遍化客觀化之於其他人之心。由此卽見人之永不甘自限於其自己已成的活動，而永不能在其心中忘掉他人。因而永有使其自己爲其他人所譽，以普遍化客觀化其自己於他人心中之一要求。此要求之所以可能，只因我心中知有他人之心在。而我之必欲得存於他人心內，卽依於我之理性的心靈之本性，原爲通人我而平等待人我者。於此卽可見原子式的個人主義的功利主義之說，絕不可通。此說唯知人之一切活動，皆由個人而發，其活動與其效果所生之價值，最後亦爲諸個人所感受。其看個人之活動之意義，唯知自此始點與落脚點看，故視各個人，如分別各爲一自足之系統，而爲原子式的並立之個人，遂於一個人之內在的超個人之意識，遂總不能眞認識。然由此人人皆有之求譽心，則最易見人之超個人之意識，直在人之「自覺其個人之活動，與其所感受之價值處」，生起而呈露。我才對我活動與其價值，加以自覺，我立卽知在我以外有他人之超越我而存在。我才知我外有人，我依於此求譽心，立卽求其心中有我而譽我，不願見其毀我。此處卽見個人之不能自足於其個人活動與所感受之價值中，而不容自己的要求：此活動與價值之爲人所肯定，所稱讚，而普遍化，客觀化。而此要求一生起，卽立使我暫超越我原來之活動，與所感受之價值，而覺我不能自限於我自己之內，滿足於我自己之內；而須求滿足於我自己之外，而存於他人之心內。此卽見個人之活動，不能終於個人之感受價值，亦卽不能終於個人之自己。此卽見原子式的個人主義的功利主義之說，絕對不通，而爲一極淺薄之思想。我有意要用淺薄二字。如果有相信個人主義的人，覺我責斥他而生氣，則正是他不能安於他個人之思想以內，而必須求他人之稱許贊成，而存在於他自己之外的直接證明。

（六）理性心靈正常表現之四形態，與求人我心之直接的貫通統一

至於人之理性心靈之正常的表現，則爲一種不夾雜私意，而直依於理性心靈之將人我平等觀，所發出的，求普遍化、客觀化我之心靈之內容或其自身（其中包括我之活動與所感受價値）之精神要求。此中之形態有四：一爲以我之一整個心對一定之人之整個心，在有一定相待態度中，人我心相互客觀化，而直接貫通統一，此表現爲中國文化所重之個人與個人之直接的五倫關係或倫理組織。二爲以我之整個心，對不定數的其他人之整個心，在不定的相待的活動中，求人我之相互客觀化，而貫通統一。此表現爲中國式之過去之社會團體，如由父子兄弟朋友之倫、隣里關係擴大而成之宗族會、宗親會、同鄉會、講學會、詩酒會等，中國過去之民族意識中所謂民族，亦可說不過此種社會團體之擴大。三爲以我之部份心與不定數的其他人之部份心，本特定的抽象共同目標爲媒介以結合，而求人我心同客觀化於此目標，與達此目標之事業之前，而求人我心之間接統一。此表現爲一般西方式或現代式之社會團體組織。四爲求「諸分別依特定之共同目標而分別結合成」，分別表現人我心之間接統一」之各社會團體與其事業，之互相配合貫通而統一，以表現「我之整個心之各部份，與人之整個心之各部份之諸分別的間接統一，之互相配合貫通統一，而由此以客觀化「我之整個心之內在的貫通性統一性」於世界。此爲西方式現代式國家組織。這些話比較抽象。今我們可以用比較詳細的話，來解釋此四種人與人結合方式，如何依於我們之理性的心靈之「將人我平等觀，而客觀化、普遍化我們之心之精神要求」以形成。

我們說，中國傳統文化所重之個人與個人之直接的五倫之關係組織，是由我之整個心對人之整個心，在一定的相待態度中，求人我心之相互客觀化，而直接貫通統一者。我們的意思是說，在此種倫理關係中，是人我之整個心之直接相遇。所謂直接相遇，不是說人與我之整個心之內容，全幅的相互呈現，而窮盡的相互了解。此在經驗的知識上看，是不可能的。因無一人能全知他心之內容之未表現於我前者。此亦有如我之不能全知我心深處之內容之未表現於我自覺之前者。此中所謂整個心之直接相遇，乃謂此中人與我之接觸，非必賴一特定之事務，或爲達一特定之共同目標而結合。亦非賴與第三者之間接關係而結合。此中人我之結合，亦可全無互爲工具，手段之意義，而唯在成就人心中之有我，我心中之有人，而互得其客觀化。此中人我相待，只原於我與人之間，有一彼此互認，亦爲其他人所共認之倫理關係，而應有一定的當然的相待態度。如父對子之態度當慈，子對父當孝。兄對弟當友，弟對兄當恭。及夫義婦順，君仁臣忠，朋友有信等。此中諸當然的態度之爲本於理性心靈，而表現普遍性平等性者，不在於一定之倫理關係中，人所對我之態度與我對人之態度全然相同。而在於此關係中，我與人如異地以處，則皆覺當如此。如我待子當慈，子待我當孝。孝慈之態度，明爲不同者。然我爲子亦當孝，子爲父亦當慈。由是而孝慈爲普遍合理之道。而我行孝之道，即依於我之理性心靈，而表現此心靈之普遍性於行此道之活動態度中。由是而我雖待父以孝，而當我見父之待我以慈時，我亦將立即視父之待我之慈，爲我之理性的心靈所肯定爲我當以之待子之慈道之客觀表現，或客觀化，亦普遍化於我之父者。而我雖待我之子以慈，而當我見子之待我以孝時，我亦將立卽視子待我之孝，爲我所肯定爲我當以之待我父之孝道之客觀表現或客觀化，亦普遍化於我之子者。由是在此種倫理關係中，人與我卽皆可依於其理性的心靈之將人我平等觀，而相互客觀化普遍化其自身，而表現人心我心間之平等的直接貫通統一。

其次中國過去之社會團體，如宗親會、同鄉會、詩酒會等，我們說，這是以我之整個心對不定數之整個心，在不定的相待的活動中，互表現人我心之直接貫通統一。我的意思是說，在這種團體中，人與我還是直接相遇。但在此中，我與人之關係，是由我與人之一共同之處而形成，如同鄉、同宗。我可依此共同之處，而逐漸與他人發生某關係。此他人初爲不定數者。亦卽我與人之是否有某關係，非先被互認者。此與在直接五倫關係中之人爲定數，且此倫理關係必爲我與人彼此互認，亦爲其他人所共認者不同。但此中人與我之共同之處，如同宗、同鄉，恆只是人與我之所由結合之後面根據，而非我與人之結合所欲達之前面的目標。此便與下述之第三種之團體組織不同。在此中人與我之結合，原則上應爲無結合以外之目標者。如果有目標，則同於第三種。所謂無結合以外之目標，卽只有結合以內之目標。如宗親會之共話宗誼，同鄉會之共敍鄉情，同學會之共憶同窗之義，詩酒會之作文飮酒而互相欣賞，講學會之共切磋學問。因而此中人與我之結合，乃全無互爲工具手段之意，而只是互相表現其情感、思想或活動，而爲對方所同情、了解、欣賞，因而互得客觀化普遍化其所懷於他人，以再反照於其自己；以補益其所不足，而增强或豐富各人原來之所懷。此種社會團體，在中國過去實最被重視。中國人之民族意識之形成，恆由人們之自覺有共同之語言、文化、歷史而形成。實與此種社會團體，由於人們之某種共同處之被自覺而形成者無別。中國人之民族意識，亦如爲一擴大之同鄉意識。吾人若至外國無中國人之地，忽遇一中國人，卽有一自然的民族意識之流露。由此種民族意識之流露，而交談聚會，卽恒爲無外在之目的者。其目的卽在呈露同爲一民族之感情。此與人本現代式之國家意識，以團結國民，效忠國家，恒有一外在而超越之目的，如謀國家之富强，或向外侵畧者，實不同。中國人之不免只重一種似無所爲之民族感情、民族意識、與中國式社會團體之意識，吾人雖視爲不足，然吾人亦不能抹殺其自另有一特殊價值，卽表現、成就一種無外在目的的人我之心之貫通統一是也。

拾、理性心靈與個人、社會組織及國家（下）

（七）西方現代式社會團體與人我心之間接的統一之客觀化

我們說西方現代式之社會團體組織，爲一種以我之部份心，與不定數的其他人之部份心，本特定之目標以結合，而求人我心同客觀化於此目標，與達此目標之事業之前，而求人我心之間接統一。我們的意思是說，這種社會團體之結成，或是我與他人，先有一抽象的特定的共同目標。唯我與人，又同時分別自覺其自己之獨力，不能達此目標，遂求互相結合，而合力以達此目標。或是因我先懷一特定目標，正從事某活動，於是望他人亦共懷此目標，亦共從事此活動，以普遍客觀化此目標此活動於他人。而在此後者中，則我之「求普遍化客觀化此目標此活動」之本身，亦爲我先懷之目標。由此二者，而此類之社會團體以成。此皆是人之目標先於社會團體之形成。因而此中之所謂社會團體，皆在一義上，可稱爲我或其他個人，求其原抱目標之實現的工具或手段。而我與人之所以結合成一社會團體，亦可有互相利用之動機。此中人與我之結合之意義，遂恒不在此結合之本身，而另有一外在的意義。而此共同的目標之爲人我之共同處，即非只爲人與我之結合之後面的根據，且是人與我之繼續結合之前面的領導原則。而此人我之共同處之爲共同之本身，亦初可不同被自覺，而恒只是後來乃逐漸同被自覺者。而在此共同處未同被自覺時，則此社會團體中之諸個人及其工作之相互關係，即可止於上述之互相利用，亦互視爲手段工具，以分別各達其個人自覺之目標之關係。在此時，則此社會團體之形成，尙非能眞正兼爲此心靈之精神要求的客觀化所成。然此共同處之爲共同，以人與人之接觸，必遲早被自覺。在其被自覺時，則每一人可在他人身上自覺其目標，亦爲他人之目標；亦自覺他人與己，有同類之活動，而見其所懷目標、所從事之活動事業，得普遍化客觀化於他人之目標，於他人之活動與事業之前；而同時遂可覺此與他人結合而組成之社會團體，爲自己之道德性心靈之精神上所要求，而發展出一「爲愛護此社會團體與其活動事業而愛護之」之意識。由此而其所作的促進此社會團體之發展之事，亦即成爲其道德心靈、理性心靈本身精神要求之表現；而後來之此社會團體之逐步之發展，即皆爲逐步滿足此道德的、理性的心靈之精神要求，而兼眞正成爲此心靈之精神要求之逐步客觀化之所成矣。

（八）西方現代式國家之理念及民主政治之理念，與統一的理性心靈之客觀化

我們前說現代式國家，爲求「諸分別依特定之共同目標而分別結合成，分別表現人我之間接統

一」之各社會團體組織之業，互相配合貫通而統一，以表現「我與人整個心之各部份之諸分別的間接統一本身之互相配合貫通統一，而由此以客觀化我整個心之內在的貫通統一於社會」。我們的意思是說，由每一共同目標之同被自覺，而形成之社會團體組織，即客觀的表現一種人我之部份心之間接統一。如我所參加之農業生產組織，由人與我皆懷抱從事農業生產之目標，與共同從事農業生產之活動而成立。因而此中即表現有同抱之此目標，同從事此活動的我與人這一部份的心之統一。此我與人之這一部心之統一，是藉此特定目標與特定活動為媒介，而成之間接的統一。此外我參加之商業組織，即表現此中同抱某特定商業目標，與同從事某種商業活動的人與我部份心之又一種間接的統一。我參加之宗教組織，即表現此中同抱某宗教目標，同從事某宗教活動的人與我的部份心之再一種間接統一。由是而我由從事農業生產後，到一商業組織交與生產品，請其代賣，到入佛堂聽說法時，我即分別以我各部份心與他人之各部份心，表現諸不同性質之各種聯繫或統一。然因我之心原為一整個，我不願我自己之各部份心之互相衝突，而欲其長保內在的和諧貫通統一；我亦即依理性而自然不願「此諸分別客觀地表現人我心之各種聯繫統一的各農業商業宗教等團體」之互相衝突，而望其互相和諧貫通，欲於其實際的配合和諧貫通中見一統一；而使我自覺我之整個的理性心靈所求之貫通統一，客觀化於我自己之外。由此即可再進而湧出：望我所直接參加，與發生間接關係的，一切名義上同屬一國之社會團體組織，與其中之各個人之目標活動，整個的形成一和諧、貫通、統一之大團體、大組織之理念。此卽爲一眞實的國家理念。而相應於此理念，以實際去從事配合、調整、支配、安排此中諸社會團體組織與個人之關係，以使之實際上成爲一相依而互助，以合成一內具和諧統一，對外獨立之大團體，大組織之活動，卽爲人之眞實的愛護國家，建立國家之政治活動。是人之眞實的國家理念之形成，及人之眞實的愛國建國之政治活動，皆爲人之整個的理性心靈，欲客觀化其內在的貫通性，統一性於外在世界，不容已而自生者也。

唯吾人以上說，依於我們之理性心靈之要求，吾人必求愛國而建國，以客觀化此理性的心靈云云，其中尙包含有種種複雜之精神歷程，然後人眞能形成一現代之國家意識與民主的政治意識。而人於此恒疎於反省。卽一般政治哲學家，亦多不認識。此須畧爲說明。唯此下本節所述，更富理論性，如一般讀者，覺其太過曲折，可暫忽過，亦無礙於全文之了解。

我們以上只說到，我必希望要求，我所直接參加之諸社會團體與其事業之配合貫通，此爲依理性必然產生之希望要求。然我如何能將此我所直接參加及只與我間接關聯，名義上屬於一國之一切社會團體，一切個人，合之於一眞實的國家理念中而思之，而愛此整個之國家，求建此整個之國家？此所依於吾人之理性心靈者何在？則上文之所言猶不足，人亦將不能於此無疑。此點吾人可如是答：卽我一人所直接參加或隸屬之社會團體，與所接觸之個人，原爲極有限者。因而我欲形成一「包括此諸社會團體組織，與所接個人，及間接關聯於我，而同屬一國之一切社會團體與個人」之一大團體之國家理念，只有賴於我之理性的心靈之沿直接經驗之所及，以進而從事一超越的構造。此構造之歷程必爲：由我與我所直接經驗之人之存在之肯定，而肯定「由我與人抱共同目標，或從事共同活動，而成的諸社會團體」之存在；進而思「此諸社會團體中，其他未嘗爲我所經驗之其他個人」之存在；復進而思「此其他個人之任一個，復有其分別所屬或所參加，而非我所屬我所參加的其他社會團體」之存在；再進而思「其所屬其他社會團體中，又另有其他個人」之存在……。人如是以擴大吾所思之社會團體與個人之範圍，即可將一切與我間接關聯，名義上同屬一國之一切社會團體與個人，在原則上，一一安排於一大系統中。而此一大系統之理念，即一大團體之國家之理念。

唯由上述之擴大所思之個人與社團之範圍，以形成一國家理念之歷程，絕不爲一一直下去而無底止的歷程。因如其爲一無底之歷程，則此中社會團體觀念之呈於我之思，皆沿其中所包含之諸個人之觀念而散開；此諸個人之觀念，又沿其分別所屬之社會團體之觀念而散開；則此中吾人永不能見此諸社會團體與其中之個人之合爲一整體的理念。即國家之理念，於此仍不能眞具體的形成。然在實際上，則此中並無一無底止之歷程。因國家內之社團與個人，實際上總爲有限。且依人之理性的心靈之統一的要求，亦必使上述之歷程，爲可有底止。即必使國家之內之社團與個人，實際上爲有限者。由是一國家中之諸社會團體，與諸個人之相互關係，即可互相環抱起來，而具體的形成爲一整體之理念。此環抱之所以可能，可畧如下述：即與我同屬一社會團體A之其他個人如某甲所屬之其他團體

B，雖可非我所屬，然屬於此其他團體B之另一個人如某乙所屬之另一團體C，則可能為我之所屬。如與我為A學校同事之某甲，參加B商業公司。我不屬某商業公司，然某商業公司之職員某乙，則可與我同辦C書店。（可參考下一圖以助理解。）在此中，我與某甲，以同屬一學校之組織，即有某一共同之目標與活動，而我與某甲有前文所謂部份心之聯繫或統一。某甲與某乙以同屬某商業機關，又有一部份心之統一。而我與某乙以同屬某書店，又有部份心之統一，由是而對我而言，則某商業機關，雖與我不直接相干，然因其為甲乙所同屬，乃甲乙由之以有部份心之統一者。甲乙又分別與我有部份心之統一；則此商業機關，卽間接為「我與甲乙之二分別的統一」之統一者。亦卽為我「對學校之意識」與「對書店之意識」之間接的統一者。此種間接的統一，卽為我之理性的心靈之求統一貫通我分別所屬之諸社會團體，所必當要求其存在者。因而其存在，亦卽為此理性的心靈之統一性，得客觀化其自己，而表現其自己之統一性之一所在。由是而一切名義上同屬一國，由國人組織之一切社會團體，卽皆可如是互相關聯，以間接或間接又間接的，關聯於我所直接參加社團組織，及我所直接經驗之他人，以為我理性的心靈之統一性，分別客觀化其自己之所在。由此復可轉證一國家中之各個人與社會團體之數，必然不能為無限。（卽天下一家後，全人類合為一國，其中之人數、社團數，在一時間仍為有限。）因必須是有限數，然後每一人除其直接參加之社會團體外，其所間接關聯之一切團體，乃為能實際的完成其彼此之相互關聯；以關聯於我所分別參加之諸社團，而可被構造成一統一之整體；而使其中之每一團體，皆爲我理性的心靈之分別客觀化其統一性之所要求與所在；以使此統一之整體，爲我之理性心靈客觀化其整個的統一性之所要求與所在也。

上文之所言，今另繪一圖以助理解附圖甲。

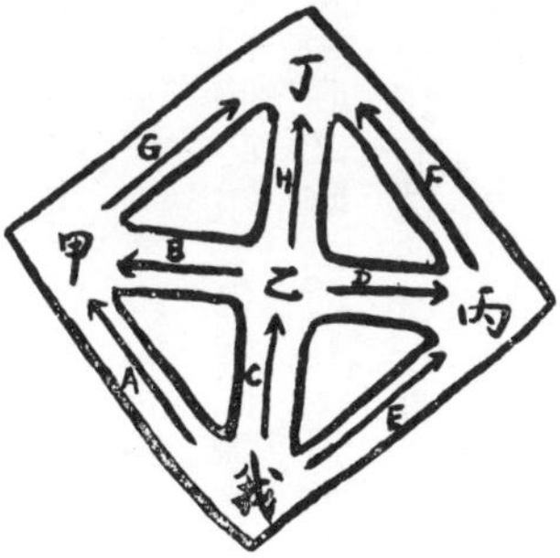

附圖甲——

我與其他個人合以構成社會團體國家圖

說　明：

一、整個圖形表國家。

二、我與甲、乙、丙、丁表諸個人。

三、A.B.C.D.E.F.G.H.表諸社會團體。

四、箭頭表示國家理念之超越的構造中，理性心靈活動之進行。

五、諸個人與諸社會團體，皆用線條間之空白表示，乃所以顯具理性心靈之個人，非封閉的個體，每一社會團體，亦皆爲諸個人之一部份理性心靈之統一之客觀化所形成。

六、整個之圖形，由箭頭貫穿，表示任一個人之理性心靈，皆可由其對國家理念之超越的構造，以涵蓋國家。而國家亦即諸個人人格中之整個的理性心靈之客觀化所形成。

吾人觀上圖所須知者，是知上述之國家理念中，因每一社會團體，爲諸特殊個人之自覺的共同目標共同活動之客觀化之所成，故每一社會團體爲諸特殊個人之中或之上之一普遍者。普遍者謂之理，故卽爲人之理性心靈之客觀表現。然個人之心靈，亦對其各種分別而特殊之目標與活動，爲一普遍者。至於個人之所以自覺其爲具一整個的心靈，爲一單獨之統一的個體，而若有其唯一無二至高無上之自由人格者；亦卽由個人之自覺其可懷抱任何目標，從事任何活動，而可自由參加任何種社會團體，可不專隸屬於任一社會團體而具一獨立精神上說；及個人之同時又若可超臨於諸社會團體與其他個人之上，以從事「求諸社會團體與其中之個人之事業活動之配合貫通」之政治活動上說。然此政治活動中，卽同時必然先包含國家之理念之肯定。而人之實際的依此理念，以愛國家，建立國家，而從事與此理念相應之政治活動，以使此活動之影響，及於其他個人與各社會團體，則卽爲客觀化我個人之理性心靈內在的貫通統一性，以形成整個國家之內在的貫通統一性者。由此而見個人之愛護國家建立國家，而從事政治活動（此名在本文涵義甚廣，包括負實際行政之責之政治活動，求負責政治之組黨或競選之活動，一切教人愛國、從事建國之活動，與一切依於愛國建國而生之人生文化活動）。卽爲個人之貫通統一的理性心靈求全幅客觀化，以表現其貫通性統一性之事。

吾人上言，人唯在形成其國家理念及與之相應之政治活動中，乃有個人之統一的理性心靈之全幅客觀化。此中國家之理念，一方包括國家中實際上互相貫通而存在的諸個人與社會團體，一方卽由個人依其理性的心靈，沿其直接經驗，進而從事超越的構造之所形成。因而此國家理念，一方超越於在實際事務上；與他人相對並在的我之個人，一方亦內在於具「能超越我個人，以形成一包括一切個人與社團之此理念」的理性心靈之我。而我個人之相應於此理念之政治活動，亦卽當依於理性心靈之我而發出。自此而言，則國家之理念，在個人之理性的心靈之我之內存在，亦由此我之活動以支持其存在，因而繫屬於我之個體。然復須知：我之理性心靈，又只爲國家中之一人之理性心靈。國家之理念，不僅內在於我一人之理性心靈中，亦內在於國家內其餘之任何人之理性心靈中。其他人之理性心靈中與我可有同一之國家（如中國）之理念。由是而他人亦有相應於此理念之政治活動，以支持國家之存在；而國家之存在，亦繫屬於他人之個體。故每一國民於其國家，皆可稱之爲我的國家。由是而當我個人從事於相應國家理念之政治活動時，我必須秉依理性，而秉肯定尊重他人之相應於國家理念之政治活動。此卽謂：我當肯定尊重他人之從政權利。唯如此而後可見我之國家理念之本身，亦普遍化於他人之心靈，亦可見我之政治活動本身，爲可普遍化於他人者。由此而吾人復當共依理性，以使我與人從事政治活動之方式，亦爲公認的，普遍共許的。此卽爲吾人必須共同建立「可平等的應用於國家中一切個人從事政治活動之各種政治制度」，此之謂民主的立憲制度。此制度使人與我相互涵蓋、肯定、尊重他人之心靈中之國家理念，他人之政治活動，亦卽使人與我之心靈中之國家理念，成爲互相內在，使人與我之正常的政治活動本身，成爲互相內在，而得其互相保證者。如再哲學地言之，則我之政治活動，爲我之統一的理性心靈之全幅客觀化之所成，我與人所共立之民主憲政之制度，即「我與人分別所具之統一的理性心靈之相互內在、相互保證而統一」之客觀化之所成者也。

吾人以上論現代國家、政治活動、民主憲政之理念，皆爲就此等等之純形式的精神意義以說。至於一民主的立憲國家中之人民權利，如何於憲法中規定，如何由司法機關保障，是否當有政黨，政黨宜有多少，政府之組織宜如何，則不必皆可以就純形式的精神意義加以討論，而須涉及種種經驗內容，及實際情勢上之問題，今皆不及。

（九）中西社會文化分別重此諸社會團體組織與國家組織之得失

我們以上論中西社會文化中所重之社會團體組織，與國家之組織，皆本於人之理性的心靈之客觀化其自己之精神要求以說。亦卽重在說明此諸社會團體組織等之所以有、與所以當有之內在的精神根據。由是而我們可進而畧論中西之社會文化中分別重此等等之得失，再歸於論吾人之理想的中國社會國家之組織之圖像，及吾人今日應具備之建國精神。

首先我們當說，從人之精神能在眼前的日常生活中，當下得所寄託，而隨處得發現其依理性的心靈，客觀化普遍化其自我之道路說，中國傳統文化所重之個人對個人之一對一的倫理關係組織，實涵一至高無上之價值。在幾乎人人皆有的，人與我之父子、兄弟、夫婦、朋友，及道義相與的君臣關係中，人在對他人孝、弟、慈、忠、信，而替對方設想，將心比心之際，人人皆當下可超越其個人之自私心，而在對方中發現其自己之客觀化普遍化。如我們前之所說。而我們還可進而說的是：在每一正常的倫理生活中，人互在對方中發現其自己之客觀化普遍化，卽使一倫理關係，實現爲一種心靈之環抱，有如玉環之相貫，兩鏡之互照，每人皆可於對方中看見自己，且看見對方之看見自己。而我與對方之心靈，在如是之交光互映中，卽使每一倫理關係，如成一內在之自足體。各種倫理關係，卽實現各種心靈之環抱與交光互映，而如各成一內在之自足體，遂使一個人可分別於每一倫理關係，體驗一種由心靈之交光互映而造成之心靈生活之內在的光輝之「質」上的、「强度」上的充實。而此充實，則一一皆由雙方之理性之相互呈露流行，而凝結增厚之所成。此充實之意味，恒隨其中之個人之實踐此倫理之道之眞摯誠篤之程度，而爲雙方人之所實感，不必爲外人之所知者。唯人所能直接發生倫理關係之人，自外而觀之，終限於極少數之人。人之自限其精神生活道德生活於此極少數之人，終不能使人之理性的心靈之客觀化得充其「量」，而極其「廣度」之所至。是卽只重此種倫理關係之缺點。

至於中國式之社會團體如宗族會、同鄉會、同年會、詩酒會、講學會等，則其中人與人之相接，非「一對一」之個人間之直接關係，而爲「一對多」的我個人對其他個人之直接關係。此中我對人無必然之責任感，亦無人我心之直接的互相涵攝、貫通而交光互映。然此中我們每一個人，本於人我之共同處爲根據，而無定限的，把我之精神向確定的倫理關係以外之人通過去，或洋溢過去。此卽造成每一個人的精神之光暈或光圈。此光暈如可無定限的外展。人於此互以精神的光暈相涵潤，卽以喻人與我之互相欣賞，互相同情，而彼此相忘。而於此等等中，共體驗一彼此和融之感。由是而陶養出之中國民族意識，卽爲一種人與人更能彼此和融容讓，而對外亦好和平，而缺乏向外之侵畧性之意識的。然此中國式之社會團體，如同鄉會、詩酒會之類，因其重人與人之直接結合，故一團體所結合之人有限。諸團體間亦缺隸屬之關係。而由是每一如是之社團，亦可如一包裹人之精神之橡皮袋，使人之精神限於宗族，限於地方。而人在此種團體中之活動，因無抽象的共同事業目標，則其相接，亦可喻如互相推盪容讓之橡皮球，而不能生長發展者矣。此卽只重此種社會團體之缺點之所在。

至於西方現代式之社會團體，則由其組織依於人之公共目標，此目標爲確定者，故可集多人之力，分工合作，爲達此目標，而形成一特定之社會事業。因此種社會團體之公共目標爲抽象的，故易爲團體中人所自覺，亦易爲團體外人之所認識，人亦易加以把穩。而其被把穩時，此團體之活動，卽爲有一鋒利性，而恆求向前向外動進，以發展其自身。由是而對其同類之社會團體，顯一競爭性。對異類之團體則或相需，而亦可相排。由此而西方式社會團體間，特多衝突與鬥爭。而對國家、法律、政府權力之制裁之需要，亦更形迫切。而此種社會團體之本一公共目標，以集合個人，恒初是因諸個人之原分別抱同樣之目標，或由極少個人之宣傳他人，影响他人，以使之抱同樣之目標。而各個人之集合，以從事一共同之事業，初亦可只是各欲達其私慾之目標。因此種個人與個人之集合，初不能免於個人之互視其他個人之活動爲手段工具，即不能免於個人與個人之互相利用的動機。（後乃可漸由對此共同目標之共同自覺，而發展出依於道德理性而生之對團體之道德責任。此如前所說。）因而此種團體，在一階段中，其發展其自己之歷史，遂恆爲與人之逐私利之欲，及求公益之心，夾雜同流之歷史。而個人之道德理性，在此恆只能得其極少量之客觀化。此即只重此類社會團體之缺點。

然而，在依於「求配合貫通各社會團體組織與個人之目標與活動之精神要求」而生之國家理念，及與此理念相應之政治意識及政治活動，則實爲最能使個人之道德理性，有最廣度之客觀化之表現者。因此精神要求，乃依於一超越特定之社會團體組織之限制，與我個人之求私利的目標與活動之限制而生者也。然人之政治意識、政治活動之基礎，仍在社會之個人，及社會之各種團體組織。如一社會中之個人與其團體之組織，多受人之自求私利之動機之支配，則必轉而影响人之政治意識、政治活動，而使之亦成爲助人之達其私利之目標者。而現代國家中，一出身於或代表一種社會團體組織一類社會事業之政治家，亦恆不免有：只求其所出身所自或所代表之社會團體組織、或事業之發展之偏見。又因一社會組織事業，乃依於一抽象之共同目標而形成，此抽象之目標，如宗教上、經濟上之目標，恆可超越國家之限制，而求透至國外之人心，或吸注此國外之人心，共參加此組織與事業，由是而此團體組織與事業之勢力，可及於國外。於是人之欲發展此團體組織事業之意識，亦可轉而要求整個國家之政治力量，幫助此團體此事業之向國外發展。而一國中各種社會團體組織事業，如均欲膨脹勢力至國外，則此國家之政治，即必逐漸成爲帝國主義之政治。而此國中人之愛國建國之理性的心靈，亦即互不免順此國中人欲膨脹勢力於國外之要求，而成爲此國中人欲膨脹勢力於國外之慾望的工具。而此時之政府中人，如又兼爲權力欲極强，好大喜功之慾發達者，則此國家政治，更易化爲帝國主義之政治。此皆理有必然者也。

（十）理想的中國社會國家之組織之一圖像

由上段之評論，我們可說中西社會文化中，過去所重社會政治之團體組織，乃互有長短得失，而適足以相補以救弊。吾人不當謂中國傳統文化所重之倫理關係倫理組織爲當廢，因捨此個人對個人之倫理的情義，則個人不能有眼前當下的、隨處可得的、依理性的心靈以客觀化普遍化其自我之道路。我們永不能以中國過去形態之講學會、詩酒會、同鄉會、宗親會、以至金蘭結義之團體等，在今日即不當存在。此種較鬆懈，不重組織形式，無一定事業目標的人與人之聚會結合，在西方亦不是莫有。如歐洲十八世紀以來之沙龍及費邊社之原始形態，都是一類。但其重要性，在西方，爲他類社會團體所掩。須知此種我與人不重形式的聚會結合中，最可有我之整個心與他人整個心之自由的多面的接觸。而此中我與人之互相欣賞、同情、互相了解，我與人以其精神的光量，互相潤澤，即有一圓活進行的、人與我之互相客觀化其自己、而內在於他人之不斷的歷程。而此亦為人之道德理性的心靈之表現其自己，所理當要求者。此種方式的人與人之結合，現代人以過於忙迫，故恆不認識其無用之用。故今一言團體結合，人卽首想到組織形式與事業目標。須知凡重事業目標之凸出及組織形式之團體，以吾常用之名詞言之，都是方以智的。以圖像喻之，卽為角錐式的，其對外有尖銳性。因而各此類之團體間，必然多衝突。此處只恃法律與政府權力之制裁，並不能融解其衝突於無形。而此種不重組織形式、事業目標的人與人之團體結合，與中國式倫理關係，則是圓而神的。故我喻前者中人與我心之關係，如玉環之相連，鏡之互照。喻後者中人與我心之關係，如光暈之相涵，如橡皮球之相容讓。而此二者，皆可使人與人習於相容讓而和融。此皆已如前說。由是而此後二者之存在於社會，而運於各種尖銳性的角椎式現代社團間，卽可銷解無數衝突於無形。此中之無用之用，實吾人所不當忽者也。

然吾人復須知，吾人理想的中國社會中，亦復不當只有舊式之倫理關係，鬆懈的社會團體及人與人之結合，及渾淪的和融無間之民族意識，汗漫無邊之天下觀念。除此外，尙必須發展出現代式之社會團體組織與國家組織。此不僅因中國近百年來，與西方之國家，及其向外侵略之有組織的經濟、軍事、政治、宗教、文化之勢力相遇，我們隨處發現西方之角椎式的組織團體，與「如由多角椎體組成之堅硬的水晶式國家」之動進力量，可將如玉環之中國式倫理關係，加以敲斷；對如橡皮袋、橡皮球之中國人之團體與個人關係，加以壓迫，加以戳破，使之洩氣；而是因吾人之理性的心靈之只客觀化於中國式之倫理關係與舊日之團體與民族意識中，尙不足表現此理性的心靈之客觀化其自身之全體大用。此卽因吾人整個心靈之活動，原有不同的分殊的方面或種類。每一方面種類，皆可說爲吾人之一部份心之活動。吾人如要依理性的心靈，以使此各部份心之活動，得其客觀化普遍化，卽必須使我之各部份心之活動，分別與其他人之部份心之活動，互相聯結，而分別與他人，抱種種共同之目標，以成就種種社會之事業，而形成各種社會之團體組織。又依於吾人之理性的心靈之統一性，吾人復必當求此諸社會團體組織、社會事業，與各個人之目標活動，互相配合和諧於一整個國家之組織中。凡此等等，讀者可細覽前文所說，便知此中理之所必至，而更無游移。

由上文所論之二面之綜合，而直在吾人之理性的心靈之全體大用上立根，則吾人理想中之中國國家社會，乃當兼具上述四類之人與人之組織關係者。卽非一只重玉環式兩鏡互照式之倫理關係，與光暈相涵式橡皮球相讓式之一般的人與人關係者；而亦非只重角錐式之尖銳式的現代社會團體，與如由角錐體組成之堅硬的水晶式之現代國家組織者。而當是如外象天圓而內象地方之大青銅錢式。吾作此喩，實具苦心。讀者如將前文所論，全部融化，則必會歸於此一圖像式之語言，以對前文所說，有一直覺的理解。青銅錢之外圓者，喩其爲非侵畧的，而可與他國和融相處者。內方者，言此國家之內部，必實顯縱橫皆有直綫之文理。此縱橫直線所成之方，卽以喩互相關聯以經緯整個國家社會之諸社會團體組織，所以代上列方圖之全體者。而國家中之諸個人，卽以四方角喩之。唯此大青銅錢四方之角背後，皆可繪若干大大小小方形，皆有其四角，而每一角亦皆可喻一個人。於是每一方形之角，皆可由直線，以貫穿至其所背負之諸方形之角。吾卽可以每一方形之角，與其所背負之其他方形之角，同爲一直線所貫穿，喻一個人與其他個人間之一定的倫理關係。於此再以此直線之直通向圓之一端移動而成之弧面中，所包含之諸點之範圍，喻個人除在此確定的倫理關係外，所可能「與之直接相遇以結合，而另無結合以外之目標之諸個人」之範圍。此圓弧之可爲無一定大小者，卽以喻此諸範圍之無定限。而于每一方形之一角之有分別通向兩邊之直線，卽以喻一個人之有分別與其他個人抱共同目標，而從事共同事業，所成之各種現代式之社會團體組織。而一角之對方之二直線，卽以喻個人不直接參加之其他社會團體組織，而間接的聯繫我所直接參加之諸社會團體組織者。（此以代上圖中BD及GF等）。此整個方形四角前之四空處，皆可通於四邊之諸社會團體組織及整個之圓者，吾以喻諸個人之「求配合貫通各社會團體與個人之目的活動」之政治意識政治活動。此諸四角前，四空處本身，又爲互相貫通透明者，吾卽以喻諸個人之政治意識政治活動之互相涵攝，互相內在而互相保證，所成立之民主立憲的政治意識。這些比喻，雖然似乎機械，但是亦確可顯出本文之全部意思。本文所說的實在亦莫有別的，只是我心中的這一個大青銅錢。此雖似笑話，亦卽眞實。在笑話中看出眞實，則期待於讀者的會心。今再繪一圖如下，以助讀者之親切的加以把握。

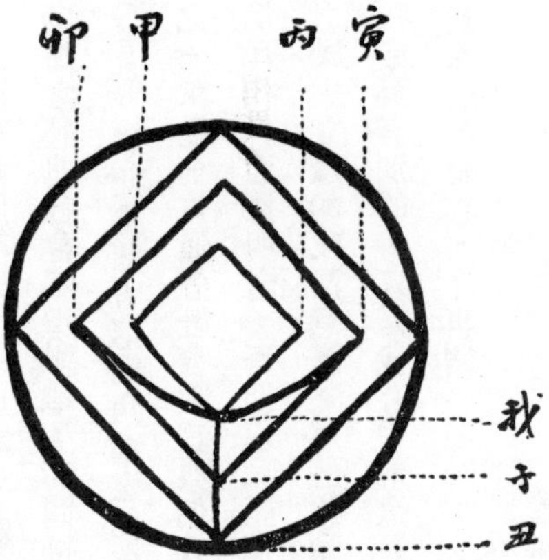

附圖乙——

我與諸個人發生諸社會關係圖

說　明：

一、子丑表示與我有直接倫理關係之諸個人。

二、寅、卯線表示與我直接相遇以結合而無結合以外之目標，所形成之中國式之社會團體中之其他諸個人。

三、甲丙表示以一抽象共同目標爲媒介，與我結合以從事共同事業，同屬于一現代式社會團體組織之諸個人。

（十一）依於道德理性的心靈之間接的以天下爲己任與民主的建國精神

我們上文所說之全部意思，是要打破今之中國思想中，一切只重個人或只重社會團體組織或只重國家的偏見，及忽畧中國傳統式的倫理關係社會團體之價值，與忽畧西方現代式之社會團體與國家組織之價值的偏見。而其正面的意思，則是指出人之理性的道德的心靈之全體大用之彰露，必求同時尊重個人，與社會之團體組織及國家，同時肯定中西社會文化分別所重的，人與人之心靈之聯結組織之方式之價值。一切曲折的話，都是只為達到此一結論。其中的話，不完足的地方可能很多，但在大體上，當足够達到此一結論。如果此一結論不錯，則我們今要求建國，決無只重視國家，或社會團體組織或政黨組織，而看輕個人，視個人為國家社會之一細胞、一機器零件之理。此不僅因社會國家乃由個人組成，而是因社會國家之理念，原內在於個人之理性心靈。個人之理性的心靈，能超越地涵蓋社會國家。如何個人可喻如一有機體之細胞或機器零件？但是同時我們亦絕無只重個人，視社會國家之組織只為個人達其目的的工具、手段、用器之理。社會國家乃由我與我以外之許多個人組成，此諸個人各有其自由權利，任一個人不當成為另一個人之手段工具用器。我須尊重其他個人之自由權利，並當參加民主政制之建立，求保障我與人之自由權利。如何我與其他個人合以組成且同存在於其中之社會國家之全體，反可稱為個人之手段工具用器？我們說個人具無限價值，有至高無上的人格尊嚴，唯依其具道德的理性的心靈。卽在他是一個人而又能超越他個人，以尊重其他個人，尊重他與其他個人合以組成之社會組織與國家者。是見一個人如要自尊而眞求自立，則必然要去尊重、去建立其自己生命所屬、生活所關之社會組織與國家。反之，如不去尊重後者，或後者未建立起來，則其個人必尙未能眞正的自尊。其個人亦未能眞建立起來。自尊自立的人，必然不容已的要去建立其所在之社會國家。他在此是求盡他自己之力去建立，亦卽同時必然求與同在一社會國家之一切個人合力去建立。立己、立人、立國，在此是三位一體。有則俱有，無則俱無。這個地方，人對義理上之必然、當然、定然，如果看得淸，拿得穩，則在自己之生命所屬、生活所關之社會混亂、國家危亡的時候，個人的心靈內部，卽感到一種內在的混亂，內在的危亡，個人無論如何是不能自安，而不能容許自遁於所在之社會國家之外，而求自逸的。此是一無可奈何。然人最高的尊嚴，卽見於他之願承担此無可奈何。如我是中國人，我奈何能不是？此乃一不能不是。如果說可不是，則此我只是意想中的假我，而不是眞實存在的具體的我。所以我如果要依於具體的我之無上尊嚴，而自尊自立，我卽必然要與他人合力，去把中國建立起來。此外絕無他路可走，這是一絕對必然而具體的眞理。我個人與我所屬之國家社會之關係，在此是一千眞萬確的血肉不可分的關係。個人的前途，個人的命運，個人的責任，個人的價值，個人的無上尊嚴，全部都在此血肉不可分的關係裏。我們必求生活在此關係裏，我們才能有眞正的建國精神。

但是這個眞正的建國精神，我們決不要誤會爲一種要我們自覺居於社會國家之上，以攬天下之權，以治天下之意識，亦當不是一種要我們自上而下的，以拯救斯民而直接以天下爲己任的精神。後一種精神，其動機亦可極偉大，但不是民主的。民主的以天下爲己任之精神，是就在我自己當前的地位這裏，把天下國家的責任承担起來，而不是把我之心靈直安放在天下之上。由此才可杜絕一切極權的意識產生之可能。更非必如中國從前讀書人之待得君以行道。因有待，就使行道之事有間斷。行道之事不能有待。由是而最高的以天下爲己任，卽是站在我自己當前的社會地位上，把天下國家的責任承担起來。此承担，只是在自己這裏，升起一種志氣，以關心天下國家。此志氣，因其依道德的理性的心靈而發，亦卽是要涵蓋天下國家的。但此涵蓋，不是我自居於天下國家之上，而只是升起我心靈的光輝，以照耀天下國家，如夜間的探照燈之照耀四方。無數的人，共持探照燈，照得上天下地如白晝，而各人亦仍各在他原來的地位裏。此卽比喻，每人之建國的精神志氣，雖可涵蓋天下國家，然而每一個人，亦儘可只作他份內當作的事。只要此事是當作的，合理的，而可與一切人所當作而合理之事，配合貫通，以達於建立社會國家之目的，卽是建國之事。如我們無論作什麼事，都能先問其是否當作，是否合理，是否可與他人所作之當作合理之事，配合貫通，以達建國目的，我們所作之事，卽是依於建國精神而作之事。人在此，則所作之事，雖至近至小，而只在地上，而其意義與價值，則亦正如探照燈之光，交會於天上，而至大亦至遠。當千萬探照燈齊照時，天上無限光明，分不清楚誰是誰發的光。但是一切持探照燈的人，同在此無限光明裏，看見其所發出的光明，與其餘人無限光明之交光互映，而發現其探照工作之價值與意義，與爲探照者之人格的尊嚴與神聖。此之謂人人同能具有的民主的建國精神之價值與意義，具民主的建國精神之人格之尊嚴與神聖，亦卽具民主的建國精神的人之以天下爲己任。此種以天下爲己任之精神，是人與人之平等的以天下爲己任，亦卽人與人之以天下爲己任之精神的光輝，是互相通過，互相交映，而互爲媒介，以合成一無限光輝的。所以我們亦可說之爲間接的以天下爲己任。本此種民主的建國精神，以天下爲己任之精神，人可從事任何事，而其活動皆有本文所謂建國的政治活動的意義，而不限于從事通常所謂狹義的實際政治活動。因而此說不涵有從事實際政治活動的人，高於其他種人之意，談政治高於談其他之意。因而體現最高的建國精神或間接以天下爲己任的精神，亦卽作本文所謂政治活動者，可以不必是從事實際的政治活動，而是作其他人生文化之活動的人。我們必須知道，實際的政治活動，與其他的人生文化活動之地位平等，然後才能使人人皆平等的具有民主的建國精神。（祖國周刊十二卷十期至十二期四十四年十二月）

拾壹、我們的精神病痛

——現代中國知識分子的精神病痛，其來源與後果

(一)一些感想

一年來我一直想寫此文，又時有不忍多言之感。但是近來有幾個刺激，使我縈迴於心，所以勉力寫此文。此文原名中國知識分子道德生活之重建。共分三篇。上篇卽此題，所論比較淺。中篇對現代中國知識分子的罪過之精神上的大赦之道路。下篇名反求諸己之精神，與現代文化生活之融通。中下篇是從更深處，論一些我們的精神上的自救之道。希讀者敎之。

我最近所受之幾個刺激，一是我最近得薈一病中的在美國之中國朋友令人感動的信。說到他自覺自己的德性，不如莫有什麼知識的鄉中父老遠甚。同時亦說到他所見的中國之學者名流，亦大都在人格上不及中國之鄉下人。以至說到現在辦敎育，亦尊師不如重道，因人師難求。又我一次偶然與一外國的基督敎徒，談到中國人的道德生活。我隨便說到現在是一變態的時期，中國人的道德生活，不免失常。但將來會逐漸恢復。他卽忽蹙額，如有所思，只說一難字。禮貌地轉到其他的話了。我數年

來，又在此間之外國大學兼課。據其中的職員說，外國人在外表上對中國人雖有禮貌，但在心底上總是看不起中國人的。我前天又在民主評論社，把大陸評梁漱溟先生的思想的文章找來看。看了其他好多哲學教授，被迫所作的批評辱駡的文章。此種種刺激，眞使人百感交集。究竟現代中國知識分子，是否還有在天地間存在的權利，都若使人不能無疑。

我並不承認中國之文化與哲學不及西方。亦不承認中國人之道德生活一定不如他人。至少中國的農民，下層的勞動人民之德性，是共產黨與非共產黨的人所共同承認的。對日抗戰時期，在緬甸作戰的中國士兵的英勇，是友邦軍隊所共稱讚的。千千萬萬在外國或殖民地工作的華工與華僑之勤儉忍耐，是中外人士所公認的。就是在香港，如果我們不着眼於高等華人，與一般知識分子，而着眼於下層人民，我們亦隨處可發見他們的勤儉忍耐。這幾年香港工業的發展，亦大部份是勤儉的華工之功。我住的房子窗門之對面，樓上有許多織席子爲生的女工。我每在半夜起來，總見她們在那裏工作。知識分子不祭祖了，但是下層人民在歲時過節，仍照常點香燭祭祀。知識分子反對孔子，但是曾經有一小布店的老闆來拜訪我，說他只知孔子好。而此地的外國兵士，恆一到星期六，便盡情享樂，夜深回營，常爛醉如泥。與他們同車，看看其身上的毛，總不免使人想到其入文明時期之短。在此點上，中國下層人民的樸實、勤儉、敦厚，無論如何是較可愛的。這種德性中，反映出中國數千年的文化之陶養的積累，通過自然的遺傳而表現。這使我們覺中國數千年的人，並未白活。亦使我們感悟到我們之天賦德性，並不比人差。我們於此，當有以自慰。

（二）畧說西方宗教與道德之關係及反求諸己的精神

但是拿我們知識分子與西方知識分子一比，特出者不論，最深處之心地亦不論。至少就一般表面看，我們不能不在許多地方，生自愧不如之感。譬如他們遇事認眞，我們遇事敷衍。他們比較率直爽快，我們表裏不合一，過多機心。他們比較團結，我們喜歡互相傾軋。他們自尊，我們卑屈。他們更能實幹，我們善於取巧。而居於中西之間作媒介的中國知識分子之德性，尤為難於敦厚。因為居中，更易取巧。這些不如人的地方，可說者太多。但這是我們之天賦的德性不如人嗎？決不是。這關鍵純在社會文化。而社會文化之中，關聯於道德而最重要的一點，是他們有宗敎，而我們失去了我們的敎。其所以失去，由於中西文化之衝擊。對於這話，有各種不同方面、不同深度之話可說。我以前亦說了許多，但本文想從另一點來說。

為什麼他們的宗敎可以成為道德的力量之源？現在我要說的一點是，宗敎使人的精神超越外面的現實世界，暫忘我與其他人物的一切利害恩怨等現實的關係，而回到自己，照見自己之罪過。究竟一基督敎徒在禮拜堂或家中，祈禱上帝，或受聖靈感動時，所體驗的是什麼，此各人可以有很大的不同。其中亦可有種種深遠的心靈境界。但是最低限度，一上帝之名號，即可把人之精神從現實世界中暫向上提起；而生一種精神上的超拔。這一精神上超拔之本身，即已是一罪過的超拔。而由此超拔所引生之精神上的生長，同時即能回頭照見自己的罪過。而此時之求耶穌赦罪，亦即至少是一自己精神之把自己之罪過，向外推開，而得一當下的淨化。人能於此直下承擔此淨化，即可逐步建設其道德生活。而在此中，人之超越一切對現實事物之私慾雜念，而自見己過，即是一內在精神之生長的直道。此中可一無躲閃，無法作僞。而此直道之伸展，究竟止於何處，則全看人的工夫，其中有種種複雜問題，眞正從事基督的靈修者，當能道之。一般基督敎徒，當然不必說得上。然而人終可多少由眞信仰基督敎，而有所助於其道德生活之提昇，則毫無問題。

我在十多年前即由我自己的體驗，及中西若干哲學的印證，覺悟到人之一切道德生活之根源，皆在自己對於自己的超越，而面對自己的過失。並本此意寫了道德自我之建立一書，但當時較不看重基督敎。近年來稍多看他們的書，設身處地想敎徒的心境，知其宗敎哲學理論，雖問題甚多，其修養工夫，亦尙多不如佛家與宋明儒之能鞭辟入裏，其對中國文化態度，尤多偏見。但對一般普通人之實際道德生活的陶冶，仍有其甚高之價值。我回頭再來看中國儒家，亦更了解儒家之眞骨髓所在，亦即自己的超越而面對自己的過失的精神。而此精神，在此數十年的中西文化的衝激中，及學者們的隨便講述中，幾整個的淪喪了。

儒家這種精神，即孔子所謂君子求諸己，及中庸所謂愼獨，大學所謂毋自欺，從來陽明所謂致良知。這些話涵義有各種深淺之程度講法，本文亦不想多說，只說一點。卽這些話都是表示一種精神上之最高的凝聚，從整個的外面世界，收歸自己，而使自己過失，呈露在知過的自己之前。此知過的自己，斷然與有過的自己，初必顯爲上下之二層，其合一由於改過之功夫。而此知過的自己所發之好惡，與一般之好惡，初亦斷然爲上下之二層，是爲良知之好惡。良知之好惡，是對自己之意念行爲之好惡，決非好惡一外在的東西。如好好色，如惡惡臭，乃比喩此中之卽知卽好，卽知卽惡，知行不二。並非說好權、好名、好色、好貨、好惡外面的好色惡臭，都是良知。良知祇直接與自己照面，故能知過，而此知過的良知之自己，究竟是什麼？人只要無意見私慾之蔽，本來當下明白。但如果人一直向上去看，則又是淵淵其淵，浩浩其天，畢竟是天人不二之道心。儒家之學，必須要由反求諸己，去向上認識，才是正途，才有眞工夫可說，才有人生之直道可說。對中庸所謂戒愼乎其所不睹，恐懼乎其所不聞，所謂愼獨，大學所謂毋自欺，陽明所謂致良知，是怎樣一回事，乃能眞實得見。而儒學之莊嚴義，與一般世學之不同，亦才能如實的顯出。

（三）我所了解的老一代的人

這一路學問，由宋明理學直向高明處去講，可以比基督敎的敎義還要高。因此中之天人合一之心，是正面的呈現的，兼超越義與內在義的。但這些話只當一陣話說，莫有什麼意思，本文亦不擬論此。我現在只擬說原於此儒學精神的陶養，我所接觸的一些中國之老輩的人物之幾點外表的一般德性之表現，與其近數十年之所以喪失，而致中國知識份子道德崩潰之原因。這樣說來，似乎比較平易親切一點。

我生在中國的西陲，而且生時太晚，實在莫有接觸多少今在七八十歲以上之老輩人物。但是據我所接觸者說，我不能不承認他們都是較能有君子求諸己的精神的。大約求諸己的人，總能看見他自己的一些過失與不足之處。而人在看見自己之過失與不足之處時，人同時即能超越他自己，而冒出一超越的精神風度，而以此精神風度去推尊古人，與朋友交，同時去提携後輩。此數者實依一根而俱起。而對於學問之莊嚴感，不忍學術之斷絕，不忍歷史文化之斷絕之悱惻之心，亦一時起來。而我們亦可由其外表之此各種表現，以知其內心之工夫。這中間很難作僞與假借。而我所接觸的老輩，確正是多有此各種表現的，而愈是在我的故鄉之偏遠之地，愈使人感到此種古道之猶存。

我的故鄉是四川，四川人本富一些文人氣習。而近代王壬秋先生之講學成都尊經書院，所開的風氣，亦是文人氣重。王先生亦本是一文人，而非儒林傳中人物。但是他所講的書，畢竟還是些正統的書。所以尊經書院出來的人之流風餘韵，還是保持中國舊文化的傳統的。我曾多少生活於此舊文化環境中。別的不說，只是一些老輩的人之師友之道，就是我後來在任何地方不曾看見的。以我父親來說，他四十多歲就過世了。我當時只有二十二歲。但是幾乎凡是父親的朋友與學生，都一直關心照護我之母親弟妹。而父親的朋友們，從不當面稱許我，而祇是在背後為我揄揚，使我得許多方便。他們的友道，與對於後進的愛護，除了純由於中國文化的陶養還有什麼？多年的經驗，我常覺愈是在邊遠的地方的讀書人，愈是比通都大邑的名流學者之人品高。不過他們恆以少交遊，少與人聲氣相通，便漸被推到學術政治社會之中心外去。這中間有極大的不公平。而愈是未受新式教育，而年齡較老的讀書人，愈富學術文化之莊嚴感與悱惻感，愈能覺自己之不足，而愈能有師友之道，而眞愛護後進也以德。這些話我亦實不容自昧而不說。

至於後來至我們這一代的中國知識分子之所以不行，則其癥結所在，即在其既失去眞正中國文化的陶養，亦未受佛教或基督教之陶養。由此而精神不能向內向上，而總是向外向下。這個病痛，實在深入骨髓，我自己亦不能自外，總覺收攝不住，提挈不起。所以不能顯出眞正的內在的精神力量。這是一時代的共同病痛。我不想責備他人，但是我仍不能不本些我親身的經驗，指出此病痛之來源。

（四）向外用的理性批評態度之流弊所極，為共產黨之強迫他人作自我檢討

這病痛之來源，是西方文化對中國文化之衝擊。對於這件事祇有中國人身當其衝的才知道。而我

這種處於邊遠之地，而後來又南北讀書，今又來香港的人，更有一親切的感觸。我在民國十四年，便到了北平，亦曾讀過被譽爲中國現代文化之發源地的北京大學，聽過當時許多名人演講。但是我總覺他們似乎都缺乏一種東西。到現在我知道是一種宗敎道德的力量。現在的人，大家稱讚新文化運動與北京大學。我亦承認他們提倡科學民主自由思想的價值。而且我最近，還曾在其他雜誌寫文，總括新文化運動之長處，在表現一自然心靈的朝氣。但是，他們不知注意到這些東西，在中國文化之何處生根——關於這些我們數年來所論已多，至少值得大家參考——同時中國傳統讀書人的道德精神的崩潰，亦始於新文化運動與北京大學。這却是一個大家忽畧的眞理。我決無意否認陳獨秀胡適之諸先生的人格之價值，實際上他們之對家庭朋友，還是受了中國文化的陶養的。我的意思是指由此所開的風氣。此風氣從好處看，除上所說以外，當然洗滌許多中國舊文化是汚垢，但是從壞處說，其似不壞而實大壞之一點，是失去反求諸己之精神，而將一切理性的批評能力向外用。緣是而發展，最後卽成今之共產黨之强迫他人之作自我批評。這中間的道德精神之次第降落，以迄於今，眞是其幾至微。然而我們若不能在此至微處，加以認識，則以後的情形，還要更壞。所以我不能不把此大家忽畧的眞理，加以指出。

大家說新文化運動及北京大學之提倡自由批評、自由講學的風氣是好的。這當然不錯。但是從人之道德生活上說，人之最大的批評之對象，祇是我們自己。我們之理性的批評能力，祇有其對我們自己，才有其最直接的表現。依此，中國傳統儒家總是要人內省，要人能自見其過而內自訟。這是中國歷代儒者唯一眞正用力之所在。直到曾國藩之日記，還是處處表現自己對自己的責備。梁任公先生作明儒學案的節錄，其上的眉批，還是有不少自責的話。歐陽先生、熊先生常有自覺「知及之，仁不能守之」的實感，見於其書信，寫來使人感動。這種地方，卽表示他們畢竟是此道上的人。但對於新文化運動時北京大學的先生們，我卽總抱憾，看不見他們自己責備自己的話，自己承認自己有罪過及有所不足的話。他們所說的中國社會文化與孔子之缺點壞處，可能都是眞的，而不要人由孔子馬克思揑着鼻子走，亦表示一自尊的精神。但是爲什麼一切錯誤，都在外邊的中國社會中國之文化歷史呢？自由批評、自由講學，本來是好的。但是我看不出北大的風氣中，各敎授各在自己的敎室中，互相說輕薄話、俏皮話、刻薄話來罵他人，有什麼可貴的地方。這不是共面對眞理的互相討論學術，這實際上只是彼此爭名鬥勝。蔡元培先生之虛己求賢，大度包容，亦非後來辦學者之所易及。但是實際上後來之派系林立，他仍是畢竟包容不了的。後來北大的文化勢力遍了中國。人們可以說，這是內部容不了許多派系，所以才只有分別向外發展。北大在文化敎育界的勢力之橫霸性，引起南方東大中大等及北方清華之對抗。再後又轉成政治勢力與學術敎育之結合的鬥爭。這些事實，已成公開的秘密，無能爲諱。人與人之爭，本來任何時任何處在所難免。但是照道理說，似乎不應當這樣嚴重。而其竟然如此者，則追原究本，正在新文化運動以後知識分子之理性的批評能力，都只偏在向外施用。首先批評中國文化不好，把一切災難與罪過，寫在古人的賬上。而次一步，則是互相攻擊，總是說別人如何壞。實際上，中國人的道德批評的能力，原是很高的。這是由傳統的中國文化中重自我之道德反省，訓練出來的能力。現在不將此能力對自己使用，而專來對他人使用，結果即成爲最厲害的批評家。對於這一點，無徵不信，我只就二三十年之文章之喜說輕薄話、刻毒話一點來說。

照中國從前的道理，對於小人與欺世盜名、不仁而在高位的人，是可加以義正辭嚴的責備的。但輕薄與刻毒話却是不能說在口中的。至於對於一般人，則雖不必如「聞人過失如聞父母之名」那麼全不說，但總要包涵幾分。縱然有時閒談之間，偶爾宣之於口，但亦決不形諸文字。但是從新文化運動以後寫白話文，既然可以「有什麼話便說什麼話，要怎樣說便怎樣說」，遂日益不以說輕薄刻毒話爲怪，而或以不能說爲恥。所以如魯迅這種專門說刻毒話之人，亦會成爲文壇領袖，亦有人專門講究罵人的藝術。而共產黨的文化運動，即是從罵人起家的。但是近來他們的文章，却不大罵人了。因爲他現在只要人罵他自己；自己淸算自己。這正是證明罵人的終點，即是要人罵他自己，而强迫人作自我檢討。而罵人的始點，則在人之理性的批評能力之向外用。理性的批評之能力之只向外用，由於其不向內用，完全忘了儒家所倡之內省求諸己之義。而在中國知識分子之忘了儒家之內省求諸己之義，必歸到現在之被人逼迫，來作自我反省自我淸算，亦正是理之無可逃。然而此中間，却有無限的寃枉。因爲造罪的人與受罪的人，並不是一個，而使人受罪的人本身，更在造罪。此中寃寃相報，終不知何時了也。

（五）向外用之理性批評與知識分子之精神上的空虛與孤獨

在重視向外用的理性批評的人之自辯的理由，恆是說我們必須要除惡務盡，對於不好的東西容忍，如對敵人容忍，卽對好的東西與朋友殘忍。而且只有如此無所忌憚的批評，才顯出我們之自由的心靈的力量，能不受一切世故人情的拘束。這些話當然都不錯。但是這些都須先由一個本發出。此本只能是人先有理性的批評能力之向內用。如果莫有這個本，則愈重視向外用的理性批評的人，皆愈似有力而實無力，同時，永不能建立眞正的是非，亦不能有眞朋友，而使師友之道趨於淪喪。亦失去一切學問之莊嚴感，不忍學脈之斷絕，歷史文化之斷絕的悱惻感。

祇是向外用理性批評力的人，所以似有力而實無力，可說是因此向外用之理性批評力，與人之向外求知識的理智力，乃相依而發。此都是只耗竭其心力於對象之前。其所得者，只爲一抽象而乾枯之概念。一切抽象乾枯之概念之內在價值，祇止於其形成之際。此外便祇是其外在的應用價值、功利價值了。如不應用，則一切抽象乾枯之概念之存積於心，並不能補償心靈的空虛無力。只是用理性批評力，以說在我以外者之不好的人，其心靈尤必然是歸於空虛無力的。此中之理由，除因我說別人不好，是應用一概念於人，對人形成一概念，此概念既形成，其自身本要完的。又因我說人不好，同時卽對之有一種依於惡惡之心而生之排拒。旣排拒了，我心中亦應當一無所有的。此無所有中，卽有一空虛，要不空虛只有轉化爲望人好，或見不賢而內自省。否則便只有不斷去尋求人不好處而說之，或更刻薄的說之。此是依於空虛之必求塡補之原理。而由此後者，我們便了解人之只向外用其理性批評力，最後必使人一步一步的下流於全不服善與尖酸刻薄的罵人。而其終點，則是強迫他人來否定其自己。卽共產黨之所爲。而這種人自己的心靈，亦都正是一步一步走向空虛，而自己否定其自己的，最後是無力的。

我前後在中國大學任敎，已近二十年，總敎過六七個大學，連我所讀過的三個大學，已經歷過十個大學。但是我不能不說今日代表中國之最高地位的知識分子之大學敎授，其心靈大均是空虛無力的。我並非一定要自居例外。這是一個事實。我不是說他們莫有知識學問，莫有理智的能力。這些地方實多超過老一代的讀書人，亦不必不如西方學者。我所奇怪的是，他們大多莫有道義上的朋友。同事之間，最好亦只是以學問與趣相結合。通常却是同行如敵國。分別與他們談話，他們多似能本其自由理性，以批評一切，如一頂天立地的自由人。然而對他自己以外之歷史文化、社會人物，却很少敬意。在此點上，我卽發現了其心靈大都是空虛無力的，而非常寂寞的。實際上，對有些學問知識的人之寂寞，我有時亦生一種同情。但是在此，恆愛莫能助。通常人想一有學問知識而又聰明的人，應當生活得很好，而且一定交游朋友很多。但是實際上可並不然。這中間的道理，在於用在一般學問知識上的聰明，他所認得的，只是抽象概念與文字符號。這個聰明，本身是認不得人的。亦不會結交朋友的。這個聰明本身，亦不會佩服他人的學問，他人的聰明。因爲依此聰明，如果我眞了解他人的學問知識，則他人之學問知識，已爲我所了解，而屬於我，我不須佩服他人。如果我不了解，則與我不相干，我亦不須佩服他人。如果我的聰明够了解他人之聰明，則我有他人聰明以上之聰明，不須佩服人。如果不够，則他人之聰明非我之所知，亦不須佩服人。人如祇用其聰明看世界，人總是惟我獨尊，空前絕後的。因此聰明，總是可漫天蓋地，把我所接之一切壓在下面的。這是不能有師友的。實際上人之能佩服人、讚美人、欣賞人、愛護人期望人而有師友，與人之能有學問之莊嚴感，不忍學脈之斷絕、歷史文化之斷絕，乃同根而發。而此根不是人之一般的聰明。用此一般的聰明，只能歸到個人主義之孤獨寂寞。此根是個人之眞承認自己之有所不足、有過失，而肯定一超個人而存在的東西，此承認與肯定，皆發自性情與緣性情而生之智慧，而不原於一般聰明。

在西方的文化中，宗敎信仰是使人自己認罪而自感不足的。這便使人承認他自己的有限。而在人承認自己有限的地方，卽冒出一無限的嚮往。此嚮往可只是一精神的虛廓。但人有此精神的虛廓，便可容納他人，招待他人，而對人有愛敬。在西方，不信宗敎的人，則或信一客觀的理型世界、價値世界、眞理世界、自然世界之存在，覺我與他人並立於此世界前，向之探求，則我亦可在此世界前限制我自己，而肯定他人，尊重他人。由此亦可有眞正學問上的朋友。而此二種信仰，因皆能使人超越他自己，遂亦可進而成就學問之莊嚴感，及一種不忍學脈之斷絕、歷史文化之斷絕的超越情感。

(六) 超越感情與個人之精神力量

至於在從前的中國，則不是以上帝或客觀眞理之世界的理念，來限制自己。而是用反求諸己，每人對其過失之內省與個人之謙德，卽對他人之禮，來限制自己。人一反求諸己，則人之漫天蓋地的聰明，便不祇是一往向外鋪，向外流，而向自己內心與生活中，浸潤進去，凹入進去。此聰明卽同時落實，而回到他所自發的根，再由其根以滋養他自己，孳生他自己。人之聰明，遂不是用一分少一分，而可泉源混混，不舍晝夜而出。人遂能感一心靈之內在的充實。而在另一方面，當人如是反求諸己，而聰明內浸內凹時，心靈之前面的道路，卽空出。或心靈之前面的空間，卽開廓出來，而能讓人走，望人走，或接待人。於此，人之心靈卽一方看見自己之限制，一方能眞正的佩服人、讚美人、欣賞人、愛護人、期望人、而可以結交師友。在此人之結交師友，是以其心靈之前面空間去結交，亦卽以一自覺若無所有之心情去結交。而此則原於一般聰明之內浸內凹，而如不見聰明，是謂顏淵之如愚，是謂孔子之空空如也，是謂謙德。而此空空如也與如愚，卽同時有一精神之落實。

由此精神之落實，乃與我之自覺有過失有不足，而自覺有限之感相俱。有過的我，與知過的我二者間，有一相持而相拒。有限的我與我外之他人、師友、古人有一相望而要求。而此中則可孳生各種內心中的精神上的顫動。此顫動卽一種悱惻之感、惻隱之心。其中所含之一事，卽爲學問之莊嚴感，與不忍學脈之斷絕，歷史文化之斷絕的超越感情。而此感情，卽能使個人產生無盡之力量者。

人由反求諸己，而心靈前面的道路空出，他不能不望人走。他亦要求此空出處之充實。而此充實亦是永不能圓滿完成的。因爲自己有過失，他人亦有過失。人總是有過的。德性上之學問無窮，一般知識上的學問亦無窮，而人之道德上之功夫無窮，求眞理之心無窮。以上述落實的精神，照映無窮，而此無窮，亦卽不是虛的無窮，而是能引發人之一學問之無窮莊嚴之實感的， 同時能在實際上引出人之無窮的願望的，此願望在原則上可上通千古，下通百世。由是而人之歷史文化之意識以成，不忍學脈之斷絕、歷史文化之斷絕之心以出。而中國古人之能殺生成仁，捨身取義的精神，亦大皆由此以滋生。

新文化運動以來至今，人們或以爲只要個人自覺其人格的尊嚴與天賦人權，便可創造文化，反抗一切的暴政。但是人們又在奇怪爲什麽數十年之國破家亡，不出忠烈的殉難殉節之士。實際上，我們不能希望他人殉難殉節。這只是人之自願。工夫不到，勉强亦勉强不來。問題祇在中國古人何以能如此？這決不是祇賴天賦人權之自覺，個人人格尊嚴之自覺，便能成仁取義。這些自覺，只是一民主政治的必須條件。實際上個人的道德感，至少在初步，必須由體驗他人或古人的道德感而增益。而人若無一永恆的願望，望道之不絕於天壤之間，以其不絕，爲其自己之存在，個人是很難以身殉道的。文天祥如果不是想到其前之無數表現正氣之先烈，想着「哲人日已遠，典型在宿昔」。想着「讀聖賢書，所學何事」；史可法如果不想着左忠毅公對他之期望等，他們的忠烈殉難之力量之事是否必有，亦是很難說的。中國過去大儒之歷盡艱難困苦，以保存學術文化之命脈，都不是只出於保個人人格尊嚴之一念，而皆是由於欲上通千古而守先，下通百世而待後之超越感情而生之力量。於此，如人之智慧，更能向上達高明之境，由此欲上通千古下通百世之超越感情，以自覺到此情所自發的無古無今千聖一心之先天性體，誠然亦可一切自作主宰，更無假借於古人。如宋明陸王之學所達之境界。但是此亦非止於一般所謂個人之人格尊嚴，而是上述之超越感情，經已呈露後之回頭所見。入路還是要經過上述之超越感情。而現代中國知識分子於此類之義，則一步一步不能識取。此其所以日益無力氣，而祇有一步一步向下墮落也。

（七）青年之崇拜與青年及中年老年之精神分離

本來清代二百六十年之學風，是接不上眞正的宋明儒學之精神的，至晚淸而日益下降。但是儒家精神之流風遺澤之所及，而表現於老一輩之讀書人者，仍與後來不同。據我直接的接觸之所了解，此中最重要的一點，即他們仍大都是具我上述之一種守先待後之超越感情的。由此超越感情之守先，使人前有所承，而其精神有一內在的厚度，與內在的安穩。由此超越感情之待後，故能自覺其所不足與限制，而對朋友有畏敬，對後生能愛護，而愛之也有其道。不當面與青年以稱譽，以長其自滿之心與驕氣，而於背後與以提携與扶持，卽中國老輩讀書人栽培後輩之一道。這是我個人所曾感受的。而我個人自覺性情尙不算很薄之一點，則是對於當面對我不肯假借，而加以責斥的長輩，最使我沒齒難忘。但是在新文化運動以後的風氣中，一最顯著的現象，卽大家無條件的歌頌青年崇拜青年。我記得新文化運動時李大釗曾寫文論青春，頌青年。此文就文章說，亦不錯。當時錢玄同曾說四十歲以上的人，皆不當存在。他自己亦不願過四十歲。後來他亦四十多歲就死了。在抗戰時期，我又見郭沫若一文說，我們當以青年爲父母而仿效之。此外同類之話，多不勝數。當文化變動的時代，中年以上的人，恆是比較保守的。寄新希望於青年，本是不可免的現象，亦是應當的，我現在亦還是寄希望於青年。從前中國人之過度的尊重老年，要人少年卽作出老成的樣子，亦不必是好。而青年之比較天眞、熱情、純潔、富於朝氣活力、能企慕理想，亦原是可愛的。但是由此而中年人老年人不努力建樹其自己之人格，而一往無條件的崇拜歌頌青年，浸至於特別讚美兒童，却另引起一思想上的大毛病。卽人於此只是尊重現實性的、人之自然生命的價值、而忽畧理想性的，人自己創生的精神生命的價值。兒童青年的生命所表現之價值，只見自然之德，或父母祖宗遺傳下之德。這是兒童青年自然地享有的，自然地表現的，不是他們自動的創生的，自覺的實現的。自然生命歷程，皆先有其自然的上升發育，而表現價值的階段，繼亦有其自然的下降而衰落，趨於死亡，漸喪失其所表現之價值的階段。故草木之嫩芽花苞，禽獸中之小貓小狗，皆極可愛，然當其衰老，都使人厭棄。但是人之所以可貴，即在其能依天德以成人德。自然只在春天見天地之生機，人的精神生機，則可生生不已，而四季長春。兒童青年所表現的自然美德，人祇要能加以自覺，即可延長，保存，或超化為中年老年之德。故大人可不失其赤子之心。人由天生而獲得其兒童青年之德。人由他自己，而創生其中年老年之德。此人自己創生的，應當是人自己所更珍惜更尊重的。中年人老年人，不能創生其中年老年之德性，任天賦的德性，自然的來，自然的去，是中年老年的罪過。但是人只尊重青年，而斷定中年老年，必然是不能長進的，却同時在意識上斬斷了中年老年向上進步的生機。人生總是兒童青年期佔一半，中年老年期佔一半。人生不能一半有價值，一半則無價值，只是空虛。青年總要長成中年。我們真愛護青年，我們亦不能同時想，當他們成中年時，即將被我厭棄。愛護青年，必然期望他長成為一合理想的中年老年。換言之，即愛護青年，不能只愛護其現實性，而須兼愛護其理想性。而愛護青年之理想性的心態，則當是一凌虛的在上的扶持之意。依此意，人必然不過度稱美一青年。因為依此意，人必同時知道理想中的此青年，好於此青年之現實。而過度的稱美，則無異肯定其現實上之已完成，而否認其理想性。從這些道理，我了解了一些前輩先生於我在青年時，對我不當面稱美，乃出自一最大的愛護心情。而且人如過度的提倡青年人的重要性，使青年人過度的自負，一定要在社會取得比中年老年更重要的地位，從整個來說，總是很難實現的。因為在實際上，人的知識能力，都是人到中年老年，而後積累愈富。社會政治上重要地位，總是爲中年老年人所居。這亦尙不祇知識能力的問題，亦是年齡資格問題。年齡長而資格老的人，所以比較有社會地位，亦如人搭公共汽車，先上的總是有位坐下，後來的祇有先行立着。中年老年人總是趨向死，如在車中先上而坐下的人，總是趨於下車。一個後來的人，亦總是有位可坐的。然而大家祇讚美青年的現實性，而不愛護其理想性，以培育青年，青年一到中年老年，卽自認爲理當不再長進，而在德性上自暴自棄時，則由青年化成的中年老年，便將祇以知識能力與資格見長，而居社會之高位。由此而前一代青年化成的中年老年，與再後一代的青年，卽產生一種無可避免的精神分離。卽在德性上再後一代青年，看不起前一代之中年老年。在資格與知識能力上，前一代中年老年輕視後一代青年。此精神分離與人之自然的私欲互相爲用，則一社會卽成一本質上不協調，而隨處有前輩後輩的衝突鬥爭的社會。而數十年的中國知識分子的社會，據我所體察則正是這樣的社會，這個社會中靑年總是憑其朝氣與活力，想打倒中年老年，衝破中年老年的勢力網羅。而十年卽爲一代，打倒人者人亦打倒之，於是一切人才，都不能穩定住他自己，以逐漸成就他自己。無數的靑年運動，革命運動，不斷興起，要說理由，都有理由。卽前一代的人不行。但是前一代的人，亦是打倒再前一代的人不行起來的。爲什麼前一代的人，後來又不行了。這個地方，祇說因他們不是青年了，老了，却是一最壞的答覆。這無異說，這個社會，永遠有一半以上實際存在的人是廢物，永遠要前一代與後一代作戰，永遠要革命，而永不能安定。亦等於說，現在的青年都願在自己成中年老年時，等待別人來打倒。這難道眞是現在的青年之所心願？而這種永遠祇是期望後一代的青年兒童，來保存社會的朝氣與活力之意識的最大罪惡，則在一切倚恃於青年兒童之天德。人完全忘了，人所最當珍惜尊重的，乃人自己創生的人德。這些人德，實祇有到中年老年才能成就。一社會亦祇有其中之中年老年之德望，與其知識能力及資格，能兩兩相乎時，一個社會才能穩定，一社會中之人才，才能在此穩定社會中，逐漸成就，而在老年人一個一個的死亡時，一個一個的接上去，負担延續社會文化的責任。此社會亦才是眞正依秩序而向上生長的社會。這正如一公共汽車的秩序，繫於人之不斷的上車，依上車者之先後，而不斷的穩定的坐下，再依次序而下。在車上的人，雖坐一位，但是他並不想此位是我的。因爲他知道他要下的。這是以前的人曾坐的位，亦是以後的人將坐的位。這是一公位。人在社會上的一切地位，亦是公位。人在車上坐，不要留下汚穢的東西，以沾汚此公位。而一切居社會某地位的人，亦不當留下劣蹟，以玷辱此地位。這是在一正常健康的社會中，人當有的道德意識。這道德意識，我想在中國從前的社會中有。在西方上秩序的社會中亦有。但是中國數十年的知識分子的社會，却成了一大家爭位的車。在爭位時，得着者，死坐不放，而公位皆成私位。人在車上，本不會說此位是我的，但與爭位俱起的第一句話，却是「此位是我的」了。這種微妙的人心意識之轉移，我希望大家細心領取。

（八）功利心習與拆穿後壁之思想及社會冷風

近數十年中國知識分子的社會中之衝突，表面上多是前後輩之衝突，而進一層看，則此中之後輩青年，則又正是被前輩之中年老年，爲爭他們自己地位，所利用的。依前所說，數十年之中國高級知識分子，多不識師友之道，看不起古人與平輩的中年老年，而成了孤家寡人之個人主義者，他亦必然除了利用青年以外，無路可走。我曾看見無數大學中學的學潮，都有中年老年在後指使。又曾見許多中年老年之提携後輩，是爲的打倒其同時的前輩。在革命運動中革命領袖之利用青年，以爲自己之羣衆，更是常事。而共產黨現在則進而利用到兒童，以作淸算鬥爭之事了。這樣下去，我不知道是否會有一天組織嬰兒來作鬥爭隊的時候。這些事，除了利用青年者其心不可問，而其逐漸產生的後果，則助長了青年的驕氣，這還是較淺的方面。其最壞之處，則是使有些青年亦學會了與老年人中年人互相利用或利用其他的青年。數十年來之政治上敎育上之領袖與其幹部羣衆之關係，幾乎處處成了互相利用之關係，這是一非常可怕的現象。這可怕，是使人與人之師友的關係，全歸於淪喪，而不能使人了解。現在很難有純粹的學術上道義上的人與人之團體結合。潔身自愛的中年以上的人，亦不便與大堆青年在一起。因這些事，人都當作其中有互相利用的成份看。這必將使一切師友之道，更完全淪喪不止，而莫有師友之道，一切社會學術文化道德，便通通完了。

因爲利用的風習之流行，而被人所逐漸自覺，於是數十年來中國知識分子，還養成一種心態，即看人之行爲，看人之文章，看一切政治事變，與學術文化，都不從其正面看其本身價值，而專從背面看其所以有的動機意向，與其後來所可能生之效果與作用。此可總名爲一功利心習。本來人之功利心習，恆存於任何時代任何人心之隱微處。任何人要全斷此心習，亦委實不易。但此心習之成明顯的社會風氣，却是此數十年所特別顯著的。其所以特別顯著，兼由於一些新思想新觀念之傳入，與此心習之互相夾雜爲用。這些新思想新觀念，即翻後壁而專看人之下意識的性慾、權力慾之心理學，專看人格與學術文化之社會背景、階級背景之社會學，與唯物史觀之哲學，及一切重視功效結果之功利主義、實驗主義之哲學。這些學術思想，都不是全無所見，如果隸屬於一更正大之思想系統，亦可增加對於人生社會問題之深思、遠慮、同情、與警惕。但是無論如何，這些學術思想本身，不能成爲一社會文化中之學術思想的主潮，亦不當通俗化爲一般人的思想，而在社會上到處流行。直接成爲看人看社會的觀點。而中國數十年來，則不幸這些思想，竟成了一主潮，而且到處流行，到處亂應用。於是內幕雜誌，成了最暢銷的雜誌。人在日常談話之中，說他人之陰私，以解釋其行爲動作，亦習以爲常。於是一切文學，皆可視爲性慾的表現，一切著書，皆可視爲稻粱謀。一切宗教、道德、學術、文化，皆可視爲人之求其階級利益或個人之名利的工具手段。這些觀念，一方是否認了一切宗教、道德、學術、文化的本身價值，一切人格與其行爲之本身價值，使一切人與人間的關係，都成背對背的關係，而不見人的面；一方亦卽使人與人皆相視爲一赤裸裸的慾望系統，而其間之關係，只能是一互相利用，互爲工具手段的利害關係。當然，人的表裏常有不合一，或內多慾而外施仁義的情形。人非聖賢，皆不免此。但是照中國從前的道理，是除對上所謂欺世盜名，而據高位者，必要時須加以揭破，以激濁揚淸外，在一般情形下，對一般人之虛僞，亦知而不言，不輕加揭破，而如其表面所自許者以待之。則人將易生愧恥心，而勉求表裏之如一。至於以小人之心，度他人之腹，尤所大戒。而在今之知識分子，竟有專辦內幕雜誌，小報，專以小人之心度他人之腹爲職業者，亦儕於作家之林。亦有一些身爲大學敎授與名流者，平時飽食終日，無所用心，而羣居終日時，則言不及義，好行小慧。而其施小慧之言，亦無異一流動的內幕雜誌或小報。風習移人，賢者不免，豈不可怕。我說這些話，不是有意責備他人。我自己亦不能全不受時代風習的感染。我自己至多只能作到莫有事少與人往來，勉力於看人和學術文化之價値，從其正面看而已。我說這些話，是望大家自覺到這些風習，關係心術之微，世道之銆。這樣下去，人看一切好的東西，皆無本身價値，背後全是黑暗卑汚，人最高之用心，便亦只能是抉發此黑暗卑汚。這正是促成我們前所謂罵人說輕薄話、刻毒話之風之盛行的又一理由。從黑暗卑汚面看一切，與罵人說輕薄話、刻毒話，永不能誕育好的東西。因爲冷風不能吹長任何東西。而只有毀滅一切社會文化的生機。好多年來，我總感中國知識分子的社會，到處有一股冷風。這確不是從我個人之牢騷出發，因爲我覺我所接的師友，都很好，我個人許多地方，亦都受社會的厚待。此實是從客觀的觀點中看出來的。而此冷風之所自來，追原究本，則在人之不正面看好的東西之本身價值，而此事則兼原自上述之一套新思想新觀念，不幸成了學術思想中的主潮，而與人之功利心習互相利用之心習，夾雜爲用。而人之互相利用之心習，波及青年，則原自中年以上之先利用青年。而中年以上之利用青年，則由於新文化運動以來，高級知識分子過度的歌頌青年，其本身先成孤家寡人的個人主義者。而此事又原於中國之師友之道，前後輩間相待之道之喪失，人之上通千古、下通百世之歷史文化感情、或超越感情之喪失。此最後者，則原自中國人之反求諸己之道德性亦兼宗教性之精神之喪失，而只崇尚向外的一般學問知識上的聰明，只向外用其理性批評力，這些病痛，一個接一個，而相沿日下。當然其中前一個不是後一個之充足理由，亦不是其必須理由，但是前一個却爲後一個之所以有之先行條件。而自數十年之歷史事實中看來，前一個確實是在逐漸引生後一個。爲了對病源的了解，我們應當依此次序，來追溯到我們精神受病之本始。

（九）當注意的問題與精神上之大赦

我在上文說了數十年來中國知識分子之精神病痛，由於我們失去中國傳統文化道德上之反求諸己的精神，師友之道，前後輩的關係等。當然表示我正面的主張，望大家恢復此反求諸己之精神師友之道等。這些，只要我們加以恢復，這是能够恢復的。因爲世間上的一切精神上的好東西，無論如何淪失，總仍是在我們精神之內部，卽在我們良知之內部。我們能知道淪失而有不安，此不安中卽已有淪失的東西之恢復。從此看，則無論在如何黑暗之地，光明之種子仍然存在。人無論如何墮落，上升之機仍在。這莫有使我們悲觀的道理。

但是在我的意思，只是恢復還不够。因這些好的精神之所以喪失，有其原自中西社會文化相衝擊的外緣。這些外緣，刺激了中國人許多新問題。這些問題使中國人之精神，別有所用，才會致這些好的東西如此喪失。如新文化運動之所以不重反求諸己之精神，不重歷史意識，是要提倡科學民主。科學民主的精神，似不能只由反求諸己的精神或歷史意識而培養出。科學要人向外觀察實驗。民主政治的施行，亦需要重視人之輿論批評，訓練人之向外用的理性批評力。而要培植新知識分子，與由國民革命以推倒軍閥等，亦在事實上有特別重視青年的必要。我們所說的一切數十年來中國知識分子之精神病痛，亦是兼間接的緣此等等而產生。其產生只是自然的一個跟一個的如是如是產生，我們可以找出其相沿的線索。並非人有意要提倡此精神病痛。而只是因人有意要提倡另一些有價值的東西，以解決另一些由中西社會文化相遇而生之問題。而用心遂有所忽畧，而犯了種種罪過。因而我們之精神復興，如果不能照應到爲解決這些問題，一些好的固有精神應以何新形態表現，則我們亦不必卽能眞正把好的精神恢復轉來，而眞保持下去。這是我們當注意的一點。

再還有一點我們當注意的。我們上文所說的是爲的理解，而不是爲的責斥。因本文所說數十年知識分子之病痛之一點，卽是不能反求諸己而只斥責中國之歷史文化，斥責古人，斥責他人，打倒前輩，利用後輩，以攻擊平輩，從負面的壞處看人。如果本文之目標是斥責，則我寫此文之動機，亦是在被斥責之列。我如只是斥責「斥責」，我還是當受斥責。如果我無意間，亦不免露出斥責的口氣，或使讀者亦要去從事斥責，則是我的無心之過，不是我的本意。我的本意是爲的理解。而理解之後，我們首當表現的道德精神，則應當先是寬恕與悲憫。繼後才是樹立道德標準，以爲是是非非的準繩。由寬恕與悲憫，人當先在精神上對一切人之已往的罪過全部赦免。基督敎要赦免罪人。但只有上帝有權赦免。從前中國的皇帝，常擧行大赦。但所赦是法律上的罪。依儒家反求諸己之敎，則隨時可擧行對他人之罪過之精神上的大赦。我這篇文章寫完了，我亦只能反求諸己。讀者把此篇文章看完了，我亦只有拱手請讀者，從今日起反求諸己。而我與讀者自己對於他人一切罪過，同須擧行一精神上的大赦。世間有一顚撲不破的道理，是人自己無論有多少美德，如果他自私而自慶自己之獨有，則此一切美德皆不足貴。齊天之大德，敵不過一矜字之罪惡。反之，彌天的大罪，亦可由一悔字全部挽回。由此心意，卽人人皆能在內心擧行精神上的大赦。由此精神上的大赦，人將能以勸告、示範、感化，代替一般的斥責。人將不再只是一個法官、一個裁斷者、而成爲一眞正精神上的施與者、創造者。人如何能在內心常常擧行精神上的大赦，以開闢胸襟，及如何成爲眞正精神的施與者、創造者，我想還可有許多話可說，多少工夫可作。吾思之，吾重思之，我相信，我們一切知識分子之病痛之免除，係於知病痛，而由反求諸己以互相赦免中，互相施與中，另長出一積極的通貫古今、涵育人我的精神，而此精神表現之形態，則不能全同於過去，而須兼照顧到由中西社會文化之相遇所發生之新問題與新的文化要求。而且須轉化一切由西方傳入而表面與中國儒家思想不同而衝突的思想，以為展開儒家精神之用——如看人生社會之黑暗面之思想，若不直接成為幫助人成為他人之裁斷者，即可轉化為幫助人增加同情心悲憫心者——。我想智慧的讀者對此一點當有比我更好的意見，我個人所想的，於下二文中當細論之。但是結論亦不過此幾句話而已。

（民主評論七卷二期四十五年一月）

拾貳、論精神上的大赦（上）

——現代中國知識分子相互赦免其罪過之路道及其問題

（一）前言

我在上文「我們的精神病痛」中，指出我們這時代的中國知識分子精神之墮落，始於反求諸己的精神之喪失，理性批評力之只向外用，沿此而失去超越情感，失去上通千古下通百世之學術歷史文化感情，失去了師友之道、社會前後輩間所以相待之道。個人主義的知識分子之互相批評，日流於輕薄刻毒之結果，進而衍成共產黨之强迫人作自我反省，而清算自己罵自己；而儒家之求諸己的精神，便全部外在化為迫他人求諸己。此外兼由中年以上人之自暴自棄，一往歌頌崇拜青年，更引起社會之前後輩間精神上之隔離與衝突，及人與人間互相利用的風習之流行，人與人之只互視為一赤裸裸之慾望系統，而使人與人之關係，皆成背對背之關係，無復有面對面之關係。由是而在該文中所顯出之正面意思，則是說反求諸己之精神，對學術歷史文化之超越感情，及眞正師友之道，必須恢復，以解除此各種精神病痛。但是我在該文，又說到我們不當只對他人這些病痛，加以斥責，而當互相赦免其罪過。而眞正成爲一精神上的創造者，互相施與者，在如是互相赦免施與中，另長出一積極的通貫古今，涵育人我的精神。該文之末，又說到這些精神之所以喪失，是由西方文化對中國文化之衝擊，而使人之心思別有所用。——如由科學民主之提倡，新人才之培養，革命運動之掀起。——這些都似不能不使人精神向外，而特須重視青年，以至不免要利用青年，因而今後之通貫古今涵育人我的精神之表現形態，不能全同於過去，而須照顧到由中西文化相遇所發生之新問題、新要求，且須轉化一切由西方傳入，而表面與中國儒家思想不同，而相衝突的思想，以爲開展儒家精神之用。但是對此等等，在該文無所發揮，所以繼寫此文及下文，以申論此中之義。

我在此文中所要說的，是如何引發出一能施行精神上的大赦的心境，而對我上文所說之現代知識分子一切精神病痛或精神罪過，去掉一切斥責之意，全幅加以饒恕赦免。因爲我們如不能互相饒恕赦免，卽不能互相施與，我們將永無法得救。

這饒恕赦免的心境之引發，首賴於我們之了解中國現代知識分子，所以失去反求諸己之精神，及種種超越感情，傳統的師友之道，確是緣於中西文化之衝擊而生，種種生活上環境上的變化。這些變化，確使人在實際生活上，要保存反求諸己的精神，產生更大的困難。這點我們須先有一同情的理解。

(二) 反求諸己的精神之喪失之外緣

中國從前知識分子之較能有反求諸己的道德精神，一方直接是由於儒家思想的陶養，一方亦緣於有從前一套之社會文化情形，與之相應。自最淺處說，從前的老讀書人，從開始讀書，到應考出仕，其生活上的許多事，便都有人爲之作一客觀上的安排。即以一舊式的農家之子弟之讀書來說，如我之祖父父親讀書，一切務農與生活上的事，便都由家中其他人代管了。從前的舊式婚姻制度，現代人只知其缺點。但其實亦有一極重要的長處，即個人的婚姻的事，於此制度下，亦由前一代代管了。在此制度下，結婚後再不易離婚。於是少年夫婦，必須彼此在生活上互相求適應，謀彼此感情之翕和。唯夫婦原不相識，性格可各不同，各人才更必須要處處反求諸己，變化自己之不好的脾氣德性，以使夫婦翕和，並使自己之夫婦，與大家庭翕和。由是而婚姻成爲培養人之反求諸己，而成己成物的道德實踐之始。此之謂「君子之道，造端乎夫婦」。而在從前讀書人應科舉，無論考取與否，又皆有一社會地位，而爲鄉里所尊敬。由科舉考取，出而致仕，亦有一定之軌道。而中國舊社會，又原是尊敬讀書人之爲官的。此讀書人所受于外在社會上的尊敬，皆不可待營求而自至，使人易生一自動的責任感，勉力以副他人及社會之期望。而人能如此勉力，聲望亦自然日隆。誠然，在從前的讀書人，如過度熱中於希祿固寵，同樣免不掉用種種向外營謀之手段。但這亦常只須向官場中之名公鉅卿干謁，而不必在社會上四處鑽營。然而這數十年之中國社會，則上述之一切全變了。

首先，這數十年之求學青年，不必都是富有的農家子弟，或仕宦富商之家。在都市與外國讀書，費用又高。於是在求學時，青年即或已須半工半讀，負其自己生活的責任。而在幾次革命時期，及對日抗戰時之青年學生，更多須爲個人生活而憂慮。新文化運動以來，既然崇尚戀愛自由，於是青年即須自己負責其婚姻。求婚是向他人求。表面看，便明與什麼求諸己之敎，根本上衝突的。青年入學校，才畢業或即失業。求職業要向社會求，亦似非可只求諸己。數十年來中國社會之動亂，與個人職業之無保障，都逼人兩眼向外看，到處警覺，到處提防。今人如要鑽營高官厚祿，路道亦多得很。從前只須向名公鉅卿干謁所謂拍馬而得者，現在可由吹牛，出風頭，成羣結黨，或煽動革命運動而得。由是而人之鑽營之途徑大開，這些都是些昔無而今有者，以迫使人心向外用向外求的一些最顯而易見的外緣，而爲傳統求諸己之道德精神，不易爲今之知識分子所具備的理由。

但是更重要的使求諸己的道德精神之喪失的外緣，則是整個社會政治學術文化的情勢之改變。首先，百年來整個中國國家之國運，即隨世界大勢而飄搖。人之兩眼，先須從中國溢出去，看望世界。整個國家，在外交上、經濟上、學術知識上，都要求諸人。這亦似難與個人之道德生活上之求諸己的精神相配合。在中國從前的讀書人，雖然知道天下之書讀不可盡，知識亦無窮，但是他同時了解，由天子至一切學者，所公認爲具最高道理的書，即是他在小孩時所讀的四書五經。因而他可覺學術思想眞理之世界，雖至大至博，而未嘗不至約；雖至深至遠，而未嘗不至近。這幾本書，豈不就在眼前，已背誦在心而屬於我？由此而我在現在，亦卽無妨在竹籬茅舍之中，以天下爲己任。這些想法，其精神是內歛的、凝聚的、把柄在自己這兒的，這可與求諸己的道德精神應合。但是在這幾十年的讀書人，卻只想着學術、思想、眞理之世界之廣博無涯，而學術的中心則在外國。人必須由小學而中學、而大學、而留學若干年，才有資格談專門學術。由是而學術、思想、眞理之世界，在此數十年之讀書人心目中看來，好像一迢迢可望而不可卽，從東半球罩到西半球的超越世界。除了幾個專家學者以外，一般讀書人都是莫有份的。這與從前之鄉下的讀書人亦可能有份之意識，正整個成一對反。這些新的學術文化意識，更是明不易與反求諸己的道德精神相應合的。

而今昔之社會政治文化情勢，再一重大的不同，卽現代中國人所重之科學與民主政治，亦似都是要人求諸外的。此在我之上期之文亦提到。研究科學，人須向自然界去觀察實驗，或去調查考察社會，尋求各種統計材料。科學的理智活動，在本性上，卽是要向客觀對象研究而向外的。民主政治，要在大衆人民中施行。在民主政治中，人要取得政治地位，須要自我宣傳，經他人之推選，亦似純爲求諸人的事。而科學與民主政治，正是現代中國社會政治文化中最需要的。大家旣然看重科學與民主政治，這亦是使人更不易具備反求諸己的道德精神的外緣。

由上所說數十年中國之社會政治學術文化之情勢，與以前之不同，則我們不能不承認此數十年之中國知識分子，要具備反求諸己的道德精神，實遠比以前知識分子爲困難。因而我們亦當對此數十年之中國知識分子之由喪失此精神而生之一切罪過與精神病痛，多少加以同情與寬恕。

（三）道德責任之不能諉過於外緣及自責責人之理論上的諸疑難

但是順上段所說這樣去想，尙不能使我們對數十年中國知識分子，由失去反求諸己的精神而生之一切罪過與精神病痛之本身，眞能全加以赦免寬恕。因爲卽依一般的道德思想來講，這些外緣，並不必然的引出這些罪過。這些罪過與這些外緣，屬於不同之存在層次，亦有在內在外之不同。我們縱然承認近數十年之整個社會政治學術文化，都是不易與反求諸己的精神相應合；我們仍可問：爲什麼中國知識分子的力量，不能更強一點，以克服一切外在的困難？我們亦可以責問：爲什麼我們不把我們之反求諸己的道德精神，加以擴大開拓，以使我們在一切向外有所要求的活動中，同時表現一反求諸己的精神？我們所謂反求諸己的精神之一要點，據前文所說，只是說在道德生活裏面，我們應多責己而少責人，我們不要只以我們之理性的批評力向外用，而當多應用之於反省自己，自覺自己。依前文所說，中國數十年來一切士習士風敗壞的根原，只在此一點。我們儘管可承認：中國數十年的知識分子之求個人生存的事，愛情婚姻上的事，謀求職業與社會出路的事，求現代知識的事，硏究科學的事，從事民主政治活動的事，都是須向外求於他人、社會、世界，與自然界的事。但我們仍不能否認，此向外之一切「求」之本身，仍畢竟自一個人之內部發出。因而個人如何訓練其滿足其所求的能力之責任，在自己；如何規定「共運用此能力以求」之方式，其責任亦在自己。這些總是一顚撲不破的道理。由是，人之求而不得之責任，至少一半在自己，人之求的方式之是否合道德，其責任乃全在自己，亦是不當有問題的。故無論外面的環境如何，人仍當具備一反求諸己的精神才是。縱然人自己不能具備此反求諸己之精神，而反省自責，人亦無只是責備他人，責備中國社會與其歷史文化之理由。此只責人而不責己之心習，無論如何，不能說是由外來的，而只能說是由個人自己發出的。而數十年之中國知識分子，一切罪過與精神病痛，正在此責人不責己之心習。此一切罪過或精神病痛之核心，畢竟不在上述之一切外緣，而只在中國知識分子之自己失去反求諸己之精神。此一切外緣，只使其具備其精神較難，但並未決定其必不能具備此精神。其不具備此精神之最後責任，終在每一人自己，而無法諉過於一切外緣，是義仍可以決定。

但依方才一段話這樣說來，却使我本文所論，產生一似極深的理論上之疑難。即我之本文之所論，據第一段所說，其目標是要成就一對他人之寬恕，與對他人之一切罪過或精神病痛之精神上的大赦。我們之先說數十年中國知識分子所處之社會政治文化之情勢之與前不同，正是爲的成就我們之寬恕。但是我方才一段話，再把此最後責任，仍歸到中國現代之知識分子自己身上，則又把我們之寬恕的根據取消了。於此卽可產生一似極深的理論上的疑難，我們好似陷於一不可拔的兩重的自相矛盾。

我們所要歸宿之論點，原是人應責己而勿責人。但如人眞是應責己而勿責人，則我自己或他人之不責己而只責人，便明成了一罪過。如他人之不責己而責人，成一罪過，最後應由他人自己負責；則我亦不能代負他人的罪過。因而我亦應對人說，此責人而不責己之罪過，應由他人自己負責。此卽合於上文方才一段話之所說。但當我這樣說時，我又同時成了責人者，而我成了先當受批評者了。因而方才一段話不能說。這成了一自相矛盾。反之，如果我祇實行責己而不責人之原則，則我不只不當責人，亦不當責人之責人而不責己。則對他人之一切互相責難怨尤詆毀之罪過，我亦不能說出加以責備的話。因而當把方才說的那段話取消。但這樣又似等於否認他人之有對其罪過之道德責任。如他人無道德責任，我亦可無道德責任。則我儘可犯罪過，亦儘可責人而不責己。因而方才那段話，又不能不說，不能取消。這又是一自相矛盾。此兩個自相矛盾，前一是：如我肯定責己而不責人之原則，依此原則，以言人之「責己而不責人」之非，則我卽似未能眞實踐此原則。後一是：如我眞只求實踐此原則，全不應用此原則以責人，則又似無異否定了此原則之可應用於人與我，而我亦可不實踐此原則。這個理論上的問題，畢竟當如何解決？

這個問題似很難答。實則此中之矛盾，都是表面的。此有一極簡單的解決法。且亦只有此簡單的解決法，才是眞實的解決法。卽我們於此須先承認，凡道德上的原則，因其有普遍性超越性，必須是兼可應用於人與我的。如責己不責人之原則是對的，則此原則當然可平等應用於他人與我。他人與我之行爲，如違背此原則，當然都平等犯一罪過，而皆各有其責任。因而我們儘可據理以言責人而不責己之非。在論此理時，我們並非在對人，亦非在責人。但是從我之在具體生活中實踐此原則或任何道德原則說，則我只能直接求實現此原則於我之生活行爲，而不能直接求其實現於他人之生活行爲，或只斥責人之不實現之，而當以希望代斥責，希望其實現於他人之生活行爲。此希望本身，卽成我之依此原則而有之實踐。我們只能在希望中，肯定此原則之可應用於他人，以顯出此原則之普遍性，同時彰露此原則之超越性；而不當將此原則放下，先直接平伸出去，以判斷在具體生活中所接之他人而只務責人，或只去責人之「不責己而責人」。此中對人對己之所以不同，其關鍵在，我知某一道德原則，而實現之於我之生活行爲，此某道德原則，是已經我之自覺心之現實的印可、任持，故我可直接實現之於我之生活行爲。但此道德原則，是否已經他人之自覺心現實的印可任持，或是否經由他人之同樣的自覺心之現實的印可任持，我却不知道。則此道德原則，必須先經他人之有同樣的自覺心之現實的印可任持，才能實現於他人生活行爲。亦卽對我而言，此道德原則之實現於他人之生活行爲，須先經一他人之自覺心爲間接的媒介，而後可能。而他人之是否有此自覺心，則對我爲超越的外在的事，我不能直命之有，而只能爲我所希望其有的。然而人在道德生活中，最易忘却的事，卽忘却某一道德原則之呈現於我，而我能實踐之之時，有我自覺此原則之自覺心之實際的現實存在，而他人則不必同樣有；於是乃直接本於此超越普遍之原則，可平等的應用於自己及他人，而直接向外平伸出去，以判斷他人而責人。殊不知在此中人我之心境，是不平等的。此原則是不能直接向外平伸出去，以求實現於他人之生活行爲的。我於此只能順此原則之超越性普遍性，以引生一望他人之有同樣的心境或自覺心之實際的現實存在的希望。由此希望之實現，他人同樣的心境或自覺心之實際的現實存在，爲間接的媒介，而後此原則乃能實現於他人之生活行爲。此是一加以說出，卽不難明白的道理。然而人之最大的幻覺，則正是由忘却自己之自覺心之實際的現實存在，而覺此間接的媒介亦不必有。遂望一道德原則，亦頓時卽在己與人二方，都能同時普遍的實現，乃直接本之判斷人批評人責人。而此正爲一人之道德生活最難克服的危機，亦卽可產生最大的不道德，最壞的社會文化之效果之一人心動機。

此危機之所以最難克服，是因人在直接本一道德原則以判斷人批評人責人者，其心中所有的，只是道理。此道理亦可能爲他自己所能實踐，或曾實踐的。他用之於己，亦用之於人，初並不依於私心，而可自覺他純是依於公心公理，而發出如是的判斷批評，而內無所愧怍。如果人說他之批評判斷不對，則他亦可立卽再退而自省其所持之理。而當其自省時，卽可更自覺其理之爲普遍必然而不可移，因而愈執着其理，而愈要以之判斷斥責他人。然而實際上，則此正足致其更陷溺於理障，而使其道德生活更陷於危機者。而此正是數十年來中國一般知識分子，相互斥責的道德生活中之實際情形。此不可不望讀者憶我上一文之所論，加以深察而痛省者也。

（四）我們的是非之場與耶穌之問題

關於中國人道德生活中，互以理相責之病，在淸代如戴東原等，亦嘗痛切言之。但是戴東原等用抹殺理之普遍性超越性，而重特殊情欲來解決，却是一向下的解決法。這問題須順上文所說，求一向上的解決法，而戴東原全未見及。關於此點，以後再說。我今要說的，是此互以理相責，不特決非中國儒學之本義，亦非宋明理學本身必然產生之流弊。而初只源於忘了一道德原則之呈現於我，有我之理性自覺心在上；於是只依一原則之普遍性，而直接平伸出去，以判斷斥責他人，而只向外用我們之理性批評力。而其流爲我前文所說反求諸己之精神之喪失，及知識分子之相非難的話之輕薄刻毒，以至逼迫他人自我反省，一串大毛病，則此數十年才顯著的。而此問題之嚴重性，亦是我最近十年稍涉足中國之社會才眞正認識的。我在此之一直覺，是好似中國數千年之儒學所建立之一切道德原則，及由西方社會文化中傳來之道德標準，其存積於社會人心者，在此數十年中，因人無反求諸己的精神，加以收攝，加以實踐，而逐漸自各人之心，向四面八方，平伸放射出去，如使人心不斷產生爆炸。而其爆炸後，所放出的各種人與人的相互之批評斥責謗議，均如利箭毒矢之交相射。這不能不說是中國人之道德精神之一大顚倒。此大顚倒，是使原當內在於人之自覺心之道德原則，或人當本之以對自己之意念行爲，是是非非，以遷善改過者，全部外在化，爲可供人隨意取用，來施行對他人判斷斥責之道德語言。遂使一些知識分子的聚會，所辦之報章雜誌，成所謂是非之場，其中充滿了相互之批評、斥責、謗議，與輕薄刻毒的話。人在此社會中，或則聽慣了各色各樣的相反的批評謗議而痲木，于一切行爲，更無忌憚。或則因常動輒得咎，而憂讒畏譏。或用心於批評謗議之淸洗，或用心於剋制自己之聞批評謗議而生的憤怒。然這些事，可都整個是一精力之消耗與浪費。這實亦是現代中國人不能把全部精力，用於正面的政治社會事業之建樹、學術文化之創造的一大原因。

此問題的困難，在我們亦不能直接用無所好惡是非、不談是非來解決。因良知之是非，雖初是對自己的意念行爲的是非，然對良知爲是的意念中，亦包含有對其他人物之好惡的是非。不過此好惡是非本身，是經上一層之良知之所可，而知其爲無私意而爲是者而已。人生在世，如對其他人物，眞全無所好惡是非，即是木石與鄕愿。鄕愿固不好，心如木石，對不對姑不說，至少這亦要工夫，不是一說就作得到。此外，我們亦不能用政治權力，來禁止人們對一人一事作好惡是非善惡之評論，或强訂一絕對的是非標準，不許人謗議，否則加以幽囚殺戮。此乃極權之暴政。而民主政治之推行，學術之進步，亦皆不能莫有客觀的輿論、討論中的是非之辯。是非之不能不有如此，而上述之是非之場之弊害又如彼，此將如何辦？通常對於此問題之答復，仍是說保存其當有的是非，而去其不當有的是非。此答復，在道理上，當然不錯，但終太簡單。因爲人很少有承認其所作之是非是不當有的。人都不自覺的自以爲其是非，是根據一當然之道理的。而一切毛病流弊，正出在人之自以爲道理在自己這裏，他才要謗議他人，進而以輕薄刻毒話罵人，而最後逼人自我反省，罵他自己。這個問題，依我看來，仍不能只是直接以我所認為當然的道理，來直接判斷他人的道理不是道理，便能完全解決。因他人如不心服，仍可以他的道理來判斷我的道理不是道理。這便成莊子所謂「是亦一無窮，非亦一無窮」，這只有使互相的謗議，更永遠繼續下去。這個問題仍應超越直接的互相判斷是非，直接的互相判斷有理無理，而另覓解決的辦法，才有出路。

據我十年來入世的經驗，及我親身的體察，我覺到我們中國現代知識分子，實際上的社會道德生活的情勢，正有許多地方與耶穌在猶太所遇者相同。當時猶太的法利賽人，正是一些知識分子。但這些知識分子，在心中祇充滿一些傳統下來的律法，而即本之以直接判斷他人之罪。此正同於中國現代知識分子，襲取由中國與西方傳來之道德原則，而直接應用之以判斷斥責人。但是耶穌的教訓，則是說你們不能判斷他人的罪，不能用石頭擲人，試問誰是無罪者呢？耶穌要以謙卑、原恕，代替斥責的判斷，故說人不配當判斷者，祇有上帝配當判斷者。但是在耶穌心中的上帝，卻能知人的罪，而並不即繼以直接的懲罰，而先繼以容人之悔改，並能施恩以助人之改悔。上帝乃不復只為一主持正義之威嚴的耶和華，而成為慈愛的願為一切人贖罪的上帝。耶穌在後來基督教徒之目光中，即成了與上帝為一體之聖子，降世而為一切人贖罪者。上帝的審判，於此則移至世界的末日。此一教義之本義，依我的解釋，應從其消極義說。即不到世界之末日，與上帝為一體之耶穌，永不審判。現在存在的上帝化身之耶穌，不作審判。依此引申，則世界如永無末日，耶穌當永不審判，永遠容人悔改。但是後來之教會，却從積極義去看此末日審判之說；只信仰耶穌之正在天上鑒臨，待世界末日即來，即作一必有的審判，以使一部份人升天，一部份人永入地獄，永不翻身。這實際上等於原始基督教精神之再退回到舊約之精神，而為一宗教觀念、宗教思想的墮落。從猶太當時之人們道德生活的實際情勢上看，耶穌之教，只是要反對人之成為直接本律法以判斷他人者，而要人寬恕他人的罪。人們在祇是互相判斷他人以罪時，人們之道德精神，祇是向外互相要求。好似人互用精神的手，把對方夾住，而造成一精神上的彼此糾結，彼此繫縛。這是一最難解開的人與人之間之糾結繫縛。但是如終解不開，則必致彼此同歸於盡。耶穌叫人向上看慈愛的上帝，即叫人互把精神的手，放開垂下，以直指上帝，而使人之道德精神，各還本位，讓聖靈來到人與人之中間，把此糾結繫縛解開。而我們現在的問題正有相同之處，而需要一東西，來到人與人之中間，以解開我們的糾結繫縛。

但是我們的問題，雖與耶穌之問題有相同之處，然一單純的基督教信仰，仍不能解決我們的問題。而實際上人解決此問題之道路，亦不止一條。對於我們的問題之解決，照我看，最後當歸宗於禮記孔子閒居所謂內恕孔悲之精神之推擴的應用。這須先一步一步的指出幾種其他道路之不足，然後從義理之必然當然處，會歸到我們的結論。

（五）清涼的冰凍世界與斯賓諾薩之為世界所待與所以待世界

解開上述之糾結繫縛的一條最易解易行的路，是我們每一人把我以外之他人的一切言行心理，先全部加以外在化客觀化。這條路之最簡單的形態，是中國之增廣賢文中所謂「各人自掃門前雪，休管他人瓦上霜」。這個態度，是把我所關心的世界，與他人的世界，絕對隔開。或我把他人的世界全部推出，而祇自退居我自己以內。由此再退一步，則讓他人在精神上物質上侵佔我的世界，而把我之核心的我，縮在我原來的世界之角落裏。依這個態度發展下去，人是歸向于冷若冰霜的。但人眞發展出冷若冰霜之態度，却亦可使我即對他人之一切侵佔，亦漸無所容心，因而於他人對我之一切毀譽、榮辱、是非之判斷，自亦能無所容心。而我亦可不對任何人有此等之判斷。而此即足形成一內心的清涼。如人人若此，則此世界中一切由毀譽、褒貶、是非之判斷所成之雲霧，可全部烟消霧散，或全都冰凍起來，而世界亦若清平無事。這個態度之較高明的形態，在中國即楊朱與莊子之一方面的思想所開啓。楊朱之「人人不損一毫，人人不治天下，則天下治矣」。（姑據列子楊朱篇所說）此中有一極深的眞理。因此即是要使一切人之生命精神的枝葉，全部各自退歸於其核。莊子齊物論中之平是非，與人間世中之處榮辱毀譽之道，亦都可使各人生命精神退歸於其核。如此人與人的中間便能有一寬閒之天地。其最後結果，從一方面去看，亦可即爲一由清涼而冰凍的清平世界。不過莊子是一心熱的人，心熱而又厭熱，求清涼，於是不免出無窮之感嘆而已。中國人，從一方面說，亦正是深受此種道家思想的影响，故善能「苟全性命於亂世，不求聞達於諸侯」。這個態度如再與坐觀天道之循環，與亡盛衰之起伏，富貴貧賤之消長，坐觀「强中更有强中手，惡人自有惡人收」之態度相結合，則一普通人都可不營求一切，不羨慕一切，而若恬然自安，翛然自得。這可養成一最深沉的世故，而使人最適宜于生存於不同之環境。這個態度，亦不能說其中一無道德價値。因行此態度，總要犧牲聞達，犧牲世俗人所營求的一切熱東西。而當人之生命精神之枝葉，眞退還於其核之後，過一時期，亦可另開嫩芽。如冬之冰凍之後，另有春回。但是剋就此態度本身而論，却外面是一生命精神的枯萎，內面是生命精神的僵化。

這個態度在西方卽希臘之犬儒學派的態度。斯多噶派亦近之。而其近代之化身的表現，則是斯賓諾薩的必然論哲學，與科學的決定論之人生觀與人類世界觀。這些思想，人眞能相信，皆可使我們把我們對他人之一切直接的是非善惡之判斷，全部撤回，而對他人施於我之一切是非善惡之判斷，亦無所容心。而上述之糾結繫縛，亦可由此全部解開。關於斯賓諾薩之必然論的哲學態度之力量，我們可以費些筆墨，一述斯賓諾薩遭受猶太敎之審判的情形，來先了解其所遭遇的問題之嚴肅性。下是猶太敎長老的詛咒詞：

「依據天使的判斷，聖徒的命令，我們詛咒斯賓諾薩，開除他，厭惡他，不與他接近。全會堂的人，將在聖典之前，依據聖典中所記載的六百十三條教規，依據以利亞曾經咒罵以色列子女的咒詛語，依據立法書上所記載的詛咒語，同聲咒罵斯賓諾薩。並且完全棄絕他。他於白天，要受咒詛，於黑夜，亦要受咒詛。他於睡覺時，要被咒詛，於覺醒時，亦要被咒詛。於出門時，要被咒詛。進門時，亦要被咒詛。願上主莫再宥恕他，亦不承認他是自己的子女。願上主降臨一切災殃於此人身上，要他背負一切罪尤，一切苦難。並把他的名字，從聖簿中抹去。願上帝差遣全以色列民族，都來反抗他。處處地方，要和他作難。所有立法書上所記載的譴罰責備，都當歸給他一人身上。但願信服上主、聽命上主的人，自卽日起，永遠得救，永遠赦罰。

「自卽刻起，任憑什麼人都不能和他對話，不能和他通信。他的口所發的聲音，他的手所寫的字，一切皆是罪惡，一概當免與他接近。不要爲他效勞，不與他住在同個屋頂之下，不要與他接近。凡與他相距在四尺骨距離以內的，那個人卽已沾污愆尤了，凡他所說的話，不足憑信。凡他所作的書，不准誦讀。他的一生，將永遠與以色列民族隔離着。」

長老把咒詛詞宣讀時，同時會堂四週，有悽惻悲慘的角聲，時時吹着。在儀式開始時，全會堂燃點燈光，光耀奪目，旣而一盞一盞的熄滅下去。到了後來，剩下一盞燈光。最後連此盞燈光，一齊吹熄了。……舉行儀式的人，靜悄悄的候在會堂裏 。 如此如此地，斯賓諾薩被除名了。（據威爾都蘭哲學的故事詹文滸譯文）

我看了這一段紀載，我了解了人們所說西方天主敎的除名棄絕之審判，原自猶太敎，而共產黨的審判，則是學天主敎。這是一種施於人之精神上最大的酷刑，要個人的精神同一切人間的精神隔離。這是一種强迫的隔離，而又要人在其被隔離的時候，負帶着他人之無數的判斷、責難、咒詛而去。使他之寃屈，亦無伸雪之地。此被隔離而被視爲罪人者，是順人之判斷、責難、咒詛的意識，最後必須要求其存在者。因爲無他之存在，則人之判斷、責難、咒詛，卽無集矢之處。由此我卽了解，中國數十年知識分子之輕薄刻毒的只責人而不責己之風，亦卽爲間接引生共產黨之强迫人自我檢討、自己認罪者。中國今日知識分子在共黨治下的遭遇，正是斯賓諾薩所遭遇的。我們試設身處地想，我身當其境如何辦，如何忍受此一切判斷、責難、咒詛，而免於精神之破裂與瘋狂？但是斯賓諾薩却終於忍受下來了，而終能安於生、樂於生的活下去，這靠什麼？這靠他之必然論的哲學。

他之必然論的哲學，何以可使他忍受一切外來的判斷、責難、咒詛？這只因爲他之必然論的哲學，可使他把一切接於其面前之一切事象，都當作一被規定被決定的事象看。這樣，卽可把一切事象推出去，而外在化客觀化了，亦卽把一切事象對我之刺激力，一手擋住了。這個道理，用哲學的概念來說，可以很複雜，今可不管。但從其對生活上的意義價值來說，則十分簡單。卽這不外我們對於一切來感的事象——此中可包括一切困難災禍，一切他人對我之判斷、責難、辱駡、咒詛在內，首先加以正視，而看其是什麼。此「看其是什麼」，卽可把此事象概念化，而爲心之所對，亦卽被心所客觀化、外在化。而再進一步，知其所是者之屬於宇宙之實體，知其爲無限之前因所決定，卽使我們之心從此事象透過去，而至事象所托之後面的實體，或其他事象。我們之心，遂卽超臨於此事象之上。而此事象，亦卽若被推出去，而沉沒於此實體及全部的相連事象的因果系統中，同時亦卽沉入於我當前的心靈之下，而若未嘗存在，或不眞實存在。而我當前的心靈，卽可歸於安寧平靜。而如此之安寧平靜的心靈，卽是能不怕一切他人之判斷、責難、辱罵、咒詛，而又能不再去判斷責難一切人，以爲報復的。一切人之罪過，都同樣是必然的，其產生了卽是產生了，此中並無不產生之可能，則亦無必須責其何以不產生之理由。由此而斯賓諾薩之哲學，可以根本銷除罪之一概念。罪之一概念銷除，則一切人之罪，亦卽在我心靈之前，全部赦免。在我主觀心靈之前，全部如不存在而脫開。這是斯賓諾薩之哲學所啓示的解開我們上述之糾結繫縛的一道路。 亦是斯賓諾薩之哲學，對人們生活上的核心價值之所在。

（六）科學態度及哲學態度與斥責的判斷之超拔

大家如對於斯賓諾薩的智慧還有不明白的地方， 則從近代科學之觀察事實而加以規定之科學的決定論，所發生之一種對人之精神價值，可把這一點更看明白。科學是爲求眞理求知識 ，但其價值同時反映於研究科學者之精神本身。此價值之最重要者，亦正是可使人能寬容一切人的罪的。從科學的眼光看，人間世或其他人之一切罪，由偷盜、搶劫、奸淫、爭鬥、殘忍、欺詐至一切無謂的譭謗、辱罵、咒詛，同時把他們外在化客觀化，爲一社會現象，人之心理現象。而這些現象，同可用概念，加以分項敍述或分類，而人同可尋出其各種自然的、文化的、環境的、遺傳的、習慣的、本能的、上意識的、下意識的，各色各樣的原因，或與各色各樣先行條件，各色各樣並在之事物，相倚而共變之關係。而由科學之只求敍述現象，規定現象之因果關係，共變關係。於是人研究科學，亦可對於整個外面世界中，一切人間世或他人之罪過，都視若不存在，而可養成一寬容的心量。對於一切人間世或他人之罪，我們只要本科學態度，而說這是在某情形中必然不免的，或這是依什麼定律、原理而有的，或這可證實某定律原理之爲眞，或說這是某書上早敍述過的，或說這是一普遍的常事，便都變成用不着咒詛斥責，用不着判斷其爲罪過的了。此科學態度之所以有此效用，其理由豈不正與我們論斯賓諾薩的哲學態度時所說者，大體相同？

而另外一條可以使我們不去判斷斥責人間世與他人之罪過，而可養成一寬容心量的路，則是一般哲學家之研究倫理學或道德學的態度。此態度與科學之態度相似，但又不同。其不同，在科學家可把一切事象，只作事實看。而研究倫理或道德的哲學家，則可肯定有倫理道德上之正價值與負價值之分，因而肯定有是非、善惡、應當與不應當之分。但是道德哲學家之研究這些，可把這些正負價值等本身，亦當作一客觀對象來看，由此以發現出種種道德學倫理學之原理規則。道德學家於此，可把一切人類的動機行爲，其中所包含之價值性道德性，通通作爲成立道德學之原理規則之材料。其心靈之所向，則只此原理規則之自身。由此而他人可據之以爲施行道德判斷之根據。他人復可於道德哲學書中，尋出其道德判斷之理由，或理由的理由，以至最後理由。但是道德哲學家自己，或人在作道德哲學的研究時之心靈自己，在此只是理解一切道德生活，亦理解一切道德判斷，並理解此一道德生活與道德斷判之相互的關連，而求配合之於一理論之系統。其興趣，只在此所理解之內容的關連、與理論系統之成立上；而不在他自己之實際生活上，定要依之以作對己對人之具體判斷。這樣，則人可天天想道德，天天談道德，但是他却可自拔於一切人間的毀譽是非與具體的道德判斷之外，而自居於道德原理之世界。於此他亦可由對道德原理之體驗，而加深其內心的道德性。有時亦可湧出對於此道德原理之崇高，加以讚嘆的感情如康德之讚其心中之道德律。這亦不能不說，是使我們從互相責斥的道德生活中升起，而解除此中之一切精神糾結繫縛的一條路。

（七）上述科學及哲學的理智態度之自私性

但是由這些道路，以解除我們上述之精神糾結繫縛，都是純理智的路，其根本精神都帶自私性。這些路不是莫有其一方面的價值。人能走上這些路，初亦仍須一種道德力量。人如是被逼上此路如斯賓諾薩，其遭遇亦有可令人同情之處。但是走這些路的人之根本精神，畢竟是對世界缺乏同情而爲自私的。人只在這些路上走，人只能順承世界，而不能拯救世界。人在這些路上走，對於一切人間世與他人之罪過，固然可一切赦免，而撤回其對他人之一切判斷斥責，但是他亦不免同時要去撤回其對人間世與他人之一切眞正的讚美、崇敬、佩仰、同情、憫恤。「各人自掃門前雪」的道家作到家，而退縮干自我之核者，固無一切對人之眞正之讚美等。人依斯賓諾薩之必然論的世界觀、科學家純事實觀、一般道德哲學家之純原理觀，去看人間世看到家，亦不能有這些。如果一切人間世或他人之動機行爲，只是事象，只是可由概念規定，由其背後之實體與前因等解釋，則一切人之動機行爲之可讚美崇敬之處，即立刻全部化爲乾枯的概念，再沉入於其所屬之實體與因果系列之中，而散入於此實體中，退縮於無限之前因，乃對我一無感動之效用。如果我在具體生活中所接之一切人間世中，我與他人之一切動機行爲，只是成爲我發現道德的原理根據或材料，則此一切中之可讚美崇敬之處，亦立刻全部升騰，而化爲只在一哲學心靈中存在的道德理念。這些道德理念之最高的效用，亦只營養此哲學心靈自己，即哲學家自己。此處即有極深細之自私。此是一採日月精華、天地靈氣一類之自私。而走這些路的人之赦免了其對於人間世及其他人之罪過，亦同時是要棄置此一切罪過而不顧，而任之放弛的。因爲人依這些道路，來看世界，世界無論如何再墮落，以至罪惡滔天，但是在這些道路上的人，本其態度去應付，永不致應付不了。因爲我總可把我之自我，再向內縮進，我只掃我門前之一撮雪，一片雪，把生命精神之核再變小一點，總是可能的。無論人間世罪惡如何滔天，此滔天之浪，總有形狀，總只是如其所如，總可視爲被決定的，亦總可對其現象作科學的描述，並對其因果關係、共變關係作科學的研究。無論世界如何壞，科學研究永遠是可能的。同時道德哲學亦永遠可能。道德哲學家所發現的道德原理，亦可永不搖動。不過世界之現實，更不能體現此原理，二者相距更遠一點而已。因而無論世界如何壞，道德哲學家仍可以對其心中之原理之體驗來充實其內在之道德性，而營養其個人之道德的靈魂，如柏拉圖之以理型世界之至善至美，營養其靈魂。因而這些路上的人之態度作到家，一方面說可一切都不怕，其心可如金剛，世界無論如何壞，都可壞不了他，但是他亦可不去拯救世界。在此處說，亦卽有一極深細的自私。他這種態度，使他以外之人間世中，可讚美崇敬的人心動機與行爲，無眞正的依恃處，亦使世間之罪苦，無眞正的交代處與拔除之路。

拾叁、論精神上的大赦（下）

——現代中國知識分子相互赦免其罪過之路道及其問題

（八）宗教家對罪苦世間之超越情感及其非平等的道德責任觀

不甘於個人精神上的自了，對人間世的罪惡苦痛本身能正視，而又要求加以澈底挽救的一偉大精神，是耶穌、佛陀的宗敎精神。他們的精神不全相同。但是他們同對於人世間的罪惡痛苦之存在，眞正有一不甘心，而要想澈底根絕其來路。他們同可放棄對世人之直接的判斷斥責，而同時要拯救世界。世界在他們之前，亦才眞展現出一根本的不合理。世界在順承事實的斯賓諾薩及科學家之前，莫有不合理。因一切中皆有可知的科學哲學之理。在上述之道德哲學家之前，此世界之事雖多不合道德理性，但至少可以由之反照出道德理性，或成爲道德上之合理者，展現於道德哲學家之心靈之前的根據或材料。因而此世界亦不必不可一日居。然而在耶穌佛陀之精神之前，則此世界，顯一根本上的不合理。此根本的不合理，是對「他們之道德理性之全然伸出於他們自己之外，所化出之感情」而顯。依此感情，必望世間無罪惡與痛苦。而此二者在世間，却偏生生不窮。此感情要去此後二者，使之不存在，而後二者偏偏繼續存在，此中有一絕對之對反。於此對反中，卽見世界之根本的不合理。因而此世界，乃原則上不可一日居，既居之則必須加以超渡，加以拯救者。依此宗教態度所發生之精神，是一絕對的熱情。但是此熱情本身，不能解釋與其所望相反之罪苦何以存在。同時亦不能止於「判斷其不當存在」，更不能止於指責他人「何以任其存在」。因爲如止於此判斷與指責，則人在判斷指責後，人之精神還是縮進於自己之內。此中仍有一冷。絕對的對世界之熱情，要衝破此冷。此冷不能解決問題，因罪苦仍在世間存在，冷不能解決問題。而耶穌佛陀之一生，所能實際表現的拯救世界之力，又仍有限，由是而更反顯出世間的罪苦之爲客觀存在的事實，及此事實之理當有其源遠流長的原因。此原因不能如科學家之求之於外在的自然社會，因此罪苦爲人心所感受，自人心中顯出。由是而佛敎基督敎說其原因，爲人心之前世之業障，爲最早的人類祖先亞當之犯罪。這就在一般常識科學的因果系統之外，另肯定一超越的罪業之因果系統。人之罪業，由隷屬於此因果系統而有，于是其罪苦之產生，成爲有另一種必然性。而我知人犯罪爲必然，亦卽同時可加以諒恕。人與生俱生的，帶來了罪業之種子，却在其今生開花結果，並因罪受苦，是謂大可憐、大可憫。由是而對人之罪苦之悲憫之情生，對人之原恕之愛生。而人在此想着世界之罪業之源遠流長，宛若無窮無盡時，人本其熱情所發出之解除苦罪之願望，遂亦無窮無盡。由是而佛陀與佛徒有大願，基督敎徒必須肯定有能爲一切人贖罪的耶穌，與全能的上帝。由是而世間之苦罪，則成孳生佛陀與佛徒之大悲者，亦使基督敎徒更去祈求上帝耶穌者。此罪苦與佛力及上帝之力之同爲無限，可使他們感一精神上的平衡。由此而他們亦可在此不可一日居之世間居住，以作其拯救世界之事業。

上述基督教佛教之精神，無疑有其極偉大的地方。此極偉大的地方，在本文系統內說，卽在其能一方赦免他人之罪，而一方保持其對他人之同情心、愛心、悲憫心，而又一方則使人可由對上帝、耶穌、佛陀之崇信，或自己信心願力之引出，而去超化此罪業。而且因此二宗教精神之肯定罪業之源遠流長，與佛陀願力之無盡，上帝耶穌之愛之無盡；因而人之超化此罪業之道德努力，亦自當求爲無盡的。此無盡之努力，是可得上帝、耶穌、或佛陀在冥冥中之扶持的。由此而可引出種種對神或佛之讚嘆、崇仰、歌頌之宗教性感情，此感情又可加强人對世間人之原恕、同情、愛及慈悲。

此種宗教精神本身，亦確有一極大的安慰人生之效用。此效用之最顯而易見者，是人全在宗教精神中生活，並習於透過上帝耶穌之愛或佛陀之大悲來看自己時，則人可產生一自己罪苦如不存在之感覺。此感覺並不必是壞。但我們眞透過此感覺，以再來看世間之他人時，世間之他人與我，却成爲在上下之二層者。我如已上渡船，而人在苦海；我如已得上帝之恩，而不信上帝者，卽在惡魔之畔。於是人依宗教感情而生之對世間之態度，卽約有三種，一種是上而向下流的同情悲憫。如佛家式。一種是學耶穌之擔負人間罪苦，而願在世人之下，把罪苦之責任負於己身。此二態度，是好的。而此二態度之下降而墮落所產生之另一態度，則亦可能是一自覺在一切俗世的人之上的一種傲慢，與對俗世人之一種輕藐。人如有此傲慢與輕藐，固然是重新把自己與世間人分裂。人卽學佛陀之自上而下的無盡悲憫精神，與學耶穌之担負人間罪苦，仍是使我自己與他人之關係，不免於成一不平衡、非對等的關係。因在此後二者中，人可使自己所担負之責任，成無盡的重，亦可自視其精神，若可憑仗上帝耶穌或佛陀之力，而若有無限的前程；而他人之自救之責任，自拔於苦罪之力，在此對比中，卽若成無限的輕。此卽可自然孳生傲慢與藐視。遂使宗教徒之表面上的不判斷責斥人，與所表現的忍辱謙卑的精神，在底子上，可遙通於對人之傲慢與輕藐。此對人之傲慢輕藐，與對人之原恕悲憫，在此可依於一根而生。此一根卽肯定人之苦罪之源遠流長。源遠流長之苦罪，在自己一方面者，可由自己之宗敎精神，自己對上帝、耶穌、佛陀之信仰，而宛若不存在。而他人之苦罪之源遠流長，卽凸出於我之意識之前。我對人之態度，遂不出於自上而下之悲憫，代人受苦罪，與傲慢輕藐之三途。而此三者同可使自己與他人之關係，成一不平衡非對等的關係。此關係中，有我自己與我所信仰之上帝或佛菩薩合力，卽能救渡他人、拯救世界之肯定，而無他人亦能拯救他自己，世界亦能拯救他自己，且帮助我之拯救自己之肯定。因而對人對世界，將缺乏一眞正的敬意。而眞有此肯定此敬意者，則是肯定人之性善、天命流行之至善，而不只從人之有苦罪着眼的儒家。

（九）儒者之信仰與對罪過之實踐態度及內恕孔悲的心情

儒家之所以不只肯定人之有苦罪，且肯定人之善性，其與宗教家之偏重肯定人生罪苦之存在之不同，在儒家之感情，不似宗教家之感情，依於人之道德理性之全然一直伸出，而冒於有罪苦的人間之上面而生。宗教家之感情，因其乃冒於有罪苦之人間之上者，故爲下覆于罪苦的存在之上的。由此而生的人對罪苦之認識，即亦爲一自上而下之加以置定，再推溯其原至生前之原始罪惡，與前生罪業，於是把他人置放於一先天的苦罪系統中。這樣他人如不似自己之信宗教，便只能是可悲憫者、待賜恩者、亦成可輕藐者。而我不能對之有眞正的敬意。而儒家精神之平易而更高明之一點，則在儒家可由自己當下之悲憫罪苦，或厭惡罪苦之一念之自覺，而將此悲憫厭惡之情，收歸自己，以識得自己有求超越此罪苦之仁性仁心；而同時復依理性而普遍化此仁性仁心，知人亦有此仁性仁心，能自求超越於罪苦之外。即儒家於此，能絕對不以越超罪苦之仁性仁心，爲自己所私有，而依自己之仁心仁性，以肯定此仁性仁心之具足於他人，而視一切人皆同本來有一能拯救其自己，進而拯救世界之心性。由是儒家亦能放棄其個人對世界之判斷與責難。這與宗教家之由先天罪業之源遠流長，以放棄對人之判斷責難不同。這是依於積極的肯定相信：人之自能判斷他自己而自責，以求超拔於罪業之外，亦即依於我之相信在我之外之他人中世界中，原自有一能拯救他自己至善的東西之客觀存在着，此之謂至善的天命流行之分別表現爲人之至善的仁心仁性。

對於這個至善的天命流行之存在，與人之至善的仁心仁性之存在，在基督教及佛家之哲學中，亦不是絕對莫有相類的東西。但是他們之所以成為宗教的根本精神，則不重在這類東西的。而儒家之整個精神，則繫於此信念。依此信念之絕對性，而儒家遂亦能絕對的撤回其個人對他人對世界之一切判斷責斥，而寬恕他人與整個世界。

儒家這個信仰，不能在一般科學中求根據。因一般科學，只肯定事實之存在。亦不是一般道德哲學上的原理規律，因儒家之仁心仁性，是指我們所接之具體的一個一個人的仁性仁心。其所信仰他人之仁性仁心之必然存在，亦不能用一般純理性的論證，正面的加以證明，這至多只能從反面的不存在之不可說，以指點其必然存在。而其存在，亦即於人之感有反面之罪苦而不安處，最能顯出。你如果承認你會因感你與他人之罪苦而不安，即反證你有一拔除你與人之罪苦之至善的仁心仁性。如果你說你能於此感不安，但並無此至善之仁性仁心，則你永不能知你何以有此不安，亦尚未知你之此不安之涵義。此不安，既是不安於罪苦，則發此不安之情之心性，當然是反於罪苦，而為求拔除苦罪之至善的仁心仁性。你如說你根本無對罪苦之不安，則我不相信你眞無此不安。我何以知你必有此不安？因我有此不安。我由此不安，知我有仁心仁性，而我又不能私此仁性仁心為我有，便可依理性，而肯定與我同為人之你之必有。縱然你暫全不現此仁性仁心，自覺你無，我仍將肯定你之必有。此理由說到最後，莫有別的，即我不能忍心你莫有，所以我就肯定你之必有。你現在莫有，將來亦會有。因而你總會有一天對於世間之罪惡苦痛之存在，感到不安的。你現不自覺有仁心仁性，亦終會自覺有仁心仁性。但我之此一肯定，仍儘可以爲你現在所不承認。因而我現在，便仍無法獲得我以外的你之證明。但是我在此，可不需要此外在證明。因我已有一內在的證明。此卽方才所謂「我不能私此仁心仁性爲我所獨有，而不能忍心與我同爲人之你之莫有」之一句話。這一句話之涵義，最後只賴於人之各自悟到，如再多說，則又離之愈遠矣。

儒家肯定人之性善，肯定人之有仁心仁性，能自拔於罪苦之外，所以依儒家之敎，我可撤回我對他人或世界之一切判斷責斥。我亦並不須只在他人或世界之上悲憫他人，亦不須學耶穌之擔負世界之一切苦罪於我一人之身。我可以天下爲己任。但他人亦可以天下爲己任。因而實際上，只有我與人之共以天下爲己任。於是天下縱少一個我，世界幷不必沉淪。至善之天命之流行不息于人之心性，世界仍將升起。這亦是一個絕對的信仰。

儒者依其仁心仁性之呈顯，而對他人或世界上之苦痛罪過之存在，不能不求加以化除，並望他人與之合力加以化除，以使之不復存在。但何以仁心仁性望其不存在的苦罪會存在？這也是仁心不能解答的問題。但是他可無此問題。因爲他可由實踐，以使之不存在，而取消此問題。人只肯定苦罪之存在，而追溯其原因於前生及外在之他物，可滿足人之理智的興趣，而使之在人之理智中，成爲可理解而合理。然而仍不能在人之求拔除苦罪的仁心中，成爲合道德理性之理者。依道德理性說，他永是不合理。無論推溯其原因，至如何的遠，問題仍然同樣，他同樣不能在仁心中找出其存在的理由。他之存在，仍是一根本的不合理。此根本的不合理之存在，祇能由實踐以化除取消其存在性，以解决由其與仁心之對反而生之問題。離開實踐，此問題永無究竟之答案。有了實踐，以逐漸取消其存在，此問題亦卽在實踐中自己逐漸銷融。透過實踐來看，我們可以說其存在，卽爲成就此實踐。而成就此實踐，卽其所以存在之理。人如不肯安於上之所說，而欲自其原因之指出，以使之合理化，此祇是合另一知識上之理。而人如安於其所合之另一知識上之理，而忘却其對仁心之根本的不合理，則此正是想自逸於仁心的實踐之外，而此却成爲依仁心之實踐看來之最不合理之事。

依儒家之教，對於罪苦之存在之問題，永不當由追溯其原因之道，加以解决，而只由實踐加以解决。因而我對於他人之罪過之原恕，永不依據於視他人爲現實上之被決定者，把他人交代於任何因果系統；而只依於我之把他人交還於他人自己之仁心仁性，卽他人之良知。此是一眞正的把人與我互相判斷斥責的糾結纏縛，直接加以解開之道。然在此解開之後，又另發現一人與人間之一精神間之聯帶，可永使人耿耿於懷。此聯帶可以無限的放長，故幷不將人與我繫縛。然而此聯帶，可使我覺我與人之人格，無論如何彼此獨立，然我永對人之仁心仁性或良知之未能大顯於人，有一種深情。此深情，卽對人之一面原恕，而一面悲惻的孔子所謂內恕孔悲的深情。

依我們自己之良知，我自己之罪過是一不合理，不合理卽無理可說，而爲一純事實。此事實是依良知之理性，當由實踐加以化除的。而他人之罪過，亦是一不合理，而當依他人良知之理性，由實踐加以化除的。我依我之良知之理性，我必希望人之能依其良知之理性，而將其罪過呈現於其自覺心之前，以自己化除其罪過，如我在本文第三段所說。我依我之良知之理性，我亦可知他人之必亦有良知之理性，能自知自去其罪過，此是一超越的肯定。但是我依我良知之理性，却不能知道他人之良知理性之呈顯的程度之如何。而人之良知理性之呈顯程度，在實際上看來，却是各人在各時候，各不相同的。所以世間有各種深深淺淺的不同罪過。人是否可有同樣的良知理性之呈顯，而對同一之罪過，則或能去或不能去？我認爲這是不可能的。卽王陽明所謂眞知而不行，是不可能的。人知而不行，則人心中所呈顯者，必尚非足够生實踐行爲的良知之眞知，而只是一種概念符號之理智之知。因爲如是呈顯程度相同的良知之眞知，何以會於一人能去某一罪過，而某人不能？此無異謂良知之眞知，有時是無能的。如其有時有能，有時無能，則無異否認一切人良知之同有去罪之力。我之良知能去罪，而他人之良知不能。此本身是不合我之理性，亦違我之良知的。所以我如肯定我之有良知，卽必然同時肯定人有同一良知之呈顯，必卽有同一之去罪之力。如其無同一去罪之力，卽反證其未嘗有同一之良知呈顯。由此而我們看人去罪之力之各不相同，所犯過失之各不同，則我們便必須除一方對人之有同一之良知之存在，作一超越的肯定外，一方亦兼必須對人之並莫有同一程度的良知之呈顯，作一經驗事實的肯定。然而此處，卽又有一根本的不合理之事實，存在於宇宙間。而此事實，是聖人亦無奈之何的。而此中之無可奈何中之奈何，只能是一內恕孔悲，及緣此而生人與人之相互的勸善規過，而互作精神上的施與。此乃一非相互責斥判斷式的師友之道。

（十）儒家對於不合理的事實之承担及眞平等的師友之道

依儒家的道理，必肯定人之有罪過。且同時肯定人如要去罪過，則人能去罪過，因人能同有良知。此良知是能呈顯的，而他只要眞呈顯，卽是有去罪過之眞力量的。但是何以人之良知不同樣程度的呈顯於一切人，而實表現同一之力？則無理由可說。我們固可說是氣質之昏濁或罪過之存在，蔽住了他。但此等亦卽是良知之未大顯的別名。我們不能說因罪過有其他罪過作原因，或有無限的引生罪過的氣質上的、遺傳的、環境的力量作原因，所以良知戰勝不過罪過。因爲如一罪過能因一有力之良知之顯，以戰勝之，則罪過之相繼引生，亦可有良知之相繼引生，以戰勝之。良知之戰勝不過罪過，仍只因良知之未能相繼引生、相繼呈顯。如說罪過之原爲無限，則良知之力，亦爲無限。因罪過之爲罪過，只對照良知，而顯其爲罪過。無論如何，我們不能說罪過可溢出于能覺其爲罪過之良知之外。如溢出其外，則不成罪過，以無能覺之者故。如不溢出其外，則良知之充量呈顯，卽必能戰勝罪過，以良知卽以惡罪過爲本性故。然則人何以有良知不充量呈顯，以去人之一切罪過之時？謂良知更無能顯之性，此不能說。此無異否認人之有良知。良知有能顯之性，何以又不充量顯示？此則無理由可說。此只是一頑梗的經驗事實。但此與一般所說爲客觀所對之經驗事實，不同其類。此是一關於人格自身存在狀態，與其所具有的超越的良知之關係的經驗事實。而此無理由的頑梗的經驗事實，則是我們所只有加以面對，而肯定其爲事實的。然自其爲事實言，則無可斥責。由此而在人以良知未顯，而有罪過之一義上，一切人皆無可斥責。因爲並莫有人自甘於其良知之未顯。其良知之未顯，在此亦無理由可說。然而對知此事實之我之良知言，則此事實又不是我之良知望其存在的，因我之良知是望一切人之良知之充量呈顯。由是而此事實之存在，復與知此事實之我之良知之願望，有一根本的對反。然而此事實，又是我之知此事實之良知所必須肯定其存在的。否則全人類皆已成爲聖人，人間已成天國了。此事實爲我之良知所不望其存在，而又必須肯定其存在的。於是其存在，卽爲我之良知之一擔負。而此擔負，則是我無法由自力，加以卸掉的。我對我之罪過之擔負，我或可以我之自力，逐漸加以卸掉。但我之良知本不望其存在，而由他人之良知之不顯，而生之罪過，則我永無法只仗我之自力，以使之化除。因而對此無理由的「良知之不顯於他人，而不合我之良知之希望之事實」所加於我之良知之擔負，便是我永無卸除之保證的。此卽成爲我之良知之永恆的擔負。我縱爲聖人，我仍永將擔負此無理由的「良知之不顯於他人」之事實。由此而我了解聖人之有一永恆的悲惻之最深的根之所生。此見良知理性之充量呈顯於我時，亦顯出我須依此良知理性，以負擔一絕對的不合理之事實。而聯繫此良知理性與不合理者，卽只能是一永恆的悲惻。此悲惻之不同於宗教家的悲憫，在其依於先積極的肯定人之有良知。因而其對他人，是自始以向上的眼光去看，而非以自上而下的眼光看。此悲惻在我與他人之腰間振動，而不在他人之頭上振動，以下救人。亦不在他人之足下振動，而要我擔負他人的罪惡。因我知此是我所永無力擔負，此永是要賴他人之良知之呈顯，而賴他人自力以拔除的。我在此所擔負的，只是由我之先肯定他人之良知之存在，而反照出的他人之良知之未顯，所致於我的希望之喪失。我有此希望，我卽當擔負此希望之喪失所生之悲惻。因而我仍只是擔負我自己所本當擔負的。然此自己對於自己此當擔負者之擔負，却依于我對於他人對於世界之最高感情，亦卽依于我自己之流露了我自己之不容已的最深性情。

從儒家此種悲惻所產生之對人之最高的行爲活動，既非基督教佛教之擔負人之苦罪，或悲憫人之苦罪，亦非祈禱上帝佛之力量之降臨，而只是喚醒人之良知，或由人之良知之呈顯處，指點其良知之存在，而使人更自覺其良知之存在，而於此自覺中，自己逐漸增加其良知之呈顯。或以自己之行爲，感動他人之良知之呈顯。除此以外，則我對他人之良知之如何呈顯，與呈顯至如何程度，更不能再有所爲。而我之所爲，是否卽能使人之良知如我之所望而呈顯，我亦永只能希望，而不能期必。由是而我之失望之可能永在，對此失望之可能之永在，我亦不能有所爲。而上文所擔負之悲惻，與我之對他人之最誠摯的在精神上互相施與、互相扶携之意，當永遠同在。

以上是假定我是聖人的話。然而實際上，我們不能卽是聖人。我如非聖人，則不僅他人的良知之未呈顯，可使我生悲惻，我自己之良知之未呈顯，亦同樣可使我生悲惻。但是我對我自己之良知之存在，既亦有一超越的肯定。則我對我自己之悲憫，亦不只是一悲憫，而是一向上求我本有的良知之呈顯的憤悱之意。此或是自己使自己的生活，向超越的良知湊泊，或引申已呈顯的良知，而下貫注於我之生活，使之更充量的呈顯。同時亦兼須由觀他人的良知之呈顯流露於他人之言語行爲，或對我之規勸指點，以引發我之良知之更充量的呈顯。由是而我與他人之關係，卽爲一純粹平等的，以師友之道，互相策勉之關係。而此卽儒家所啓示的，人與我共謀進德，以共免於罪過之大道。

儒家這種依於肯定人之各有其良知，人各當反求諸己，對其良知負責，人與我共謀進德的師友策勉之道，實行起來，是至簡易，而亦至平常的。然而此平常中的高明深遠，則是此中我對人之態度，既非直接的判斷責斥，亦非我之縮進於我自己之內，而以理智靜觀世界。亦非直順一超越的感情，去悲憫他人之罪苦，或承擔一切人之罪苦。這種種對人之態度，都可露一時之精彩，與一時的大願深情。而在根柢上，亦都有流弊。此或是違於人我平等之禮，或違於人我痛癢相關之仁。只有儒家之態度，才能眞正肯定人我之皆有其自拔於其罪過之外之良知，因而我不當只依我所覺之道德原則，以直接判斷他人，而當信人之良知，亦自能判斷其自己。我對人之態度，便只是希望其良知之充量呈顯。而于此希望之不達，人之良知之不充量呈顯之事實，則我只有肯定其爲事實。我於此除與人互相扶助，以求此良知之充量呈顯於人與我而外，不能再有所爲。因而由於人與我之良知之未能充量呈顯而生之悲惻憤悱之意，爲我所永不能絕。此卽畧似於佛家之悲憫，耶穌之擔負罪苦，而又不同。其不同之所在之根本上的一點則是：儒家對人之良知之存在之有一超越的肯定，而此肯定，則依於我當下的良知，發現此良知本身之爲我所不能私有，而當普遍的爲人所具有者。而此發現，則依於我之能自覺其依道德理性而生之超越感情；而不似佛教基督徒之將此感情直發出去，以冒於罪苦之世間之上。凡此等等，皆其幾甚微，而毫釐之差，有千里之謬。是皆待學者之重覽前文，再自反諸心，以求此外非責人，內非執己，上不在天以悲憫世間罪苦，下不在田以負擔世界罪苦，不落此四邊的「我與人共策勉於各充量呈顯其良知」之師友之道也。而此亦卽眞能解開吾人上述之人與我互相判斷斥責所成之糾結繫縛，又能合於人生之正理，而人人當下可付之實踐之道也。

（民主評論七卷三期至四期四十四年二月）

拾肆、精神上的合內外之道

——反求諸己的精神之充實拓展與現代社會文化生活

（一）前　言

我在論精神上之大赦一文，已純從理論的立場，講了各種解開人與我互相判斷斥責所成之糾結繫縛之道，而歸於儒家之反求諸己的精神、師友策勉之道，爲最合人生正理者。我們之意在由此糾結繫縛之解除，而開出我們之道德生活之新路。但是我在本文，將進而說明在實際應用上，我們亦並不能將中國傳統儒家所講之反求諸己的精神、師友策勉之道，照原樣的拿出來，應用於今日，便足够。此主因是我們不能不注意到，上一文所述各種今昔中國人社會文化生活情勢之不同。此不同之最凸出的一點，即中國現代一般人所重之科學與民主政治、及宗教生活、與各種新的社會文化生活，都至少在表面上看來，是向外面之自然社會上帝等追求，而非反求諸己的。而這些現代中國人所重之社會文化生活，亦不能說其中不表現一價值，全不能帮助我們解除上述之糾結繫縛。因而我們眞要開出我們今後之道德生活之道路，必須把我們之傳統的反求諸己的精神，師友策勉之道，加以充實，而拓展其應用範圍，使之在種種新形態中表現，使足够涵攝、持載一切有價值的現代社會文化生活，而將不以排拒現代社會文化生活之姿態出現。於此吾人所需之最重要的智慧，則是在認識一切表面看來是向外而非反求之各種現代社會文化生活，可幫助我們解開前述之糾結繫縛的意義，其與反求諸己的精神，似相反而相成的意義；及反求諸己的精神，如何可在其中以一新形態表現，及同時能把他們收攝於此精神之中，以成為此精神之內容，而使此精神之內容更充實的理由。而其次要的智慧，則是認識在此中西文化接觸，而人們之生活及思想極端複雜，而道德的生活及思想，亦處處充滿矛盾衝突的時代，我們必需要先穩定住自己，才能開步走。因而在前一文所述之各種解除我們之糾結繫縛之道路中，我們所認為最低的第一類的，人對他人與世界的態度，亦有先多少加以採取的必要。由此即可連到現代之科學哲學的理智活動，與反求諸己的精神的關係之說明。本文亦即從論此開始。

（二）科學哲學的概念格局之成立與反求諸己的精神

我們方才說，我們當先多少採取前一文中第一類的，對他人與世界之態度，以在此人們之生活與思想極複雜而富矛盾衝突的時代，穩定住自己。此即是說，在此時代，我們隨時需要一種精神的凝聚，亦即需要常從外面的世界，撤退於我自己之內。自私固然不好，但是人要維持他精神的凝聚，實際上總需要一時之視外面世界若無物，或使自己與外面世界間，暫隔一道牆。此中仍可說一對世界之冷。但是此種之冷，至少在此一動亂的時代，仍是人求凝聚其精神之初步的必需。此在古人，卽是一道家式之隱者精神。孔子在一方面，正是讚美隱者的。在現在的時代，我們之身已很難隱。人所遭遇的外面來的刺激太多。早晨的報，卽把全世界的消息帶來。而報上卽隨處都是刺激。在刺激太多的時代，人不能只任此心隨刺激波動，而不斷作流走的直接反應。這需要隨時退歸自己，凝聚精神。古人說大隱隱市，現在更需要一大隱隱市的心靈，才能在無限複雜矛盾的刺激之前，穩定住自己。因而某一方面冷，是不能莫有的。冷可止一切內熱。但是只是楊朱式、莊子式之冷，在現在不够。因其只是一態度，而無一套眞能貞定外面的刺激的工具。而眞能貞定外面的刺激之一套工具，正是現代之科學哲學。人從事現代科學哲學研究，其心靈可是向外在之對象的。但此研究對心靈之價值，則是內在的。此內在的價值，不只是成就許多知識，使我們得許多眞理，可以拿來應用以改善人生社會。亦同時是成就心靈精神之一種冷與凝聚的。此因科學哲學之研究，可把來感的刺激事象，加以外在化、客觀化而推開。此點我們上一文已說。科學哲學研究，不管是否假定一必然論的世界觀，總是要成就各種概念的體系。以任何概念體系，去概括具體事象，恆不能免於有所遺漏與不適切。從此說，一切概念體系，都是不必全眞，而待不斷修正的。但是從概念體系，對於我們之精神或生活的自身之價值說，則任何概念的體系，都可把自外面世界來之刺激事象與我們之貼切關係，隔一隔。每一概念體系，卽是一概念格局。具體事象安放於此格局，則具體事象間的關連，亦同時鋪開。而我們之心靈，亦卽隨此格局之成立，而橫面的鋪開拓展。此概念格局可以是關於事象之因果牽連的概念格局。但關於事象之因果牽連之概念格局本身，仍純是由概念的關聯構成，而鋪陳於事象之因果牽連之上的。因而他並不卽使我們自己之生活，更陷在事象之刺激，與我們之直接反應之因果牽連之中，仍可使我們超越於事象之刺激，與直接反應之因果牽連之上。科學哲學的態度，固可以看一切都是必然的。因而可視人之一切罪惡之產生，都是由人之習慣本能，下意識中的欲望所必然決定，或社會之環境，人所屬之階級，所必然決定的。但此看一切爲必然之心靈自身，則正同時是超越於必然之上，而爲自由的。能理解一概念格局，成立一概念格局，至理解成立各種概念格局，或層疊的概念格局，人卽總可把外面世界與我之勾鏈、糾結、繫縛，次第鬆開，此卽斯賓諾薩的智慧之核心。由此而我們可看此外面世界之事象，如棋盤中的棋子，或窗櫥上的風景，或地圖上的點綫，或檔案架上的文件，而終於見具體事象之世界，對我之刺激力量，向遠處退却。而我與世界間之空間，便逐漸的寬闊。他人或人間世對我之判斷責斥，我便更可無所寄心。而我對他人與人間世之判斷責斥，亦一一爲我對他人與人間世之理解所代替，皆漸化爲我之知識之內容。但是這些概念格局之價值，却都要從他們對我們之心靈或生活之關係上去看，才看得出，亦才能領畧。而此處正仍需要一種反求諸己。此處之反求諸己所可發現之價值，乃與人所從事的科學哲學之研究工作之進行，同時增益。但人如果只看概念格局或對外在對象之眞理價值，則這些價值之增益，都看不見。但雖看不見，他仍然存在。只要人一念回頭，便都能看見，而自覺之。此看見而自覺之，卽不特成就了知識，亦同時成就了我們之心靈與生活上之向上與自由。而我們能在此處，下一點反求諸己的功夫，則使我們之科學哲學的研究，一面爲向外之事，而同時爲向內之事，而皆成爲與我們求心靈與生活上之向上與自由，不相礙而相助者。在科學哲學研究中，各人皆可只研究科學之一部門，或從一觀點去成就一哲學系統，因而人可先自覺的限制自己，與人同在一客觀的存在世界眞理世界之前，分別從事研究，而成就一彼此尊重其地位的師友之道。此亦卽同時推擴拓展了中國先哲所重之反求諸己之精神之意義，而使之可在當前時代所要求的科學哲學之研究中，表現一新形態。

（三）民主政治生活與反求諸己精神

其次，我們當畧說現代人所崇尙之民主政治，與反求諸己的精神之未嘗不可相輔爲用。現代之民主政治，從其施行的方面說，是重個人的。此中需要人民之自覺其自然權利與政治權利。而人在自覺其自然權利與政治權利時，此中卽有人之心靈精神之回頭縮進，而回顧自看其自己之所有。剋就此際而言，亦有一心靈精神之自外面世界退却，反到其自己。人們如都能各自自覺其權利，而不侵犯他人之權利，則各人亦卽各安於其本位，而把個人與個人間之空間開拓出來。此亦可在一義上幫助達到莊子所謂人與人之相忘之境界。如今在大都市中生活于旅店的人，各人互不相照，亦有一相忘。此相忘之價值，亦在此處莫有了他人的責斥監視。在中國舊的社會中，人在不能以內恕孔悲的師友之道相待時，人恆好管閒事，而動輒對人作道德批評。此卽演成我們前一文所謂，人與人間互相責斥之糾結繫縛者。然而在西方式劃開各人之權利的民主自由之社會政治制度下，則眞可作到各人自掃門前雪。當然此中亦有一冷。但此冷亦確可使人與人相忘。他人可全不管你私人的權利範圍內之事，而使在私人權利範圍內之事，成爲無人可責斥監視的，而此處卽更無中國式之糾結繫縛。而此亦正卽我們上一文所述之第一類的態度，一種新的運用或表現。

至於從民主政治制度下，人之政治活動之方式說，此固是迫使人向外以有求於人的。卽人於此必須多少作一些自我宣傳，並經他人之選舉，乃得負政治上之責任。而我之被選與否不可必，因而人於此是更最難免於患得患失之心的。——這不似從前的皇帝之治天下，只須反求諸己。因其地位是確定的。亦不似從前之宰相，亦可只須反求諸己。因其地位是由皇帝一人任命的，如要求人，至多求皇帝一人而已。——但是在現代民主政治，却另有一價值，而可成爲儒家之師友之道之一新形態之表現之所。卽在現代之民主政治中，可莫有以一人負天下之重的情形。莫有一人不出如蒼生何的情形。我們上一文論儒家之有平等的人與人間之師友之道，其根據在人互信人之性善。依此性善之敎，人當信仰，縱然世間莫有我，他人亦能救他自己。本此義用於政治，則人當覺社會政治之事，亦不必須由我來負担。任何人理當不以政權爲私有，而當公諸天下。因我須肯定他人來負政治之責，不必比我壞。

由此而見民主政治之根本精神，亦包涵對我以外之他人之從政能放心。此正是相信性善論者之所當至。相信性善，則人在道德上不必如宗教徒之要負擔全人類之一切苦罪，或在一切人之上悲憫他人，而只與人以平等的師友之道相策勉。因而在政治上，人亦不必要如皇帝之居萬民上，而自上而下的行仁政，或存任何「當今之世，捨我其誰」之念，而只與人以平等的公民地位，共同從事政治之活動，或作政治事業。此中正可有一最類似互相砥礪切磋、互相觀摩勸勉之師友之道行於其間。在中國從前儒家之平等的師友之道，一般只表現於社會關係中。雖然依儒家的理想，政治上的君臣關係中，亦應有師友之道行乎其間。王者尤應有師，先「學焉而後臣之」，但實際上，一般之君臣關係，仍只是一上對下的命令或下對上的諫諍。君臣間仍極少見平等的師友關係。而在現代之民主政治中，則因其在本源上，乃肯定一國中人之公民地位之平等，人無一生必須長負政治責任，居政治上之高位之理，因而一切人，同在原則上可有平等的師友的關係。照我的意思，在民主政治制度下人，如愈能運師友之道於政治活動、政治事業中，政治活動政治事業之品質，必能愈提高。因而中國今後之民主政治，亦即當是中國傳統的師友之道，擴大拓展的應用，而以政治之形態表現之一場合。

在民主政治制度下，人之作政治活動事業，求負政治責任，根本上仍只當是爲實現其政治理想，而福國利民。此便仍是依於人之道德責任感。在民主政治制度下，人之道德責任感之表現形態，與以前君主制度下之道德責任感之表現形態不同。在從前之君主，常自覺直接對天、對祖宗、對人民負責。其餘的人民則直接對君主或上級之官員負責，而只間接對人民負責。在民主制度下，則人須先表示直接對人民負責，而間接由人民推選，以獲政治地位，乃得直接作對人民負責之政治事業。因而在從前的政治制度下，人之從事政治者，可只須得上級之信任。只有君主，才須多少得人民之信任。不然，則人民會造反。在民主制度下，則人望被選，先須得多數人民之信任。這在原則上，實是更加重從事政治的人之政治責任與道德責任。不過在民主政治制度下，人如不從政，則此責並不強迫人負擔。能負而後求負，則亦無所謂重。但是人如要從政，則在此民主政治制度下，人必須擴大其心量，以體察多數人民之意，這却是一確定的事。人望人選我，是求諸人。然我之體察多數人民之意，以求被選而從政，畢竟仍是求諸己。此中仍須先有求諸己，然後可求諸人。儒家之求諸己之敎之用在政治上，在從前，只重在君主及宰相那裏。君主宰相必須自動體察人民之意。然在民主政治制度下，則一切從事競選者，在原則上，同須求體察一切選民之意，同須用求諸己的工夫，去體察選民之意。此豈非又是一求諸己之精神之表現於政治者之擴大拓展？由此擴大拓展，至少可使欲從政者，對民意所體察者更多，而民意更能表現於政治。此是民主政治之政治價值。但人能盡量擴大其心量，以體察民意，則同時可使人表現一更高的道德價值、人格價值。此道德價值、人格價值仍斷然在人心之內部，而不在外。

復次，我們從在民主政治制度下，我之求人選我之政治活動本身說，此可自覺是求人的事，亦可自覺是求己的事。此中之爲求人或求己之關鍵，純在人之從政的動機之出自欲施行一政治理想，負政治責任者，與出自欲得個人之權力地位者二者之强弱。如果後者强，則人愈將覺此權力地位之取得，繫於我之外之他人，而愈覺自己之從事競選，是求人。因人在求其權力地位之意識中，其個人自我之觀念是凸出的。其凸出愈甚，則排斥他人愈甚。其排斥他人愈甚，則覺人我之距離愈大，而愈覺我之求他人之選我，是求我以外之他人。反之，人之從政之動機，愈出於一眞正實現一政治理想的動機，則心量愈是能涵蓋人民、體察民意的。因而其個人自我，愈是能向內凹進，以容受他人而攝進民意的。由是而在其意識中，人我之距離愈小。其求人民選他，是望此政治理想之實現。他愈自覺此理想是公的，則他亦愈覺他之求人民選他，不出於私意。因而他亦即可不覺他之求人選他，是求在他以外之人選他個人，而將只覺是求人之帮助他，實現他之公的理想，共謀此公的理想之實現。此時之求人選他之意識，即同於求友以共擔一道義之意識。人求友以共担道義時，道義在我以內，則友雖在我以外；亦同時以一精神聯帶與我相連，而若在我以內。由此而在眞依公的政治理想去競選的人，他亦可並不覺選民之在他以外。而他之一切競選之活動，即將大體上同於人之求友相助之活動，而只是爲其依於道義理想之自覺，而視爲我所當爲者。因而此活動本身，亦即人所自作主宰的使之產生，而屬於自己的。於是此中之求人之「求」本身，成我所自求，而爲人之求諸己之事中之一矣。

（四）現代一般社會文化生活與反求諸己精神

我們如果知道向外求知之現代科學哲學之研究，及民主政治之活動，均可與求諸己之敎不相礙，而且可使人之求諸己之敎有一新形態之表現；便知我們通常所說，現代生活中一切求諸自然，求諸他人，求諸世界之活動，如開闢礦山，遠地探險，畜牧墾殖，向異性求愛情與婚姻結合，向社會求職位，向國外求新知識、新學術，向當今國際世界，求國家民族之獨立等，此通常所謂求諸外而非求諸己之事，依我們的道理，都可與求諸己之敎不相礙，而且都可使求諸己之敎有一新形態之表現，而擴大其涵義。這些活動，就其原始的意義而言，當然都是求諸我個人以外的。這些活動要可能，首先亦須肯定我個人與此我個人以外者之分別。而且我需要先把此我個人以外之其他個人、人間社會及自然界所顯於我前之一切事象，先加以外在化、客觀化，與我個人爲相對；而於此相對中，開拓出我個人與我之外者間之空間，而打開人我間之糾結與繫縛。因而我之向這些外在化客觀化了的東西，一切有所要求的活動，都初可自覺是求諸外的。但是人在進一步有求諸外之活動時，却須同時知道此分別內外而開出的空間之價值，卽在成就我之心靈精神之內部的凝聚，與其前面的開朗寬舒。而我們之由此而繼生的所謂求諸外的活動，在其正式發出時，卽同時通內外爲一，而攝外返內，或以內涵外。否則此活動，根本不可能。而我之「內」之是否能涵外、攝外，卽此一切通內外之活動之成敗關鍵。而此則初繫於我之「內」，是否能有一更大的開拓。唯有此更大開拓，方可使人更虛心求知識，更在民主政治制度下，善於體察民意。而在我們活動發出時，我們亦同時當自覺此活動，爲自內而發。求知識之活動如是，求他人選我之活動亦如是。一切求於外之活動皆如是。由是而我們如於有求於外時，我們眞能自覺此求於外之活動，爲合我之公的理想的、應當的，此求之活動本身，爲我所當求的，則此求於外之活動，卽屬於我之自求，而兼爲我之求諸己之事中所當涵。於此而我一切求於外之活動，卽皆可成我反求諸己之事之內容。由是而可知，依求諸己之敎，我們並不須把我們通常所謂求諸外的活動，都排除出去，人儘可有通常所謂求諸外之活動。此中之要點，在運我們之反求諸己的精神，以與之俱往。亦卽在我們之從事求諸外之活動時，我們同時去自覺：此求諸外之活動，乃由自己而發出。我們之是否眞能同時自覺其眞從自己發出，則繫於我求諸外之活動，是否自覺爲合公的理想的。能合公的理想，卽合理性的。能合理性的，卽在我之心靈精神之全領域中，通得過去的。因而可說眞爲我之自己所發出。反之，如不能合公的理想，不合理性的，卽不能在我之全心靈精神領域，處處通得過去的。我卽雖有某一行動，仍不能自覺其眞從自我所發出。卽此種活動，我們在反求諸己時，將覺其爲當被排斥、被超化的；在我之眞正自我中，乃不能獲得其穩定的地位的。由是凡我們加以自覺後，而又眞覺其合理性之一切活動，卽皆爲我們反求諸己的精神中，所當印可，而與此精神不相爲礙的。此之謂運我們反求諸己的精神，以與一切合理性之活動俱往。

依上文所述，便知眞正之反求諸己的精神，嚴格說，只是一向內向上求行爲活動之通過良知理性之印證的精神。這幷非只一向內縮進之精神，而可是一由先劃開內外，再以內攝外，而不斷向前開拓、推擴我們生活或精神之內容，使之日趨充實而富有之精神。如此則反求諸己，只是使我每一當前之活動，皆成爲能合自己之良知天理，而可普遍化，以與我過去之合理之活動不相礙，亦與他人之合理活動不相礙，而到處可四通八達去者之謂。我想此至少是先秦儒家之反求諸己之敎本有之涵義。後來之宋明理學家，則恆不免限反求諸己之義，於個人之已往行爲之反省，與內心中之涵養省察。此種鞭辟近裏之功夫，固爲我們所不當忽。然他們或不免忽畧人之向自然、向他人、向社會之一切外求之活動，各種社會文化性之活動之重要。因而他們亦或未知一切通常所謂求諸外之活動，及各種社會文化之活動，只要眞爲人自覺爲合理性者，皆當一一加以應許，亦當肯定其皆可與反求諸己之精神不相礙，以擴大己之內容，與反求諸己之精神之內容；則其反求諸己之敎，亦足致一般人之心靈生活，陷於枯萎與局促，而僵化於與「外」相對的「己之內」。于是使一般人由此「己」以伸出之對他人與社會之道德判斷，不知不覺間，亦流爲相互之斥責，而逐漸造成吾人上述之人與人間之精神之糾結與繫縛，是則或爲宋明諸儒之所未及料。此吾人今之更不能不重推擴此反求諸己之敎之涵義，以應合於現代之多方面的社會文化生活，而使此反求諸己之精神有新的形態之表現也。

（五）宗教生活與反求諸己之精神

在我們所說之反求諸己的精神中，可同時包括人之求於自然、求於人、求於社會之一切活動。而我們之肯定此一切外求之活動，卽須同時與一肯定天命及宗敎感情相連。因爲我們肯定外求之活動，卽須肯定其不能必達。求職業、愛情、婚姻、名位，與求自然界社會界之科學哲學之眞理，及在民主政治制度下之求得政治地位，以實現政治理想，以至求個人權利在社會上得保障等，一切外求之事，都是人所不能必達的。卽求這些之事，縱皆爲應當的合理的，而仍不能必達的。應當合理而不能達，則人生不能無所憾，亦不能無苦痛。而其所以或達與不達，則可謂原於命。此處之命非天命之謂性之命，乃指人之心性或人之自己所遭遇於外者。此命爲一非理性（此下之理與理性皆指道德理性）者。由此命見人生之限制。此限制有多種。專連人之道德生活而說，亦至少有二種，一是人所稟賦之氣質之淸濁昏明之命。由此而人之良知能顯露於人之程度，卽在初生，若已各有不同。此本身爲無理可說者。一爲人在環境中所遭遇之命，此亦爲無理可說者。何以人不皆生而氣質同樣淸明，皆順其本有之仁心仁性，以成聖成賢？及何以人之具極正大光明之理想者，而時運蹉跎，竟無遂志之日？此皆直對人之心性本身，或人之道德理性，爲無理可說，而爲一絕對之不合理。然而此二者，同爲人之所不得不承擔。其與道德理性之對反與矛盾，在實際上同只能由實踐而解決。對前者之實踐，是個人之變化氣質的修養工夫，及與師友相策勵。對後者之實踐，是逐漸改造環境，使環境與人之理想相合。但是人無論如何修養，如何改造環境，總不能使一切人皆爲聖賢，亦不能使環境盡合理想。總有許多事，永非人力之所能轉移，而爲人力之所不及。因而此不合理者與道德理想之對反，仍然存在。人一心一意只從事其理想之實現時，或只執其理想以求實現，經不斷失敗，仍不斷努力時，可不怕一切內在之氣質上的、及外在之環境上的一切阻碍困難，而不感此中之問題。但是人如超越其個人之道德努力，來看他人之失敗於其阻礙困難之前，則此不合理，卽成爲只有以悲憫之感去承擔的。悲憫之後所繼者，則是自己之對他人之扶携。此皆可畧如前說。但我對他人之扶携之是否有效，本身還有命在。於此我們如依我們的道德心靈，以一直向前遙望，向人們之活動之前面的歸宿地看，便見人們之一切活動，一切道德努力，如終爲一命運之雰圍所包裹。此雰圍，可由人們之努力，逐漸使之散開，然總不能使之全部清明。而其中若蘊藏無數之不合理之種子，將在人們之前開花。不合理的人生之各種陷阱，各種可能的苦罪之陷阱，如總在那兒，誘人們沉陷。這都是一切聖賢，除了悲憫慨嘆，永無法解決的問題。人在此際，仍將再出現一形上的宗教性之疑惑與感情。此疑惑與感情，仍將以一在現實界的道德努力之外的宇宙眞宰之信仰、彼界之信仰來解決，來圓滿。否則世界之不合理，亦可因其是常見的事實，而成了常道。而求合理之道德努力，反似爲少數人少數時間之事，而成了變道。於是此求合理之道德努力，本身成了世間之一不合理之事，而其存在亦成了謎。如果人求合理之道德努力，永還是應當的。則一切我們一時不能不承擔的不合理之事實，決不能同樣眞實。我們只有說，不應當有的事實，其本性畢竟是虛幻的。其眞實，是我們不應當一直肯定的。至少，其與應當有者，不該是同樣眞實的。於是我們須相信，在一切不能不承担的不合理之後之上，應當有一絕對合理的彼界、或宇宙眞宰。此彼界或眞宰，爲我們之合理的道德努力之泉源，亦爲其眞實性作最後的保證，亦爲一切道德努力所歸宿。此彼界眞宰，亦卽人之形而上的眞性眞心所在。這些問題，我在此並不想從更多的哲學理論上來說明其必然，以說服人。簡單說，上文已足够，重要的在人之自悟。我在此只想說明，人之終不能根絕一種宗敎的疑惑與感情。而依此感情，終將發出一超越的信仰。我們卽可再重新安立世間宗敎的存在的價值。這不必確定爲基督敎與佛敎或任何宗敎，但是任何宗敎，必須依於類似之超越感情，超越要求而立，卽都可在此義上有其價值與存在的權利。此外的我想暫不再多說。

我們雖安立宗敎的存在，但是此中亦無與反求諸己的精神的衝突。人之反求諸己的精神，仍可與一切宗敎的信仰俱往，而在宗敎的信仰中使此精神，再獲得一新形態之表現。

照一般的觀念，宗敎精神根本是有求於上帝或佛菩薩的。因而與反求諸己之精神，是相矛盾的。但是這並不必盡然。因爲人之宗敎精神，畢竟仍由人自己發出。人之宗敎精神，依我們上一文及此文所說，此或原於我們之道德理性之直申，而冒出一對世間罪苦的同情悲憫；或由欲正面肯定宇宙之根柢上之必須合此道德理性，以完成我們之道德的努力與要求。這些都是直依我們之自己而發的情感要求。由此情感要求，而後出現信仰，而後能承載信仰中之所信仰的對象，而對此對象，有宗教上的祈禱，或精神交通等。而此等等，仍是由人之最內在的自己發出的。人在宗教意識中，因自覺其自己之苦罪，及自己力之有限，與對於命運不能不承擔等，當然可覺此形上之宗教對象，爲一超越自己而自存之另一界的實在。此實在如爲一絕對的祂。而我與絕對的祂之間，亦可如有一永不可跨越的深淵。深淵之一面是神聖的祂，此一面是有無窮罪業的我。人在此亦可覺才跨過又分裂，不斷升起，而不斷跌下。但這些同屬於宗教經驗中的事。因而至少在一義上說，仍屬於人之自己之內。卽在人自覺此「祂」此「深淵」、「罪業」等之存在一義上，此深淵等仍在人自覺之內。當然人在此之自覺，亦可未嘗創造其所對之「祂」與「深淵」、「罪業」等。因而這些仍可說爲人之自覺所對或在人之自覺之上，人只是順「祂」與「深淵」、「罪業」之存在而展現於我，以自覺之。但是縱然如此，我們仍至少可說，對人以外之他人言，或自然界言，這些只在人之自覺之內，卽屬人之個體以內的世界中的事，而不關外面之他人與自然界的事。這些東西，同要人之從他人與自然界之世界，撤回其心靈，而後能發現其存在。而在此義上，則這些東西，便通通是人反求諸己之所見。故我們前說人在信仰宗教時，人可撤回其對外在世界之一切判斷，而解開人與人間有相互判斷斥責，而造成之糾結繫縛。人亦唯在自外在世界撤回其用心，而反求諸己時，其精神乃可向宗教方面發展，則在人之反求諸己之精神之內容中，不能說不能包含宗敎精神。由是而我們在前一文所說之第二類的對人與世界之態度，亦皆可融爲我們之反求諸己的精神中所涵。而承認其一方面的價値。

反求諸己的精神之所以又可與宗敎精神相對反，大約有兩種情形。一種情形，是在人順其宗敎精神，直向宗敎的對象，如神、佛、彼界等看，而對之發生祈禱等活動時，人可全忘了其自己，以至把他自己之一切宗敎活動，都視爲非其自力所致，而爲聖靈之感動，佛菩薩之力之加被。因而其自己整個成一虛廓如等於零。(此我們在上一文亦提到)但是在此，人却有其自己之宗敎精神之全部外在化。此外在化之歷程，最後仍必須再繼以一自覺，而使之內在化。否則，此宗敎精神，如並不能使人眞直下同一于神，而人尙有其他異于神之經驗習慣的成份，存在于內心，則後者與一往忘我之宗敎精神之互相混雜，卽可使人失去對于其經驗習慣的我之自覺，而瘋狂，此之謂宗敎上之入魔。在此瘋狂中，人之現實生活所具有一切經驗習慣，全部升騰於一忘我的宗敎狂熱中，而四處爆炸。又如在一神祕之大海中，把自己之生命的船，全部打碎，而木板亂流。這最後仍須賴人之自覺力加以整合，再循序用切實之內心修養工夫，否則，人仍無成正果之可能。此處卽見人之自覺心，對宗敎生活的重要。人之自覺心，是一統攝凝聚之原則。莫有這東西，任何精神生活不能成就。宗敎生活亦不能例外。而人有自覺心，則人之一切宗敎活動，永不能全部外在化，而全視之爲外來。最後仍必須再自覺之而內在之於此自覺心，而使之屬於己，以成就人內心之修養。由此卽知宗敎生活中，仍須有一反求諸己的精神。對宗敎精神求加以自覺，而知其屬于我，卽一反求己之所有的反求諸己的精神。而有此精神，則一切宗教精神宗教活動，便終歸於成爲此精神中之內容。

再一種宗教精神與反求諸己的精神之對反，乃由於人之把其宗教精神，寄託於我以外之他人如僧侶。人之宗教活動、宗教生活，於此卽同於一信仰僧侶而崇拜之，只望由他以得開示，及與之親近之活動或生活。由此而人乃視僧侶爲其宗教生活、宗教活動之外在的權威，而對其所言、所行之一切，作絕對的信仰。此便成爲與反求諸己，全相悖反的求人精神。但是此精神，如不與一「自覺我之信僧侶之活動屬於我，由我決定」之感相伴，則我於此亦成喪失自己者。而其精神之歸宿，則必然成爲：對其所崇拜之權威，作奴性的盲信。此奴性的盲信，最後卽可將使人之精神降落，成爲如一隨人指揮的動物或機器。這樣，人亦永不能眞有悟道而得救之一日。而反於此的，則是使人對他人之一切宗教性篤信本身，成爲自覺的。能成爲自覺的，則人之對他人之一切篤信，卽都成在自己之內者。而人之篤信本身，爲人之如是自覺、反省、反求之所見，則一切對他人之篤信，亦卽與反求諸己之精神不相礙，而皆可爲人之反求諸己精神之內容矣。

人對他人言行之篤信，皆加以自覺，則對他人言行之內容，亦卽必須加以自覺。而人對他人之言行內容，加以自覺，而呈於自己之良知之前，則人同時對其是否當爲所信，與所當倣效而行，亦必有一自作主宰的抉擇與衡定。由是而順人之反求諸己的精神的發展，人在宗教生活中，卽終不能只崇拜盲信權威。由是而人對宗教中之僧侶與先知先覺之關係，最後必將轉成一在宗教生活中平等的師友關係，而不能爲差等的關係，如上帝代表人與罪人之關係——因如此，則終將重形成人與人之間之糾結繫縛——而此亦卽等於謂我們前所述之師友之道，必須運於人們之宗教生活中。而此亦是人在宗教生活，肯定反求諸己之精神後，勢之所必至，理之所必然，而絕無可逃者。

(六) 生活之向前開展與自覺心之向內凝聚之相輔爲用以形成人格精神

我們在上文之意，是一方面要肯定中國先哲之反求諸己之精神及師友之道，一方要使反求諸己之精神及師友之道，推擴其應用表現範圍，而運行於我們一切現代人之求諸自然、求諸他人、求諸神佛等各種求諸外的人生、社會、政治、文化、宗教之活動中。我們之用心，是意在成立一方能承繼中國傳統之人生道德精神，一方亦開拓此精神，以應合於現代社會文化生活，是很明白的。照我們的意思，現代社會文化生活之不同於往昔，是一不容否認的事實。但是一種優良的傳統精神，其本身亦不是固定其形態，而隨時可以新形態表現的。現代的社會文化生活之繁雜，及其重向外求等，使人不斷感受刺激，不斷反應，而張目四顧，到處尋求；此本身確是可使人之精神，日益向外分散，而使人之生活內容，只向廣度趨，而日益缺乏精神之凝聚，與精神之深度的。人片面發展其向外求知識或原理的科學、哲學精神，向外求政治上之權力地位的政治精神，與一往向神祈求，或崇拜僧侶，而忘卻自己的宗教精神，又都可使人之精神，成向一方面之外在對象沉陷，而致心靈之其他方面之閉鎖，與自我之自覺之泯失的。而人心向外求之趨向，與吾人之依於道德理性，或道德原理，而有之對他人之道德判斷，相夾雜而行。則徒使人更由互相責斥，而造成前文所述之精神之糾結與繫縛。而此中之病痛之挽救之道，則在先本人之理智，以客觀化、外在化、一切我所接之刺激事象，而將我與外在世界間之空間開出，以使上述人我間之糾結繫縛打開。而次則賴於人之兼能隨時隨處，對其一切活動、一切生活、有一自覺，而使一切向外求之生活與活動，皆同時成爲人之自覺心所綜攝凝聚，而被收進者。由此自覺心將我們之向外求，而向前順展之活動生活，不斷加以向內收攝凝聚，而我們各方面之生活活動，卽自然歸於互相滲透，而增加了我們生活之內在的充實，內在的强度與深度。我們生活活動，各方面之能互相滲透，乃依我們之有統一的良知理性。理性之本性，卽是要普遍化一種生活活動之形式、或價值、意義於他種生活活動之中。由此而卽可成就我們生活或活動之形式或價值意義之交互貫通滲透，而使此形式或價值意義，爲更豐富化充實化的形式或價值意義。由此而卽可更形成我們人格之中心主宰力量，或人格之安穩、堅實、或貞固。而在上述之人格如是形成之歷程中，人之生活活動之形式，或價值意義之不能普遍化，而在全人格中處處通過去的，則不斷被推向人格之中心之外圍，而終於成爲我們所要超化排除者。此人格之形成之歷程，有如推磨。其不能被消化者，則終將由兩磨之搾壓而出。而此中之全部之事，皆由人之能自覺其生活活動始。人之自覺之强度與深度，卽決定此後之事。此自覺在根本上只是一己之反求。此反求，並不必是先有一所求之對象，而初只是人之在上的自覺心，沿人之生活與活動之邊緣，而加以收攝凝聚。由是而生活之步步向前、向外順展而開闢，我們之自覺心，亦步步向內向後，加以收攝凝聚，亦加以向上提挈。而此亦原爲儒家之所謂反求諸己、反身而誠之教之本意。由是而我們之生活活動，如不一方向前向外開展，則此反身之凝聚收攝，成爲缺乏內容的凝聚收攝。只說隨時隨地在日常生活用此工夫，則此凝聚收攝之工夫，便爲一點一滴的。因日常生活本爲一點一滴的。而人之各種求知識及政治、宗敎等社會文化之活動，則其本身，原有一客觀外在之目的，而原自有一定之軌道，而成綫條式。因而人如能一方從事此諸類活動，而一方加以自覺的收攝凝聚，則可使我們之凝聚收攝之活動本身，亦顯一種眞實的條理。而個人在其所參加各方面之社會文化活動，同用此凝聚收攝之工夫，則可使此個人各方面之綫條式的社會文化活動，互相貫通配合。而此貫通配合，卽亦成我們之人格之中之再一重文理。而我與他人之共同向一對象，抱一目的，以從事一社會文化活動，此亦是使我與人之關係中，更多增一種以共同對象、共同目的爲媒介，而形成之關係。而此中人與我間，亦各可有一師友之道，以共切磋，以求此共同目的之達到。是又使我與人之間，再增加一重文理，而此文理亦皆可爲我所自覺，而視爲我之良知理性又一重之表現者。由是而我們之推擴中國先哲之敎，卽不僅爲勉求適應於現代社會文化生活之事，而同時亦爲義理上之當有，而使吾人之人生道德之精神，更趨於完滿，亦更能表現伸達吾人之良知天理者矣。

關於我們上述之將我與外界之他人等之間，開出空間，而以反求諸己之精神、師友之道，運於各種社會文化生活所成之道德生活，我可喻爲一土星式之道德生活。土星之外環與土星本身間之空間，我卽以喻我與外界之他人等間之空間。而土星之外環，我卽以喻我之向外求，而與人共同參加之社會文化生活之各方面。至土星之本身，我卽以之喻我之道德人格，道德理性或良知之自身。此外環之繞中心而旋轉，我卽以喻此道德人格之主宰其社會文化生活之各方面，此各方面皆爲此人格之中心所攝吸。此土星之環，如無土星之自身，則此環必以太空中其他行星之吸引力，而分裂，以星散。吾卽以喻人之只隨其所感受於外在之事象之刺激而反應，或只在社會文化中順俗生活，人之精神必分散而歸於消失。如只有土星之自身，而無其外環，則土星顯單寒，吾卽以之喻只有道德理性或良知之運用於當下的個人之日常之生活，則人之人格之精神內容，亦必不免貧乏枯淡。此比喻當可助讀者對上文所述，有一直覺之理解。

（七）重建我們的道德生活之幾點實踐上態度與超越感情

（一）據我十年來所感，默觀中國知識分子之道德生活，我總覺到其已日近一生死存亡絕續之交，這並不能只責怪個人。這是因中西文化學術思想的衝激，而後產生種種深入膏肓的病痛。此病痛之核心，即我在論精神的病痛一文所說，人我之互相判斷責斥所造成之精神糾結與繫縛。這個東西打不開，一切個人之新妍、活潑的朝氣不能有，一切精神上文化上之進一步的創造不能說。關於這些，讀者可回想上文所說自明。而此糾結與繫縛之不易打開，則同時因此中確有種種複雜的因素。我們之要加以理解，並於理解之後，指出新路，都以處此中西文化學術思想觀念相衝激而或相混淆之際，而不易說明白。所以我之此三文，只有從各方面輻輳起來講，冀能在大體上盡此中之思想觀念上之各種委曲。而依我們所提出之道德生活的方式，在付諸我們個人之當下的實踐時，則我們除力求運反求諸己的精神于我們之一切社會文化生活及事業中外，我們首當原恕：一切達於我們之道德思想，而爲人所犯之一切罪過與思想上的錯誤。因爲這些，都可說是依於中西文化學術思想之衝擊，必然不免的事象。這些事象，我們首當對之作客觀的叙述理解。此亦卽此三文之第一篇之所爲。而我們之叙述之、理解之；亦卽把他們全部推開，而使之可不再沾染吾人之性靈之自身。而我們自己，卽可眞開始自尋道德生活的新路，自創建我們自已之合理想的道德人格。進而求與人共在此新路上行，而各創建其道德人格，以師友之義相策勵。一切道德理想不能空說，必須付之實踐。只有由實踐而成之道德生活，與道德人格之實際存在，能證明一道德理想爲眞。如有理想而自己尙不能行，則無理由以希望人之能行。而自己之行，則純是求諸己的事。自己旣能行，而人不願依此行或不能行，則我亦只能致我之希望於人。希望而不達，我之最高感情，仍只有上文所述之一種悲惻之感。我亦仍須承擔，此道不行之命運。但是我將無所憂懼。因爲我之宗敎性的信仰，可肯定合理者之最後必能實現，莫有東西能阻撓其最後之實現。這樣，我對於他人之一切便都可放寬看。但我對我之自己，則應當嚴。人對己寬恕，對人亦寬恕是庸人。對己嚴，對人亦嚴，是一般正直之君子。對己寬恕，而對人嚴刻，則是一般之祇向外對他人用理性批評力，而喜責斥他人者。此在中國從前之道理，是小人。而對己嚴，對人寬恕，躬自厚而薄責於人，在面前留大路，任人自由的走，則是入聖賢的門徑。但在現在的時代，不去矯正時代之病痛，只有一對人對己之寬恕，一切痛苦罪惡，將長與我們終古。對己嚴兼對人嚴，則仍可助長對他人過多責斥之時風。只有對己嚴而對人寬，可以一面以己之人格垂範於人，一面可矯此時風。但此處又不是於一切人之是非與人品高下都不辨。亦不是對人之一切過失，皆加以寬縱。人道之大防，義理之大限，仍不能容人加以突破。更不是說絕口不批評人，對人無一句嚴厲的話。因人之批評人而對人嚴厲，只要與對人之希望並行，這在敎育意義上，正常是必須，而初不與內心之寬厚相碍的。

（二）在積極的一面，則社會上的揚善之風，必須逐漸養成。此非人與人互相標榜之義，而要在使人漸能從正面的有價值的一面看人。人總不能全無缺點，人之一切道德生活之實踐，道德人格之形成，都不能是一無波動起伏的歷程。人之生活之方向，在一時不能無偏，正有如人之行路之不能不或左或右。中正乃依於一偏之後，再繼以矯正。而有偏則不能無過，不能免於陷溺沉淪。人之所貴，在其沉淪而能升起。人如只向陷溺處沉淪處看人，則皆在地獄中。然專自升起處看人，則亦可「春水船如天上坐，秋山人似畫中行。」一人總以其自覺自己是如何，以看世界之他人。而常看他人之是如何，亦養成自己之如何。故心中只見世間他人之黑暗面者，必使其自心亦日趨於黑暗。而心中常存世間他人之光明面，則自己亦日緝熙於光明。看黑暗，而欲不同化於黑暗，則必濟以悲憫。如只濟以惡惡心，則黑暗去，而光明仍未必顯。此亦在我之第一文所曾提及。然悲憫心之提起，則尤不易。故人寧多自他人之光明面看。此於自己固有益，而揚起他人之光明，亦可兼更使其光明，多照世人。人有光明而我能了解之，則人之光明，得我之心之光明，爲依恃處與寄託處。人之覺我能了解之，亦卽可使其光明既照於我後，再連帶我之心之光明，以復反照於他人之自身，而爲他人之所攝受，以更增益其光明。故人生在世，可自己無一善足稱，而只須能知人之所善爲善，而了解之，揚起之，卽爲人對世間莫大之功德，而堪爲世間一切他人之善得無盡孳生之一因矣。

（三）人由揚起當前所接之人之善，此「不薄今人」之意之發展，則成爲「愛古人」，而生出對於歷史文化之感情。人在覺到他自己所能表現之善有限時，必去希望他人之善。人在覺到當世之人，以所實現表現之善不足，必去回顧古人在歷史文化中，所已實現表現之有善，而發思古之幽情。由此使人超出當前時代，尙友古人，而生活於歷史文化之長流。我們試想，在過去之無數時代中，任一時代，其中亦必有無數壞人。古人於任一時代中生活，亦遭遇許多不合理想的事。但是在歷史文化中留下，而爲後人所繫念的，畢竟大都是好的人物之事蹟，與好的文物。此卽證明，整個人類仍是對於好的東西，才眞正繫念，求加以保存。對於壞的東西，人自來便是願加以忘記的。由是而見人類之整個歷史文化的成績，卽人之好善惡不善的精神之產物。一個遠古留下的好的人物之事蹟與文化遺產，其本身固然是好，然其所以被人所不忘，被人所保存，以至於數千年，則依於數千年無數的對之繫念不忘，要保存之的人之無數的好心腸。對於留下之人物事蹟、文物，我們知道，但是這些好心腸，則我們無法一一知道。然而他們必曾實際上一一存在過，才使那些人物事蹟、文物得以保存，而爲我所知。於此，卽見一歷史文化之遺產之存在，同時表白出有無數看不見的人之好心腸曾存在，曾圍繞洋溢於此遺產之旁，以爲此遺產之存在之所依。當我們想到這些看不見的東西，更當使我生一種感動。此感動之情，亦是對此無數人之好心腸之感情，亦卽對此無數人對歷史文化的感情本身，所生之一種感情。

（四）但是人除對其自己所屬之文化系統中的，歷史上之人物與留下之文化，應引生一超越感情之外，對於不同文化系統中，其歷史上人物與留下之文化，亦應有一超越的感情。此超越感情是包含兩重超越。一是超越自己之時代，一是超越自己之文化系統。人須自覺屬於其家庭、其國家、其民族，其所生息之文化，自覺其依此等等以存在。然人亦須自覺爲人類之一分子，爲天地間的一存在。人類的東西，天地間的東西，都可與我脈脈通情而相依爲命。因爲我能看見他，了解他，這中間卽不能莫有相通的地方，不能莫有一種相依爲命。至少我之此看見，此了解之活動，如莫有此所看見所了解者，卽不能存在，而莫有命了。人能自覺到此，他應當不覺到自然界的東西、其他民族歷史文化中的東西，眞在他以外。世界上有許多民族，許多不同的文化。這些民族之來源是否共同，我不能確知。但是當我們初發現不同的人，都有文化，而其文化中有無數共同的地方。不同的民族，竟有同類的思想，同類的感情，當都會發生一種驚喜。爲什麼相距數萬里，一在天涯一在海角的人，竟同樣會有如是之感情，如是之思想，一樣可讚美，一樣可尊敬？何以如是之感情思想，會跨過天涯海角的距離，而分別表現，這都直接可使我們生一種感動。亦直接使我們的心，跨過天涯海角的距離，而連結天涯海角的人在一起。誠然，在不同民族的人之思想、感情、文化，有絕不相同的地方。但是此絕不相同的地方的本身之呈現於我，正又直接引生我之另一超越的感情。呵，原來在我之思想以外還有思想，感情外還有感情，我所生活之文化系統外，還有文化系統，這豈不證明思想外還是思想，感情外還是感情，文化外還是文化？而從另一方面看，我們之了解其中之種種不同，卽其不同處同呈現於我之統一的了解。而如此之了解本身，亦可爲一切人同樣具備。如我之了解我皮膚黃而白人白，白人亦可了解白人白而我皮膚黃。依此類推，人類在能一切互相了解的地方，在一切能了解其思想、感情、文化之不同的地方，一切人仍畢竟有一深心的同一。此深心的同一，亦本身可以引起人之感動。原來人類有此深心的同一！這些由看人類之各民族，與其思想感情文化之同或異，而未嘗無深心的同一而生之種種感動，有各種形態，恆會突然呈現。這中間亦有人道之無限的神秘，無限的莊嚴。而這些感情，當是我們之會通中西文化，求天下一家之一切道德的努力的最後的根據，與生發力量的最後泉源。

（五）此外我們還要知道，從整個人類文化看，其已有之成就仍然有限。其限制在現在。在此人間世，還有許多可能出現之好的人物、好的文化、可驚讚的歷史事件，尙未實際出現。他們應當在一日出現。因爲人間世一切已成的一切好的東西之和，仍不能完全實現我們之無盡的理想。依此理想而生之心願，必洋溢而漫過整個已成的人間世，與其人物及文化，而寄望於未來的人物之形成，與社會文化之創造。然而未來是看不見的。我們之一切對未來理想之企盼期望，在此義上說，都只是一種如有所號召之虛懸的旗幟。此虛懸之旗幟前面，是一大霧迷漫的道路。這些好東西；是否將立卽自其中走出，我們尙不知道。未來又好似一絕對靜悄無聲的世界。當我們全幅心情，寄託在此未來理想之企盼、期望時，我們好似于一切都無把握，都覺飄搖不定，如祇見一虛懸的旗幟，在寒風中招展。我個人的未來，可是厄運；民族的未來，可是滅亡；文化的未來，可是衰落；人物的未來，可是一代不如一代；人類的未來，可是同歸於盡。此時人心內之無限的熱烈情懷，以悲風拂面，而化爲人生的終身之憂。這終身之憂，使我們可隨時自覺，若將殞於深淵，而使我們生一種慄懼。此慄懼，依理說，在任何的盛世，皆不是人在原則上所當莫有的。因爲未來畢竟可不同於現在與以往，至少在一時期，可比現在與以往還要壞的。否則將無所謂世代的升沉，亦無所謂歷史的波流。但是人一方對未來慄懼，一方仍不能不對人之形而上的本心本性，具有一內在的信仰。同時不能不向着未來，依理想而期盼希望，而努力。依理想而期盼希望努力後，為人所得者，可說一切皆在人之意內。人亦恆祇視為意內所宜有、當有而必有。但是這尚不能引起人對於未來繼續出現的好人物、好文物、好事情，深心喜歡、愛護。我們應當同時知道，一切依理想而期盼、希望、努力之是否必能獲得人之所欲得，終有我們前所說之命運成份。合理想的東西，由於前所說人之外在的環境之命運，與氣質之命運之限制，不是求之而必得，卽皆為可不得者。如果我們知其皆可不得，而不出現不存在，乃自其可不得，以看其出現與存在，則其出現與存在，亦皆可說在意外。對於未來的好東西，我們可一方想其在意內。但一方亦須想其本可不存在，而其存在為意外。其存在，乃存在於可不存在的虛無之面上。而我們之覺其來自意外，我們卽可以一絕對新妍歡迎的心情，與之相接。我們當自覺一切好的東西之竟然出現，都是一種上天之恩賜。亦都當下是一開天闢地，空前絕後的創造。而我們之進一步的心情，則當以如亞當初降人間時的天眞，去欣然的接受，讚美此一切恩賜創造。如果我們依合理的理想，而期望企盼的竟然不能得，我們當然不能免於悵惘與眞實的痛苦。但是我們當對人對天，同無所怨尤。此一是因為人心眞在此種最深的悵惘痛苦中時，人心願自護惜此悵惘痛苦，將無暇怨尤。一是這些好的東西之「存在」本身，原不全在我們之意內，我知道他們原本是可不存在的。其存在與不存在，於此同是我們當承擔的事實與命運。我們必須能知命，然後無論其存在，與不存在皆在我們之意內。如其存在，則我之企盼期望，得伸出而實現。如不存在，則我之企盼與期望，還收回到自己。是之謂「用之則行，舍之則藏」。當我之此對企盼期望收回時，則仍化爲對自己之回頭看，與反省的道德生活上之自强不息的功夫。然而人終不能只顧他自己個人的道德人格之完成，於是人對他人與世界之企盼與期望，還須再行伸出。是謂不容已的守先，而又須待後之情。順此情，而此內在的自强不息，還須化爲外在的行爲上之自强不息，以洋溢此情於世界，求表現於事業。而此種之對未來之企盼希望、及守先待後之感情與其表現，亦有種種形態，非我所得而盡論。要在人各于其生活中自加體驗。我今之所言，亦不過就一時之思之所及，而在一較深之思想層次中，回應我之第一文所謂通貫古今涵育人我之超越感情，以爲擴大我們此感情之用，並爲我們之本此感情，以與師友互相策勵，而互作精神上的施與之一思想上的根據。其不完足的地方，必定很多。望讀者，深思而自得之，並加以指敎。

（民主評論七卷七期四十五年四月一日）

拾伍、宗教信仰與現代中國文化（上）

——世界宗教之價值及其衝突之銷融

（一）前　言

由西方文化之入中國而生之現代中國文化之問題之一，乃宗教問題。這個問題之複雜性與重要性，不亞於現代中國之任何文化問題，如科學、民主、道德、教育問題之類。然此問題，却是最爲不屬於特定宗教的中國學者與知識分子所忽畧的問題。而屬於一特定宗教的人之一切宗教的言論，因其總歸於說明其所信奉之宗教的價值，于是不管其是否具備客觀的眞理，通常只被非宗教徒視同爲傳教士的宗教宣傳一類之說，以爲無加以注意或討論之價值。至於不同宗教的宗教徒，則自來很少能洗耳傾聽異教的言論，向例是置諸不理。而在日常生活中，一個人如批評到一同事或朋友與左右隣舍之宗教信仰，亦是會得罪人的。由是而現代中國文化問題中之宗教問題，遂成爲最未被客觀的思索、認眞的考慮的問題之一，而好像並不重要。

這個問題之所以不被現代中國人所認眞考慮，還有一更深的理由，即中國民族是世界民族中，最富宗教上的寬容精神的民族。中國是歷史上不曾有宗教戰爭，而一直在宗教上，任人民之自由信仰的國家。在此點上，與西方近代由無數流血才爭得的信仰自由之精神，亦正相配合。因而在現代中國人看來，中國文化中可以莫有嚴重的宗教問題，因一切宗教皆可並行不悖。但是在中國歷史上，雖無西方的宗教戰爭，亦非無宗教思想與宗教勢力的衝突。如歷代之道佛二教之衝突，及儒佛之思想衝突。來華之基督教，如唐代的景教與元代之也里可溫教，固對於中國文化本身無大影響，亦未聞與中國原有之道佛二教之宗教，產生理論上的爭執。但在明代之耶穌會士利瑪竇等來華，漸得中國知識分子及政府之重視後，即曾明白著書攻擊佛教，及當時盛行之宋明理學。彼所著之天主實義，及淸初來華之孫璋所著之性理眞詮，都是本天主教之多瑪士下來的正統哲學理論，來攻擊宋明儒的。這兩個外來的耶穌會士，都熟讀中國五經。此二書運思行文，皆極有法度。其攻擊宋明儒，是把宋明儒之理氣，當作柏拉圖、亞理士多德一類之理論來理解。此自是誤解。但大體來說，則他們都可說是能入中國文化之室來操戈的。依他們之理論說：中國五經中原是有上帝的，而天主教則爲本上帝耶穌之啓示而建立的，故中國文化應與天主教結合，而宋明儒學則是佛老化之儒學，並非古儒眞教。他們之意，明在想把宋明儒與先秦儒家之間之傳統打斷，而把先秦儒家之思想，用移花接木法，接到天主教。此志不能說不大。但是他們之宗教哲學著作，却並不爲人所注目或反駁。只博學如明末之王船山，曾畧對天主教義加以評及。至淸代乃有楊光先等之對天主教，加以口誅筆伐。但亦未涉及宗教哲學之理論問題。

至於如明代天主教徒，爲崇拜祖先與孔子問題而生之爭執，經羅馬教廷及康熙之決斷，則終於引致天主教在華傳教之事之中斷。直至鴉片戰爭後，在中國戰敗之條約上，定立准許教士在華傳教之條約後，天主教與基督教，乃大大傳入中國。而此百年來之外國教士之傳教事業，初便是跟着砲艦與商船後面來的。此與明代之耶穌會士之傳教入中國，由彼等之先學中國文化，其人格學問先爲中國知識分子所承認者，迥然不同。此處卽連帶引生了現代中國文化中的宗教問題之複雜性。

與近代中國文化問題，及西方經濟、政治、宗教之力量之傳入，密切相關之大事件，一爲太平天國之亂，一爲義和團之變。如果要在中國歷史上找宗教戰爭，則此二者在一義上，亦可說是宗教戰爭。太平天國，可說是變相的基督教與儒教之戰爭。而義和團則是民間的道教與基督教之戰爭。當然太平天國與義和團之事件，其產生之原因主要是政治的，太平天國是要排滿，義和團是要滅洋。但在口號標語上說，太平天國明是打着上帝的旗幟，而義和團之口號，亦是要排斥洋教，而打着中國道教諸神的旗幟。此中不能說莫有中西宗教思想的衝突的問題在內。因而亦可說爲一宗教戰爭。——如西方之宗教戰爭，其背景中亦兼有政治經濟的原因，而不失其爲宗教戰爭。——此二次宗教戰爭，第一次中國之儒教勝了，第二次中國之道教敗了，連整個中國亦敗在西方國家之前。自此下去，西方教士之傳教事業，更日益在下層社會，進行無阻。但直到淸末民初，並莫有幾個高級知識分子信基督教。而中國高級知識分子，亦不把此問題放在眼中。只有在廣州香港中西文化之接觸地帶之康南海先生，與其弟子陳煥章等，欲化儒敎爲眞正之宗敎，以與基督敎對抗。孫中山先生則由西醫學校出身，是一基督敎徒。然他論文化政治，則以中國民族的儒家道德思想爲本，以西方民主思想、社會主義思想爲用。他在思想上，並不宣傳基督敎義，而相信進化論之理論。此處可使人懷疑到，其內心是否眞相信人由上帝造之宗敎理論，是否眞爲一嚴格義之敎徒。無論如何，從整個來看，中山先生在思想上，是更願承繼中國之道統，而過於當一基督敎徒的。然在清末民初之思想界，如廣東的康南海、孫中山之思想，雖更是要表示對孔子之尊重的；而在較北方的地帶之思想家，如湖南之譚嗣同、浙江之章太炎等之思想，却是更接近佛老的。所以在康南海、陳煥章要奉孔子爲敎主而建立孔敎時，反對最烈的正是章太炎、歐陽竟無、太虛等佛敎思想家，而次烈的則是純視孔子思想爲哲學的梁任公、蔡元培諸人。關於這一段的史實，陳榮捷先生用英文所著中國近代之宗敎思潮之趨勢一書，可供給我們不少資料與啟發。由主張孔子思想只爲一哲學之說發展下去，於是由中國古代文化傳下，而經儒者說明潤色的祭天之禮廢了，祭祖之禮被人看輕了，而清末之尊經尊孔的敎育宗旨，被否定了。到新文化運動時，大家皆以爲中國學術自漢以後之不進步，歸於漢武帝之能絀百家而尊孔，中國不能建立一民主的科學的近代國家，皆由於孔子思想之遺毒，擋住了路。於是打倒孔家店之思想起來，而倡科學至上的結果，科學的人生觀的口號亦起來，而民國十二三年之非宗敎同盟亦起來。而當時之非宗敎的理由之一：正是說西方之基督敎，乃跟着西方之帝國主義、資本主義之政治侵畧、經濟侵畧來到中國，其本身爲一種文化侵畧，以麻醉中國人民之反帝意識者。而此時所輸入之西方思想，最明白的反對帝國主義、資本主義、及西方宗教者，則爲馬克思主義。馬克思主義者，承接新文化運動下來之反中國儒教與反基督教之精神，以至乎其極；而以唯物的物本思想，代替中國之儒家傳統的人本思想。亦一手擋住了西方之神本的宗教思想。於是到共黨統制大陸後，遂有對於天主教徒之迫害，對於儒家信徒之梁漱溟先生之思想之清算，而連帶亦淸算了新文化運動時，所奉爲至上之西方之民主自由思想，及科學至上之思想。然而從另一方面看，則共黨之以馬克思恩格思爲預言家，列寧斯大林爲救主，以共產黨宣言爲聖經，以其他之宗教思想哲學爲異端邪說，把主張其他思想者，送入煉獄地獄般的反省院、集中營，正是一變態的宗教。由此等等，可見百年來之中國之政治問題文化問題，正一直與宗教問題相夾雜。政治的鬥爭與文化思想的衝突，都有宗教思想的衝突裹脅於其中。而政治的鬥爭，都多多少少，直接間接涵有宗教的意義，宗教亦無異直接間接在參加政治的鬥爭。這正無異西方的宗教戰爭的精神之移入中國。這與中國以前的歷史全不同了，這不能不使我們想到中國之宗教問題的重要。

除此上所述者外，就我個人七年來在香港切身所感，亦使我知道此問題之重要。香港是一殖民地，亦宗教信仰自由的地方。在此處之天主教、基督教之勢力，當然是最大的。中國大陸少有孔教會，此處有孔教會。佛教、道教、回教亦有會。但皆似不能發出精神的光輝。在大陸我們可根本不注意他人信什麼教。但在此，一個人屬於某一教，卽代表一身份。一個人之屬那一教，可決定其朋友之範圍，社會的職業，與政治的信仰。而什麼教都不屬的，在許多地方都要減少一些方便。而不同的教會或教徒，所主持的學校及社會之事業團體之間，明有互相排斥競爭的情形。一個人如不屬於任何教，亦即成為任何教所爭取的對象。在此之教會與教徒的服務精神，固中國內地所不及，而賴傳教或教會關係，來謀生求職的路道，亦特別多，而使人很難分辨，誰是眞正的信徒，誰只是吃教的人。而在宗教徒的相互鬥爭方面，則此地曾有專收和尙的基督教學院。有專以說服異教徒為己任的牧師或神父。而在此地傳教的西方教士與中國教士，却很少能了解中國文化的。有的傳教士，明白的說中國大陸之被共黨征服，卽中國人不信耶穌之故。中國人現在祇有向耶穌懺悔，才能得救。此外，我又由好些人口頭的或書面的話，知道一些西方傳教士輕藐中國文教，及與佛教徒互相詆毀的情形。但亦曾遇見一些開明的基督教徒，承認基督教徒在中國必須中國化。這是中國之老輩天主教徒、如馬相伯諸先生，及以前一些燕大的神學教授們所早見到的。此外亦有眞誠的基督教徒，要想當面說服我的。亦有人匿名寫一懇切的信來，並送我一本新舊約聖經，希望我閱讀的。這些我個人所遇之零零碎碎的事，自然莫有什麼特殊的代表性。香港這個地區，尤不能代表中國文化或基督教文化。但是台灣近年來，亦有各教信徒銳增的情形，其中亦有基督教與佛教的衝突。而大陸之共黨對於佛道基等宗教徒之壓廹，及宗教徒殉難之事，復時有所聞。本來照我的意思，我們現在最重要的問題，應當是求如何自極權主義，唯物主義的視人如物的思想與政權中解放。因而我認為一切非唯物主義、非極權主義的宗教與學術思想，皆應合力謀自救。同時我想人類之正常的宗教如不能保存，則極權主義之變態的政治性宗教，卽必將興起而補此空缺。因而我希望一切正常的宗教之衝突能避免，而能互相寬容。然所見者所聞者，却爲與我所願相反。由我個人之種種切身之感觸，更使我不能忽畧此問題。而關於宗教哲學與形上學發生交涉之處，更是我素來極感興趣的。但是本文不擬涉及過於專門之理論問題。祗想就解決疏導中西文化的衝突，以謀中國社會文化之未來的發展之觀點，來說我們對於宗教問題當持之態度。此態度，照我的意思，必須較五四時代進一步，卽自覺的肯定宗教之價值。但同時必須建立一種確立現有的不同的宗教之不同的價值的思想，以眞實的成就一各種宗教間之相互寬容，與互認對方之長，而互相取資，以求宗教精神的融通，而免人與人間由宗教信仰的分歧，而造成不必要的對峙與衝突；而同時亦要肯定中國儒家思想中之宗教意義，使純粹中國人與不信仰其他宗教的世界人士，在儒家思想的信仰中，同可發現一宗教性的安身立命之所，以建立儒家的教化之基礎。此儒家的教化，並不同於狹義之宗教，亦不是要建立之以成爲一般宗教之一，以與其他宗教爭天下。而只是要建立之成爲一般宗教之基礎，而使一切宗教得相容俱存，而不致造成人與人之衝突敵對。同時要建立之爲一涵宗教性而又超一般宗教的，人之安身立命之所。此卽我之本文所擬約畧加以論列的幾點。

（二）科學與宗教

我們所謂自覺的肯定宗敎之價值，當包含從純哲學理論觀點，從人生需要觀點，及社會文化之發展之觀點，去肯定宗敎之價值。這個問題，細細說來，可著許多本書。以前亦已有人著無數的書。今自不能詳細說。我今之言此，祇是扣緊百年來之中國社會文化之發展問題說。由上文之所論，我們可知此宗敎問題，與百年來中國政治文化之息息相關。但是純粹的學者與思想家，却罕能眞肯定宗敎之價值。基督敎傳入中國後，未聞有一基督敎的大思想家，能本基督敎觀點，去討論一切人生文化問題。亦未聞有一本不出於傳敎目標的討論基督敎之宗敎價值的名著。中國之純正學者，推尊佛法者比較多。如章太炎、梁任公、王國維等，皆尊重佛法過於基督敎。但是講佛法者，多不願以佛法與一般宗敎齊觀。如歐陽竟無先生卽言佛法非哲學非宗敎。在五四時代至後之國民革命時代，中國文化思潮之趨勢，明是反宗敎的。此上已提到。只有一梁漱溟先生是承認宗敎之極高價值的。彼以爲佛法眞能滿足宗敎之二條件，卽神秘與超絕。故唯佛法爲眞宗敎。然彼復以宗敎爲未來人類乃能走之人生路向，今日仍當排斥佛法與宗敎。在五四時代崇尙科學之口號下，一般人皆以宗敎爲迷信爲不科學。當時蔡元培有以美育代宗敎之說。胡適之以對人類之進化之信仰代宗敎，吳稚暉以一原始之物活論，物質亦有生命之宇宙觀，及吃飯生小孩招呼朋友之人生觀，爲其新信仰。他們之立論，無論以過去或當時或現在之世界人們，已有的較深思想標準看來，都十分幼稚，而竟能傳誦一時，亦可驚怪。這時代之人之以科學爲衡量學術文化之標準，與以後之共產黨之以能否促成共產黨之革命，爲衡量一切學術文化之標準，以反宗敎，都由於誤以爲宗敎祇是原于人對自然之災難之無可奈何，對自然之恐怖、無知、及幻想而生。或以爲宗敎之價値，只在人之主觀情感上之安慰，宗敎之理論，乃依於一錯誤的玄學而建立，而不知宗敎之成立，乃另有其精神基礎。此卽人之超越現實世界之精神要求。此超越現實世界之精神要求，乃由人之心靈之具備超越性，而不容已的發出者。這些我在文化意識與道德理性一書中宗敎意識與道德理性一章，所論已不少。而西方之宗敎哲學之理論，與此文相通者，亦不勝舉。由柏拉圖，歷中古哲學至近代之大陸派理性主義哲學，及後之由康德至黑格耳之理想主義哲學，及二十世紀之層創進化論者，與存在主義哲學，無不肯定人之心靈之具備一超越性。而此超越性，卽使其永不能以已有之現實世界、現象世界、或可經驗之世界，爲此心靈寄託其全幅精神之所，或此心靈所肯定之究竟實在之所在。這個道理，可以講得十分複雜，但亦可以講得十分簡單。此卽人的心靈不能祇安住於所已知之世界之內。科學之進展，只是擴大此已知之世界。但已知之世界，永只爲人之心靈之能知之所知。此能知永遠在此所知之世界之上，而超越的涵蓋此所知之世界。因而它便永不能只安住滿足或交代它自己於此所已知之世界，而總要冒出於此所已知之世界之上，而另有所嚮往、思維。在此處你要用任何方法，强迫它自限制於此已知之世界，都是無效的，因爲它在能知此已知之世界時，它已經超越此所已知之世界之限制了。而此能知之主體，亦實際上有在此限制外之活動，卽其各種想像與情意之活動，及其他之實踐性的文化道德之活動等。此能知之主體，能有此其他活動，它卽必然的不只有科學之活動。而一切科學之知識，祇能屬於此主體，而不能成爲判斷此主體及其其他活動之價值之一至高標準。而科學之活動與科學知識之價值，反要由此主體之通觀其所統率之各種活動，與各活動所生之成果之性質與意義價值後，爲之衡定。此皆並不如何難懂的眞理。然而五四時代之一般思想家的思想，却祇沉陷於科學知識、科學活動，而根本未反省到此成就科學活動，及科學知識的能知的心靈主體之存在，與此主體之秉統其他的活動之義。於是不僅科學以外之人生文化活動與其成果之價值不能講，而科學之價值，亦不能眞被人所自覺的確立。因爲人如不能自覺到能知的主體之存在，卽不能自覺到判斷科學的價值的主體之存在。而無判斷科學的價值之主體存在之自覺，則此判斷之存在，亦不能被確立，科學之價值，亦不能自覺的被確立的。此我在本書中之科學的理智之限制與仁心一文亦論到，而五四時代提倡科學的人對此等等，却多無所知，此其所以既不能肯定科學以外之文化活動之價值，亦不能眞建立科學，而祇能歸於將「不科學」之名亂用，以破壞傳統文化，反玄學，反宗敎，以至反哲學，及將無根之科學方法，移用於瑣屑之考証也。

我們如果了解科學祇是擴大已知之世界，而人之心靈主體則超越涵蓋於所已知世界之上，而可另有其活動之義，則知宗敎根本不在科學之世界中立根，而他亦不是祇依於人對自然世界之無知，及錯謬迷妄的知識或迷信而生起。因他根本不是依於人之求知之活動而起，而是依人之超越求知之活動本身，之超知的其他人生要求、人生活動而起。此超知的其他人生要求人生活動，亦不必卽是主觀的。

從人之心靈主體發出的，不必卽是主觀的。因科學的求知活動，亦是從人之心靈主體發出。人之活動之爲客觀或主觀，當以有無普遍性爲衡定，卽是否合理性爲衡定。而不以是否依於人之主體心靈而發出，以爲衡定。科學知識世界中，有客觀的眞理，藝術世界中有客觀的審美，道德世界中有客觀的善，宗敎的世界中亦有客觀的神聖。因只要表現普遍性而合理性之一切人生活動與其成果，卽皆有一客觀性。此中所涵之哲學問題，今不擬多論。

（三）宗教之本性與其必然存在之理由

我們說宗敎在人之超知之活動上立根，在超越所知之現實世界之精神要求上立根。此種超越所知現實世界之精神要求或超知之活動，其本性畢竟是什麼，當然還須進一層的規定。此進一層之規定應當是什麼？還有各種可能的答案。但我們可畧變霍夫丁 H.Hoffding之所謂價值的保存之意，獨斷的提出一答案，卽求價值的實現與生發之超越的圓滿與悠久之精神要求或活動。

此種求價值的實現與生發之超越的圓滿與悠久之要求，乃一宗敎要求之理想的定義，貫注於高高低低的人類宗敎，而不必爲任何特定的現有的人類宗敎，皆能充量表現者。此要求，根本是一超越於我們所知的現實世界，而不能爲此現實世界之現實情狀所能滿足者。因而此所要求之對象之存在，乃不能由科學及現實經驗證實者。然而人有此要求，可由此要求之不容已於不生，其生出乃合理者，而自肯定此要求之當有或正當。由是而肯定滿足此要求者之當有，與不容不有，而過渡至其必有之肯定。此必有之肯定，乃直接順要求而起，本可無此要求以外的證實之可能，然此「要求」，卻必冒出此「必有」之肯定。此肯定是名曰信仰。宗教中之有離宗教要求卽無證實可能之信仰，乃一切宗教之常。而此信仰因其爲自人之超現實世界之心靈所發出，故亦非人據現實世界之情狀，所得而否定者。宗教信仰之價値，不以其是否合現實世界之情狀爲衡定，而唯依此信仰之內容，與其所自發之要求，是否有一內在的應合，及此要求之是否眞純淨，能充量而無夾雜，以爲衡定。此是衡定已成之宗教及宗教活動之價値之內在標準。至於衡定一已成宗教及宗教活動之價値之外在的標準，則當以其對整個人生之其他之活動，與所成之文化全體之相對價値爲標準。亦不能只以其合不合人之求知的活動所知之現實世界之情狀爲標準。因而無論如何說，單純的人之求知活動，與爲其成果之科學知識，都不能成爲衡定宗教本身之價値之標準。而五四時代的人，及今之承此時代之思想者，則對這些問題，多未想過。此其所以無法肯定，亦無法討論宗教之價値也。

我們說，宗敎要求，乃一求價値的實現與生發之圓滿與悠久之要求。宗敎信仰，卽直接由此要求冒出之信仰。此要求與信仰之本身之價値，並不須以其是否合所知現實世界之情狀，以爲衡定。此卽可使我們對於人間之一切宗教本身之價値，皆可先與一廣泛之肯定。我們可說不管一宗教之所信，是如何希奇古怪，只要其所自發之要求是當有，此宗教之生起，在開始點，卽是當有而合理的。此所謂合理，儘可只是合道德理性之理，而非合純知的理性之理。卽如一由原始之拜物敎遺留下來的民間之拜山川樹木之神之宗敎，我們亦不能從信此山川樹木之神之精神的要求上，說其不當有。因爲信此山川樹木之神者，向之祈禱禮拜，望之保護其子孫，無災無難，使五穀豐登，亦是求藉一超越的力量，來求一種價値之保存與生發的圓滿與悠久。此要求並非不合道德理性的，卽非在道德理性上說不當有的。至於我們之以理智的科學眼光去說，向此山川樹木祈禱，並無保護子孫，使五穀豐登之效，此當然是一眞理。但是此亦並不能論定此要求之不當有，而且可以根本不相干。因爲在此種拜物敎的信仰中，並不是直接相信此物之有保護子孫等力量，而是信此物之神有此力量。此神在信仰中，是可以有此物本身所無之力量的。在此處，除非此原始的宗敎意識，已經退墮，而爲以神爲物，則此理智的科學知識，並不能否定或代替此中對物之神之信仰。反之，如果此宗敎意識，已經退墮而爲以神爲物，則此只是原初的物神的信仰之自己消滅，而非此科學知識，眞有力能否定代替此宗敎性信仰。

實則，我們從人類文化史之發展，去看人之宗敎性信仰，便知其實只有轉變與超昇，或一時之退墮而隱沒，而從未有眞正之消滅，亦永不能消滅者。其所以有轉變與超升，乃由於前所說之宗敎信仰的內容，與其所自發之要求之不必能應合，與此要求之不能免於夾雜，或未能充量的發展。卽此轉變超升之理由，乃在此宗敎精神之內部，而原於宗敎精神之欲發展其自身，而逐漸達到更高的標準。至於其退墮或隱沒，則由於人類之精神心靈之由宗敎性的活動轉向其他，而並非其他之活動之自身，有力能否定代替之。因其乃爲平等的依於人性而生之異類的人生活動也。

我們看人類之宗教之轉變超升之傾向，大約是由自然的庶物之崇拜，至超自然萬物的天神之崇拜；由多神之崇拜至一神之崇拜；由各部落各民族之神之崇拜，至一切人類共同的來源，或宇宙萬物，與一切可能的世界的共同的根原之神之崇拜；由力量只及一地一代之神之崇拜，至力量及於一切地、一切時的神之崇拜；由具備某一特定權力，特定德性之神之崇拜，至具備無限完滿的權力與德性之神之崇拜。然宗敎之轉變超升之趨向之所以如此，其理由皆可在人類之宗敎的精神要求，由夾雜至純淨，由未充量發展至充量發展，以得其說明。只崇拜自然物之多神敎的宗敎，之所以爲最低，乃因此中人之宗敎之精神要求，乃通過自然物，以寄託於自然物之神。此所通過之自然物，卽此宗敎的精神要求中之夾雜。此宗敎精神可退墜，而視神爲物，此如前所說。然此精神如不退墜，則必將由信仰自然物之「神」，而漸超越一般自然物之觀念，以去此中之夾雜。由是而人之宗敎精神，乃由地上自然之神之崇拜，移向天上之日月星之神之崇拜，再移向日月星以外，太空之天之神之崇拜。而此天爲無所不覆，永遠存在者，天神卽漸成一普遍永恆之神。而人之求價値之實現與生發之超越的完滿與悠久之要求，卽使吾人所信天神，日益增加其能力與德性，堪爲此要求之滿足之保證者。而其最後則使吾人所信之天神，爲一涵萬能，具萬德而超越此感覺所對之天，或創造天地者。此乃順吾人之宗敎精神之本性之充量發展，所必將歸至之宗敎信仰。

我們如果了解宗教信仰，乃由人類之宗教精神而來，則我們尊重人類之精神，便當尊重人之宗教信仰。此宗教信仰之價値高下，乃以包含此信仰之宗教精神，是否純淨，是否能充量，以爲衡定。而不能以此所信仰，是否合我們之一般求知的活動成果之科學知識，以爲衡定。則我們卽可樹立宗教，爲一獨立之人文領域，而堪與科學並立者。而我們之尊重人文之精神，卽可同時肯定科學與宗教之地位與價値，而視之同爲人心靈主體之精神表現之成果之一。他們在此心靈之主體自身，同有其根。此中宗教與科學之價値，皆同由其爲心靈主體之精神表現，同有根於此主體而取得。因而亦初無矛盾衝突之可言。而其地位與價値，亦卽在此根原處爲平等。而一切本科學之知識，以貶斥宗教，及本宗教信仰，以貶斥科學，在此之精神之根原處，卽皆爲不可說者。而此亦卽我們用以銷除中國百年來之文化中，科學思想，宗教思想之衝突，而兼肯定其價値之一立論論據之所在。

在主張科學足以取宗教之地位而代之者，恆以爲宗教精神中所求之價値之實現與生發之圓滿與悠久，只能由用科學的方法技術，以改造自然社會，以逐漸求得之。而宗教上所求之超越的圓滿與悠久，乃不可能者，是人之一幻想。但是謂其是幻想，仍只是以科學知識爲標準，卽以科學精神爲標準。在宗教精神中，此標準可根本不存在。而所謂超越的圓滿與悠久之是否不可能，亦只當在宗教精神、宗教經驗中，去求證實，亦不能由外在於宗教精神、宗教經驗之科學精神，日常經驗去評判。而在宗教精神、宗教經驗中，則儘有人相信其可能，或能證實一超越的圓滿悠久價値之境界之存在者。

而科學的方法技術之改造自然社會之力，亦明有一原則上之缺憾。此卽爲人心之內在的罪惡之源之問題，一爲苦痛煩惱之生生不絕之問題，一爲身體之有限性，與精神之無限性之對反問題，一爲死之問題，及過去世界中所實現之生命價值、德性價值等之保存問題，一爲求人之善惡與福報之絕對的相當之正義的要求之絕對的滿足之問題，一爲現實世界不同的異類價值，恆相對反而相毀，其絕對的融和之超越理想，如何實現之問題。這些問題，都是一切科學的方法技術，不能在原則上加以解決的。亦非一般的社會性的道德實踐，所能在原則上加以解決的。此不能解決，卽必然的逼出人之宗敎的精神要求，與宗敎性的道德實踐，或精神修養的功夫。此要求是這些問題一日存在，卽爲人所不能根絕的。而這些問題，亦皆本於人之超越性而生。這些問題之生，與人之宗敎要求，乃由同一之根而生。此根乃一面自己生出這些問題，一面自己預備答案，以形成宗敎信仰，一面實踐信仰，形成精神修養。而這些問題之生出，亦卽可說由人之宗敎精神在下鼓動，而要開出宗敎信仰之徵兆。至於人之理性，把這些問題接下來，而對之作一純理性的思索，則爲人之形上學的思索。但這些思索，在有其結論時，仍將再擺過去，形成一宗敎性信仰；而唯在此信仰之前，才能安頓此作形上學思索者的心靈或生命。由此我們可說明形上學，亦不能代替宗敎。

於我們以上所提到之幾個非科學方法技術所能解決，而爲宗敎與形上學所處理之人生問題，乃世界之不同的高級宗敎，皆分別有所觸及者。而自宗敎性的道德實踐、及精神修養的方法上說，則我一向認為各宗教之相通相同處實多。卽不相同處，亦未必相矛盾。因而這些終必成為人類文化之共同遺產，而非任何宗教之所得而私。在此處卽有人類之一切宗教之自然的融和。此中可論者甚多，但非本文所及。然而兊就對上文所提出之問題而言，則世界各大宗教所重之問題，仍可說畧有不同。因而對於其他問題，或不能有妥當的解決。然此不同，亦正為我們可據以為世界各大宗教，分別安頓之以一地位，使之各顯所長而可並行不悖者。故我們之能見其所重之問題之異，亦可帮助我們尋出百年來中國，以受西方文化之衝擊而生之宗教問題之解決的道路。此為本文擬先加論列者。

(四) 超越的正義要求與回教

人類的宗教之發展，從由奉獻犧牲，以求神相助之拜物教開始，卽為一公平報償之觀念所主宰。由此而或發展為一人與我所共信之至高無上之神，能主持公平的賞善罰惡之裁判的宗教思想。如回教、基督教。或發展為信一必然的三世因果之存在，如佛教婆羅門教。此乃原于人本有求公平或正義之道德理想。而人生在世間，善固不必受賞，惡亦不必受罰。無論政治上的賞罰，社會上的毀譽，與一般人之良心上的自慰與自責，皆不必與其心地或行為之善惡處處相當。由此而人之此正義之理想，卽只有在人之超世間宗教信仰中，得其實現。然而在人類宗教信仰中，特別重視正義理想之實現者，則我認為應推回教為第一，猶太教為第二。佛教之言三世因果，固亦是絲毫不爽。但依輪迴之說，人可不知其前生畢竟是犯何罪，或有何功德，而受今生之報。則此生所受之報，其所勸之善所懲之惡之爲何，可非人所自覺。而缺此自覺，則此三世因果，雖是表現正義的，但其所表現之正義，却是非人所自覺，而是外在於人之自覺的。（此蓋由佛敎之重視人之不自覺之習氣，或罪業種子之流行，此等之流行之生出果報，宜亦非自覺的。對此問題，今不能論。）因而此正義之觀念，在佛敎，卽非凸出於人之自覺的精神中，亦非凸出於佛敎徒之自覺的精神中的。而在猶太敎、回敎、基督敎等信人格神之宗敎，則其人格神之裁判人之罪惡與功德，乃直對能自知其罪惡與功德之所在之人，施其判辭，有如法官之判人罪。此處人之以犯罪而受罰，有功德而受賞，卽爲皆在人之自覺中者。而此中之賞善罰惡之正義觀念，亦卽凸出於人之精神中，而爲此諸宗敎精神中凸出之觀念。然在此三宗敎中，因猶太敎之神初爲以色列之神，此神專以以色列爲選民，而唯對以色列人民之善惡之賞罰，特爲認眞。此卽使此神之正義之裁判，偏限制於對以色列民族上，而未能使此神之意志，爲充滿普遍之正義感者。在基督敎中，則有上帝爲人類贖罪之觀念。此贖罪，乃一上帝對人之超正義的懲罰以上之恩典。由此而可使正義之觀念，隱沒於恩典觀念之下。然而依回敎，則反對上帝爲人贖罪之說。其意蓋在，如人罪可由上帝化身以贖，則人不能有眞正之對其罪過負責之責任感與尊嚴。而上帝亦非復自居正位，昭臨於上以主持正義之上帝。言上帝之化身爲人，正無異上帝之失位，而與世間相顚倒。此回敎與基督敎之不同處，與回敎之肯定一普遍於一切民族之上帝之存在的觀念相結合，卽使回敎之上帝更成爲「明明在上，赫赫在下」的，絕對公平地遵照正義以主宰世界之神，而正義之神之觀念，遂在回教爲最凸出，而最能完滿表現者。

（五）基督教與罪惡意識

至於罪孽之觀念，亦是一切宗教都重視的。此觀念乃與超越的神、或涅槃境界之觀念，同時成立。我們愈覺自己有罪，必然愈嚮往超罪孽之神等。我們愈相信超罪孽之神等，亦愈反照出我們之卑下而有罪孽。但人類現有宗教中，罪孽之觀念最凸出者，則當推基督教。基督教自稱其教之異於他教處，在他教只爲一自然宗教，卽人依其自然之宗教性而自下升起精神，以嚮往神等之宗教。而基督教則爲依上帝自己之啟示，上帝自己化身爲人，以爲人受苦而贖罪，而由上帝所自立的宗教。但講啟示，講上帝自己化身，其他宗教亦有之。此中基督教之特色，唯在上帝降世，化身爲人，受苦以爲人贖罪。何以人之罪必由上帝之降世受苦以贖之？此正因人之罪孽深重，非上帝親自化身爲人贖，人不能救他自己。在基督教中，人之罪孽，有本罪，有原罪。本罪由個人自作，原罪則由人類共同之祖先亞當帶來。在婆羅門教佛教，雖承認人之罪孽之來源，在今生以前之無盡的前生。但此罪畢竟只屬於一人之個體。而基督教之原罪，則爲不屬于一人之個體，乃由亞當遺傳下來，而外在的賦與此後來生之一切人之個體者。而此原罪卽成外在於一人之個體之超越的人類罪惡之根。此原罪，爲一切人所共有。此原罪卽成一切人之靈魂深處之一普遍者，而將一切人一齊加以綰帶束縛，以成其爲上帝前之罪人者。而此原罪之超越性與普遍性，卽使罪惡之觀念，在基督敎中特爲凸出。此原罪之觀念，從歷史上看，乃由以色列民族之集體流亡所受之苦難中，反省此苦難之源遠流長的原因所形成。此原罪之應受苦難爲懲罰，乃猶太敎中所固有，而依於正義之上帝之觀念者。中古時期之奧古斯丁，謂世界之創造不過數千年。人之祖先亞當之犯罪，不過數千年前的事。在數千年前，亞當在樂園中，原是天眞而無罪者。此卽一原始的超越的無罪境界。此原始的超越的無罪境界，在猶太敎徒及後來承猶太敎傳來之神話的基督敎徒中，亦爲鮮明的曾存在者。而此亦卽同時將以後生起之人類罪惡，加以凸出。此神話之爲他敎之所缺，亦使他敎之罪惡觀念未能如此凸出者。而在基督敎之贖罪觀念中，上帝又化身爲一絕對純潔無罪的耶穌，以擔負人間罪惡，亦使罪惡以絕對純潔無罪之耶穌人格爲托底，而特別彰顯起來。耶穌本純潔無罪。然當時人反判其罪，而釘之於十字架，以爲懲罰。此所證者，乃判其罪之人與其判斷本身爲大罪。然而耶穌却承擔了此世人之判斷，與世人之懲罰，而上十字架。此卽已是以自己之上十字架代世人受罪。在基督敎，又再擴大其涵義，謂耶穌乃替由亞當傳下一切人之原罪贖罪者。耶穌擔負人類之罪惡，以其生命之血，爲人類贖罪而再復活，則使上帝完成其罪必罰之正義的意志，而使已全部陷落成爲罪人之人類，重得與上帝協調。此協調，則又原於上帝自身之化身爲人，此則爲表現上帝對人之絕對愛之恩典。由是，在基督敎中，愛與恩典之觀念，代替了猶太敎中之正義與律法之觀念。而由亞當帶來之人類之罪惡，則由上帝之化身爲耶穌，降世以血贖罪，而暫被淸洗，以復返於上帝初創造世界時之純潔。由是而基督敎之歸命耶穌的宗敎精神中，卽旣包涵原罪之罪孽感，亦包涵此罪孽之由耶穌精神加以救贖，而得被超越之感。由是而人誠能念念歸命耶穌，則人之原罪卽成爲一被超越之存在，而如常在聖靈之感召下，上帝耶穌之恩典下。故在基督敎中，一方罪惡爲一最凸出之觀念，而罪惡之由存在而超越之觀念，亦爲最凸出者。而耶穌之爲耶穌之理念，卽一罪惡由存在而被淸洗之理念。上帝之至善爲正，人類之罪惡爲反，至上帝之化身爲人，以負担罪而贖之，則爲反之反之合。此種基督敎之辯證觀所引生之信仰，卽復成爲可使人於信仰中，如頓時超越罪惡之一種頓敎。然在人離此信仰時，則人又落入原罪支配之心靈中。此心靈仍將與一心信仰耶穌時之心靈爲對峙，而人之罪惡感仍將再凸出。旣再凸出，而再向上祈望禱告求救，以歸命耶穌，則超越罪惡感又凸出。此二者之輪轉跌宕，蓋眞正基督敎徒精神生活中難免之現象。此中有一極嚴肅之問題。此問題之究極的解決，我們認爲只有將有原罪之人性，視爲第二義之人性，而承認一切人之人性自身具有神性，能與神協調。此卽基督敎中之神祕主義者之信念。否則此問題不能有究極之解決。然此輪轉跌宕，亦表現一宗敎生活之莊嚴，而人只要信心堅篤，此輪轉跌宕，迭經多次，亦可將人與上帝之距離，逐漸拉近。人亦可在最後一度之上升後，不再下來。此處卽可說有一眞正之得救。至於謂只要名爲基督敎徒，不由自己之眞功夫，卽可由聖靈感召以得救，則我以爲此乃絕無之事。今不必多論。

（六）苦痛問題與佛教及印度教

至於佛教，則其看個人之罪業之源遠流長，實尤甚於基督教。而其化除罪業之修持工夫之密，亦過於基督教。基督教以人蒙恩赦罪升天，即至人生最後目標。而佛教則要斷盡一切罪惡之種子。然我們却可不說佛教思想，以罪業爲最凸出之觀念。以佛教不如基督教之視罪惡爲有自性自體，可由人類始祖移轉于後代子孫。視罪惡如可移轉，依佛教說只是一遍計所執。在佛教，一切法皆因緣生，人之罪惡亦因緣生。在佛教之一派如法相唯識宗，固謂人有無始以來之罪業種子。但人亦無始以來即具無漏種。且一切罪業種子，其本性亦是無常，決不同于基督教所謂原罪之如爲常住而遍在人心者。佛教所最重之觀念，實爲苦之觀念。基督教之言耶穌受苦，重點只在爲人贖罪。佛教則直接言一切衆生所感之苦。衆生所感之苦，固原於衆生之貪嗔癡慢等罪業。但在人以外之衆生，皆不能自覺此罪業。佛教之興起，其根本動機，明在拔苦，故四諦以苦諦爲首。由欲拔苦，乃求苦之因于罪業之集結。而罪業之原始，則不在衆生之有原罪，而在衆生之依無明無知而起之妄執。故在佛教之精神中，苦之觀念爲凸出者。佛菩薩之大慈大悲，皆直接由悲憫衆生之苦而引起。而苦之因，最後即在無明。故佛教之拔苦之道，重在得智慧，以自罪業解脫。而自罪業求解脫之目的，即在拔苦。此即與基督教之重信仰，而不重智慧，重以苦痛滌洗罪惡根本不同者。

自一方言之，苦痛與宗教之關係，乃較罪惡與宗教之關係，尤爲更直接者。故人在災難困苦中，最易信宗教。此乃因人在覺其有罪時，可由其道德的意志之力以去罪，而不必求之于超現實之神等之力量。而人生在極深之痛苦中，則人同時自覺其力之窮，而生一無可奈何之感。人在自覺其力之窮，覺無可奈何時，人卽自然依其超越性，另求一超越之力量之幫助。由此而卽逼出一對于超現實之神等之力量之信仰。由此信仰，人亦未嘗不可當下爲超拔于苦之外，而得平安。然在佛教中，則一方深切認識一切衆生之苦痛之可憫，然却又不直接去求一超現實之神，助人拔苦，乃進而超越此求神之心之本身，以轉而正視世間之一切苦，生起一自上而下之悲心，進而以智慧透入苦之原——卽衆生之妄執，以拔苦。而此智慧之透入苦之原，卽智慧之穿過苦痛，而超越苦，以求絕苦之原。此智慧能超越苦，而求根絕苦之原，便使在佛家之思想中，苦與苦之超越與根絕之觀念，同時特爲凸出。

人間一般之活動，固多以去苦爲目的。而今之科學技術，尤可助人之去其苦。然佛教則在求對於一切苦，有一絕對之超越與根絕。此卽純依於人之超現實的精神要求而起。此精神要求，並不只以求去除我們所感之現實之苦爲目標。此目標可能爲吾人當下所能達到者。且吾人縱全無力以去此現實之苦，依諸無常之理，此現實之苦，亦終當過去而消逝者。在佛家，苦之問題之嚴肅處，並不在此我所感現實之苦，而是在：我所感之現實之苦，縱已去除消逝，然吾人將如何保證以後之苦之不再來。卽吾人如何能斷絕苦之生生不窮。而除我所感之苦以外，於其他人及其他衆生之苦，我將如何拔除而根絕之，尤爲釋迦心中之原始問題。釋迦由出四門，見他人之生老病死苦，而發心求道。此乃依於一惻隱之心之擴充，至爲世間悲，欲求徹底解決此悲中所感之問題。此問題乃人與其他衆生所共有。人之生老病死苦可哀憫。一切鳥之哀鳴，獸之呼號，蟲之呻吟，魚之掙扎，人如尅就其苦楚而思之，與人之苦楚，亦同爲苦而無別。人在此同可生一不忍而哀憫之心。此處吾人如順此哀憫心一直發展，遍就一切堪哀憫者而哀憫之，則衆生無窮，其苦之種類無窮，衆生之生生也無窮，苦之生生也無窮，而哀憫之情亦無窮。而此哀憫之情中之問題，則爲吾人之心力所直感爲無可奈何者。而視世界不可一日居，三界如火宅，欲求自此世界拔離之念生。此中只求自己之拔離者，爲小乘精神。欲求一切衆生皆自苦拔離者，爲大乘精神。而由智慧以深觀此世間之一切苦之根源無他，此卽有情衆生與世界之互不相知，及有情衆生之互不相知。有情之衆生所求者在此，而世界則如彼，而境與欲違，是謂有情衆生與世界之不相知。衆生各以其所欲，而不惜殘害他生，此爲衆生之彼此互不相知。此互不相知，使衆生之生命，相望爲一黑暗，衆生與世界，亦相望爲一黑暗，此卽一根本之無明，而使衆生之心，不能透明世界，亦不能互爲透明，而各如成一頑梗不化之大懵懂，而各自執其欲，以求達。此欲之只堅持其自己，爲我執之根。此欲有所向之目的而堅持此目的，與其對此目的之向，爲法執之根。而我之所以只堅持我之欲與其所向，而任受欲與境違之事，並不惜殘害他生，以使他生及自生受苦，其故無他，卽我生與他生，互不相知，我生與世界，亦互不相知之根本無明，爲之梗塞而已。有此無明，而我執法執必生。而欲去此無明，則當以智慧照見此法執我執之虛妄，而求與世界及其他衆生眞正相知，而如爲互相透明始。此之謂放大光明，以破大暗。而此大光明之放出，捨由衆生之自己覺悟，而自破其執莫由。吾人固可信一上帝，信其能自上而下以救度吾人之靈魂，或更分別拯救一一衆生之苦難；然衆生之透明世界，及與其他衆生之平等相望而相知，以互成透明，則爲衆生自己之事，乃捨由衆生之自己覺悟，自開破執障莫由者。而如何使衆生能自破其執以自覺悟，則爲一無限之艱難。吾固可本吾之惻隱之心，以同情鳥獸之哀鳴呼號，以暫破我與鳥獸之間之黑暗，然吾將如何能在任何時對任何物，皆有此同情？又如何依此同情而絕對不殺生？吾又將如何使鳥獸間亦能相互同情？此更使吾茫然不知所爲。而依吾之同情心之一往充量發展，吾又必冒出一超越的願望，並求此願望之達到，而此即又逐漸生出一求我之究竟的覺悟，及使一切衆生，皆得一究竟的覺悟，而使一切衆生皆入無餘涅槃，皆證大菩提而成佛之願望。然此願望，吾不知其如何能眞實達到，亦可爲永不能完全達到者。此願望一日不達，則世間之苦，一日不能絕，吾人之悲，一日不能已。而承担此願望，卽承擔一無盡之悲。此願依悲而起，亦增人之悲。是爲悲願。此悲願乃依於我願望一切超越於我個人以外之衆生，咸有一內在的覺悟，以超越其無明其執障，而與世界及其他衆生眞相知，而拔除一切生生不已苦厄之根以起。而其反面，則爲一切智慧、寂淨、解脫、常樂之價值之實現與成就。故此佛敎之悲願，亦依於人之求價值之實現與生發之超越的圓滿與悠久之精神要求以起。故佛敎雖無神，仍當說爲一宗敎。人類思想中，重苦難、重智慧、亦重悲願者，唯佛敎能充類至盡。此要爲人類精神之表現，理當有之一型。此卽使佛敎有一不可代替之價値與地位。至於印度之印度敎，則其信一同于上帝之梵，與基督敎同，而視之如大我。然其重小我執障之解脫，及對一切生命之同情與佛敎同。依婆羅門敎，小我之執障得解脫而與梵我不二，故由小我至大我，不需一贖罪之耶穌爲媒介。然人之小我同于梵我，卽得常樂，而自去世間之一切苦，則悲心可不如佛敎之深。然在重小我之解脫卽同大我之一義上，則最與基督敎中之神秘主義之旨合。然神秘主義在基督敎爲旁流，在印度敎則爲正宗。此卽使印度敎亦有其不可代之地位。

（七）道教之地位與自然生命之超化

中國尙有一宗敎，最爲知識份子之所輕，亦爲我素所忽視者，卽爲道敎。吾人平日對道敎之觀感，是覺其道德感不够深厚，且與各種術數迷信相結合。符咒、扶乩、星相、堪輿，皆與道敎相結合。其所信之神，如雜而無統。而其創敎者之老子，又出於依託。其敎之祖師中，亦罕聞在道德上特別偉大之人格，其經典又似多盜襲佛經。在歷史上道士之與佛敎之爭，亦多只憑仗政治勢力，以摧毀佛敎。此爲吾人對道敎較少好感之原因。然由近人如陳垣等之硏究，指出元代道敎之保存中國文敎精神之功，及此後之出自民族意識之民間之革命、反抗暴政之運動，皆與道敎徒之領導有關，則可使吾人對道敎之地位，有一重新估價之必要。吾又看淸代之白蓮敎之反淸，及後之義和團之扶淸滅洋，與中山先生之革命，皆得道敎有關之民間秘密團體之幫助，及今日在大陸之一貫道等之反共，吾更覺道敎之精神，亦當有可尊重之一面。陳榮捷先生之中國近代之宗敎思潮之趨勢一書，以此而特稱道敎爲中國民衆之宗敎，乃與中國人民之現實的要求相結合者。吾嘗在中國民間生活，更常感中國道敎思想之潛力之深。此民間之道敎思想，更是較缺乏系統，亦更未能淸楚的槪念化者。因其在今日缺乏居社會上流的學者與思想家，爲其代言人。所以只能在社會之下層默默的流行，在社會上層其他宗敎、學術、文化思想之壓迫下存在。由此而使其思想觀念，成一雜糅品。其所信之神，有由中國原始宗敎信仰傳下者，亦多由儒敎佛敎思想而來者。文昌帝君、關聖、與觀音之神，乃與城隍河海山水之神，及庶物之神，攪在一團。而道敎思想發展方向，則元明以來是逐漸向三敎同源之思想而趨。此即理敎、太一道、一貫道諸名之所自出。現在回敎、基督敎、猶太敎來了，則又向五敎同源，六敎同源之論而趨。如道德社、同善社、悟善社之類。此乃因其淪居社會下層，故在上層之宗敎文化學術思想壓下來時，便只有被動的接受，而不能主動的選擇。祇好讓出地位來，處處奉獻尊神一位。遂成爲一大雜燴的宗敎，爲知識分子及其他宗旨明朗的宗敎所看不起。然我嘗參觀此地之數道觀，見此情形，却反生出一大同情。此大同情，乃對中國下層民衆之被壓迫之宗敎心情而發。此心情，對於居上層而自外來之宗敎，無法抗拒，只有爲之遍設神位，此實深堪哀憫。然哀憫之餘，我復覺此爲一切宗敎之遍設神位、遍供香火之精神中，有一極敦厚博大之氣度在。此氣度是要包涵一切宗敎，而承載一切宗敎。

宗教要人謙卑，然無一宗教徒能對其他宗教謙卑。而道教則發展出一對一切宗教之謙卑，任一切宗教之神，在其壇上橫行。而道教徒視若淡然，將其宗教精神，遍施於十方神聖。此卽大敦厚、大謙卑。而此大卑謙中，蘊藏一大尊嚴。我嘗說中國宗教精神之偉大，在其不僅有高明之天德，而且有博厚之地德。而道敎正成爲一切上層的外來的宗敎所踐踏之地，而此地安然的承載此一切宗敎之踐踏，卽道敎成了表現地德的宗敎。此地德之宗敎，承載一切宗敎，而俱加以尊重，卽蘊含了一對宗敎的宗敎心情。道敎乃遙本中國原始的古代宗敎之宗敎，而此心情所表現之地德，卽通於中國宗敎精神之核心，亦通於數千年之中國文化之一核心。然此精神，今只在中國下層民衆的深心存在。莫有知識分子、思想家爲其代言人。祇有默默地遍設神位，遍供香火，遍致禮拜。此使我對中國下層民衆之深心悲憫，亦使我爲中華民族之宗敎靈魂，生無限痛惜、動無限同情。依此而我原諒了道敎之一切迷信、一切思想、觀念、信仰之雜糅，與盜竊佛敎敎義等之罪過，而仍要在中國之宗敎世界中肯定一道教之地位。

誠然，一個宗教不能莫有一特色，肯定一切宗敎的宗敎，可以不是一宗敎。因其不與一切宗敎在一理論層次。但是中國之道敎，除了在近代趨於爲一切宗敎遍設神位之宗敎外，在其最初亦非無一特色。此特色，卽中國道教依于由先秦燕齊方士，一直傳衍下來之長生不死及自形骸解脫，以遨遊世界之要求而起。此要求與人之求維持世間正義，拔除世間罪惡苦痛之宗敎比，當然是道德感較差的。因此只是爲個人的要求。但是在一切宗教中，亦同都有永生之要求。而人之求超越自然壽命、與天生形骸的限制，仍不能不說是一表現人之超越性之精神要求。無論如何，死是可悲的。形骸之限制，是與人之精神之無限性相違的。則人在此之發出一求長生不死，超脫形骸限制之神仙思想，仍是昭露人性之一莊嚴與高卓的。而中國之神仙思想一特色，則爲卽以此肉身爲修煉之資。此可視爲一對肉身之貪戀，但亦可視爲一當下要卽俗成眞之意志之表現。此卽俗成眞之意志中，有一先不捨離我在世間之此身之精神。此精神乃更與儒家之肯定世界之精神相應者。在基督敎要人捨棄生命，以得生命，佛家有委身飼虎之義。人旣生於世，要捨棄生命身體實難。但人在旣厭棄此生命與身體，而欲求超拔解脫時，則人之要負擔此自然生命及此自然身體之重量，而由此修煉，加以超化，亦難。人之自然身體，乃一大機械，人之自然生命，乃一大衝動。如何加以調理已不易。而道敎之精神思想，則或欲由服食，或欲由吐納，或欲由符咒，或欲由靜坐，想把此形骸變化，此仍是大勇猛。而其後之發展，則歸向於在此形骸中，求出鍊養之爐鼎，卽就此形骸中之精華所在，以鍊精化氣，鍊氣化神，鍊神還虛。成一片純陽之仙體。此種卽形骸之精華，以爲修煉之資之理論，在道敎稱之爲修命。而彼等之所以視儒佛之敎爲不足者，卽在儒家只修心養性，佛敎只明心見性，卽皆只是修心性，而未修命。故性命雙修，卽成爲後來之道敎之宗旨。畢竟吾人之自然的生命與形骸，是否可加修煉，吾以爲此是可能者。在印度之瑜伽行及密宗中，皆有此一套之工夫。而中國後來之道敎之工夫，蓋亦多有所採于佛敎中之瑜伽行及密宗之傳者。然此修命之道敎精神或神仙思想，則爲自中國古代方士之術一直傳下者。

而此精神此思想，亦要爲一種求人之生命與活動之絕對的自由、與長久的存在之理想，亦即一種出自求生命之價值之實現與生發，之超越的圓滿與悠久之精神要求之理想。人既有其自然生命與身體形骸，人即有本其超越性，而特注目於此自然生命與身體形骸之超化之宗教。而道教則正是對此自然生命與身體形骸及其超化之觀念特爲凸出之宗教。而此即使道教在宗教世界中有其特定之地位，而不容抹殺。

（八）各種宗教之衝突之銷融如何可能

如吾人以上之所言爲不誤，則吾人已對於中國或世界現有之主要宗教，各肯定其一不容代替之價值與地位。而一切宗教之當相容不悖之理論基礎，即可緣此以次第確立。然吾人之所言，正不必爲任何宗教徒之所贊同。任何宗教徒，皆可據其對自己之宗教，及其他宗教之了解，並運用其理性思維，以指出吾所言之不備、或錯誤。吾亦能多少推想此諸疑難之形態。然吾今皆不擬於此一一置答。吾意此諸疑難之共同的根本理由，蓋在任一宗教徒，皆同不能容許吾將其所信之宗教，與其他一切宗教，一例齊觀。而在較狹隘之宗教徒，且必須視其他宗教爲惡魔所設而排斥之。然在我之意，亦非即將各宗教一例齊觀，其中自有高下。觀一宗教於其最凸出之精神外，是否兼得具備其他宗教之問題之解答，即可定諸宗教之一高下。唯我此文之意，要在說明各宗教之各有其凸出之精神，此即使其各有地位，不能相代。人以稟賦或根性及所感宗教問題之有不同，卽可使各宗教，咸有其信徒。而各宗教亦當各有其信徒，方能成就人文世界中宗教世界之豐富與充實。而在一人成爲一宗教信徒時，不免於排斥其他宗教，或必反對吾之有此一例齊觀之論，亦爲人情之常。各宗教之相互排斥，而相視爲異端，如在一定限度內，亦爲促成各信徒之更專誠於其所信者。故此相互排斥相視爲異端，而或視吾之所言爲維護一切異端之總異端，吾皆可諒解。而吾今如欲使一切宗教互相融會成爲一宗教，吾亦知其爲今日所不可能者。此乃因宗教之成立有其歷史之基礎。宗教非只是一哲學理論之事，而兼是一生活習慣、及儀節與教條之信仰之事。而一宗教徒欲爲其宗教信仰造作哲學理論，則永爲可能者。故以哲學理論說服宗教徒，其論爭必永遠無已。宗教徒之以哲學理論，維護其宗教信仰，而攻擊其他宗教信仰爲不合理性之論爭，亦永遠無已，此爲無可奈何者。人類既有各種超越性之精神要求，便總有各種之宗教，與用以維護宗教之哲學理論之爭。然吾人亦將永能由此等等，以透視人類之具各種超越性之精神要求，而對之致其敬意與讚嘆。故吾人亦可不須任一宗教徒同情吾人所言。吾人所望者，惟是望不屬於任何宗教，或若干信一宗教而不排斥其他者，能分別尊重人類之宗教。由此分別尊重宗教之精神，還以感染宗教徒之狹隘者，卽可使人類之各宗教，日成其互相涵容，並求逐漸貫通之實。而我之此文，亦卽本此期望而作，冀能解决吾所關心之中國文化建設中，中國原來之宗教與百年來由西方新來之宗教，一切相互之誤解、軋轢、衝突之問題。吾意吾人不當排斥任何新來之宗教。然任一新來之宗教，欲將在中國原有其他有價値之宗教，一筆抹殺，則吾人亦必將保護之。孔子著春秋，以與滅國、繼絕世爲言，吾人在文化上之抱負，亦在興滅繼絕。對宗教，亦復如是。故吾人既反對當世之以科學抹殺宗教者，以爲一切宗教鳴不平，亦將爲一切中國原有而今受壓迫，被忽視之一切宗教鳴不平。吾人以平等心爲一切宗教鳴不平，一切宗教方能平等共存，而銷融其間之一切軋轢與衝突也。

我們上文說，我們並不要建立一融合一切宗教之宗教，又要秉肯定各宗教之地位，原可導致人發生一疑難。因人可以問：各宗教信仰之內容在許多方面，卽原是衝突而不相容的。我們如何能俱以爲是，而俱加以肯定？有神爲是，無神則非。反之亦然。又或以天堂爲究竟，或以天堂非究竟。前是則後非，前非則後是，亦不得併立。此外或以耶穌爲教主，或以釋迦爲教主，人亦不能事二主……。由是以談，秉肯定各宗教之地位與價値之論，豈非自相矛盾之論？

然此上所述之疑難，則並不能成爲吾人之眞疑難。因吾人論宗教，自始不重自宗教之具體的信仰內容着眼，而唯自人依于其超越性而生之宗教的精神要求上着眼。一宗教之價値與地位，唯由其能滿足人之此宗教精神要求而見。而各宗教所最能滿足之精神要求，吾人上已言其同根於吾人之心靈精神之主體之一方面之精神要求，而初不見其有衝突。而人之信不同宗教者，其所特感之精神要求，各不相同，吾人亦不能言其必然相衝突。至於抽取各宗教信仰之具體內容，而加以對立比較，誠多有相衝突者。然吾人由宗敎精神，以觀此諸具體內容，則此諸具體內容，皆可視爲一宗敎精神，在其發展之途程中，所湧現之觀念與意像。卽敎主之形貌與事蹟，皆可爲在一宗敎精神中，居觀念與意像之地位者。吾人不能以基督敎徒心中之耶穌，卽歷史之耶穌，亦不能以佛敎徒心中之釋迦，卽歷史之釋迦。此耶穌、釋迦，實多爲歷代基督敎、佛敎徒之宗敎精神，所湧現之觀念意像之大集結所成。而各宗敎中，關於自然世界及人類世界之一切圖像，亦非復吾人在自然科學、社會科學中所了解之世界圖像。此卽通常所謂宗敎中之神話之成份。此諸觀念、意像、圖像，原只是人之宗敎精神所寄託之形式，本不涵一般之認知之意義者。故吾人謂其爲皆合于吾人平日所肯定之自然世界、歷史世界之事實，原爲不可說者。因而宗敎徒之互爭其孰爲合事實，原爲不必要之爭辯。而因其本不涵一般之認知之意義，遂亦無所謂虛幻，不必說之爲主觀。而只是因人類原有如是如是之宗敎精神，卽有如是如是之觀念、意像、圖像。自人之宗敎精神之爲客觀的存在之精神言，此觀念、意像、圖像，自卽爲依於此精神，爲此精神形式的一種實在。此形式，原不能自此精神抽離，以爲認識判斷之對象，則吾人亦不能加以抽離，而加以比較後，在認識判斷的意義上，定其是非眞僞。然此等等之言，亦無碍于吾人有某種宗敎精神時，心靈卽安住於此形式中，而自任持此觀念、此意像、此圖像，而不外溢。此不外溢，卽有一飽滿之宗敎精神充實於此觀念意像圖像中。此精神自身之眞理，卽貫注於此觀念、意像、圖像，而使之顯一宗敎的眞理。過此以往，非宗敎精神所當要求，亦非其所必需要求。此方是反躬爲己而自求心安理得之宗教精神，而在此自求心安理得之宗教精神中，此所信之觀念、意像、圖像等，卽當下如如而不動。故對不同宗教之精神言，各不同之觀念、意像、圖像，卽各住於不同之人之精神之中，而亦各各當下如如不動，可不互相往來，互施判斷。互施判斷者，人之宗教精神之未能飽滿的充實於其形式中，而將形式游離，以爭取其在他人之宗教精神中之地位之結果。此乃緣內在的宗教精神之自己之分裂，而外在化其形式，以入魔障之開始。由是而排斥異端，裁判異端，殺人流血，皆魔鬼之所爲，與宗教之精神，離題萬里。此病，西方宗教徒犯之最深。至於專門抽取各宗教之形式，而自外分析比較其異同，則可形成各宗教學家、宗教哲學家之知識。亦與眞正之宗教精神不相干。眞正之宗教精神者，自飽滿充實於其所托之形式，而相應如如不動者也。此卽可使一室之內，信不同之宗教者，其所信仰之具體內容，千殊萬異，而仍可相容不碍，共立於無諍之地。在中國之家庭，父信儒，而母信佛，子女信基督，而不失一家之親者，其故在此。是可以銷融世界之一切宗教之衝突，而爲大心之士所不可不察者也。此之謂宗教信仰內容之復位於宗教之精神。是卽足以答上來之疑難矣。各宗教復位於各人之宗教精神，而諍論斯絕。卽有諍，而專誠於諍，唯以自求心安理得爲事，則此諍中亦不動刀兵，亦可視同無諍。識此可以言宗教中之事事無碍慧矣。無諍之義，佛教有之，此其所以爲深遠也。

（民主評論第七卷二十二期四十五年十一月）

拾陸、宗教信仰與現代中國文化（下）

——儒家之宗教精神

（九）儒家非一般宗教，與奇蹟神話之意義

在本文下篇，我將一畧論儒家之宗教精神。

我們通常不以儒家爲一般宗教，此是對的。然儒家何以非一般宗教？則有各種說法。一般之說是儒家以人爲本，而宗教以神爲本。然依我們上篇之說，則宗教並不必以神爲本，而唯以求價值之實現生發之超越的完滿悠久爲本。照我們之意，是儒家之非一般宗教之故，仍在于極平凡之一點上。卽一般宗教皆有神話或神怪之成份，而儒家則自孔子起，卽不語怪力亂神。今之宣傳一宗教者，恆不以其神話或神怪之成份，爲其宗教中重要部份。自宗教精神論宗教價值，亦自不能太重此神怪之成份。吾之本文，亦是重在自宗教精神論宗教價值。但在我們之意，此神話或神怪之成份，雖非宗教中之最重要者，然要亦爲一般宗教所同有者。其所以爲同有，乃由其爲人之超越性之表現於人之宗教的精神要求中，所自然帶出者。因人之宗教的精神要求，必使人作種種超現實的思維。此思維自身卽可自然帶

出人之超現實的想像，以構造神話。原人之宗教的精神要求，恆要求達到一些人在現實世界無由達到之願望。如長生之願望，絕對的正義之實現之願望，拔除人力所不能拔除之苦痛、罪惡之願望等。此願望乃人之現實力量所不能達，而又爲人依其超越性，必求其達，並信其必能達者。故人卽必信有一超越力量以助其達。而此超越的力量之存在，欲爲人所深信，亦宜有一現實的證明。由是而宗教中，必信仰有奇蹟與神話，以破壞現實世界之自然律或自然秩序。此奇蹟神話，在一般常識與科學，皆必視爲悖理而不可能者。然在宗教中，則視爲可能，且實有者。因宗教之要求，卽要求一般視爲不可能者之可能。而奇蹟與神話之缺乏，卽使人之心，無法衝破現實的自然世界之律則與秩序的想念；因而不易超升精神，以寄信於一超現實之力量之存在，亦因而不易滿足其宗教的精神要求。由是而無奇蹟與神話，卽成一般宗教的精神要求出現時，所難忍者。世人或謂在原始佛教，卽不重奇蹟神話者。但是在佛教發展，成爲民衆之宗教時，仍出現種種奇蹟與神話。吾人皆知一般人之信一宗教，皆恆賴奇蹟或神話及藝術，以掀動其熱情與信心。此不特因人之有好奇及幻想與藝術之興趣，而實因唯奇蹟、神話、與藝術，可使人打破現實世界中之事物，所呈於吾人之前之自然秩序之想念。惟由此，吾人乃易接上對宗教中之超現實力量之信仰，而易引動吾人之超現實的宗教祈望，表現吾人之宗教精神也。故奇蹟、神話與藝術，乃與一般宗教恆不可分者。如一宗教，全失去此等，則其教之宗教精神中，旣無一超越的想念，足以平衡其對現實世界事物之想念，以支持其超現實的宗教精神；此宗教精神卽恆不免於退墮，而爲重對現實世界事物之想念的，一般歷史意識科學意識、及用現實的方法技術去改造自然或社會之實用技術或實踐道德之行爲所代。

吾人知一般宗敎之恆有奇蹟與神話之成份，而儒家之思想則爲無奇蹟與神話者。此卽使儒家不能成一般之宗敎。在中國之秦漢時代之緯書中，儒家之言曾與方士之言結合，而使孔子身上附了種種神話。然此旋卽被後代儒者，加以淸洗。在儒家必不信孔子能死而復活，亦必不信孔子生下地，卽能指天指地，言上天下地，唯我獨尊。儒家亦不能信實有亞當之樂園，及三十三天、十八層地獄等。此非因其決不可能。乃因此是人在日常經驗之現實世界，無據以推證其必有者。在此點上，儒家對世界之奇蹟與神話之態度，實與西方之近代之經驗主義、理性主義、實證主義爲近。亦卽與科學家之態度爲近，而與一般宗敎家之態度爲遠。故儒家之精神可與西方之科學精神相合，此點是莫有問題的。

（十）儒家精神之宗教性、與其他宗教之不相敵對性及形上學

但儒家精神，亦有與一切人類高級宗敎共同之點，此共同點卽其宗敎性。故過去曾有儒釋道三敎之稱，而今後之儒家思想，亦將不只以哲學理論姿態出現，而仍可成爲儒者之敎。此儒者之敎與一切宗敎之共同點，卽他是重視人生存在自己之求得一確定的安身立命之地的。哲學科學理論本身不能使人安身立命。因理論只爲知之所對，理論有各種可能形式，因而是搖擺不定的。藝術文學不能使人安

身立命，因藝術文學中之境界，是超冒於現實世界之上，而與之脫節的。藝術文學只能使人有暫時的沉醉。政治經濟之事業，不能使人安身立命，因這些事業，都是相對於一時代之政治經濟之現實問題的。此問題在未解決時只是一苦惱，人不能安身立命於苦惱中。已解決後，則人之心必別求有所寄。此外個人之貨利財富、名譽、權力地位、一時的愛情、與個人所具之各種知識技能，無一可使人安身立命。因這些東西都是一方變化得失無常，一方無最後的滿足之標準的。這些東西，都在個人之自覺心之下，而暫屬個人的。其現實存在性，都是有限的。而人心則以無限性為其本質。故人心皆能超冒於這些東西之上，而不能長自限自陷於其中。由是而人只能在其涵具無限性、超越性之心靈，與此心所在之人生存在自己，得其安頓之所時，人乃能得安身立命之地。此則待於人之能有一表現其心靈之無限性、超越性之宗敎的精神要求與宗敎信仰，及宗敎性之道德與實踐。此可求之於一般宗敎，亦可求之於儒者之敎。

要說儒者之敎，必先言儒者之學。畢竟儒者之學是學的什麼？我們可說他無所不學，學歷史，學文學，亦學哲學，此是智之學。但此尚不是重要的。更重要的是為子學孝，為父學慈，為兄學友，為弟學恭，在各種人倫關係中，學盡倫常之道。更進而學治國平天下，為人民立政治、經濟、社會、法律之制度。而更重要的，則是由盡智、盡倫、盡制、以盡心盡性，而成為眞正的人。所謂學者所以學為人也。這些是我們常講，亦是歷代儒者所學之實學。但是這些學問。是否即足安身立命？宗敎家說不足，因這不過是人間的知識文化之學、道德之學。我們可以問：人之存在於宇宙，其根原畢竟在那裏？亦可以問：人死後到那裏去？再可以問：人如何保證人能實踐道德，完成文化理想？或問：縱然人類文化永遠發達下去，畢竟人類最後歸宿何處？或問：人解决了自己的問題，畢竟對人以外之衆生之苦痛問題，作何交代？人又如何根絕人與衆生之苦痛罪業之生生不窮？人如對這些問題，都不能有一答案，則人生在世，仍是飄萍。人倫之親愛，只在百年之內。學術文化之盛世，在一朝大劫來臨時，終是齊歸空幻。這些問題，正是世界各宗教家之所用心。儒者對於這些，一般只是存而不論。然這些問題未决，即現實人生之外面，仍是一片茫昧。現實人生又何從有眞正之安身立命之地？所謂安身立命者，不過把若干問題掩蓋，而聊自欣樂於暫得之人生。而所謂盡倫、盡制、盡性者，亦不過如當一日和尚撞一日鐘之類。此平庸現實之儒者之學，何足與各大宗教之極高明而窮深遠之教併立？

對於上列之問題，吾嘗思之重思之，吾亦嘗深厭一般儒者之言之凡庸，而不够高明深遠，而使吾深愛宗教，秉肯定各宗教之價値與地位，而望其存在發達。然吾亦終不信吾之安身立命之地，必當求之於一特殊之宗教，而亦終不信吾人必須先由一確定之宗教思想，以討論人在宇宙之地位，然後人乃能求得其安身立命之地。其故何也，即吾終不能否認：人之涵天蓋地之宗教精神，與緣是而生之一切無遠弗屆之宗教信仰與思想內容，一朝被人自覺，即仍爲屬吾當下之人生存在自己的是也。

吾人不能否認人有一宗教精神、宗教思想，以求超越於現實之人生存在自己，而另有所思想祈求。

而此所思想所求者，如充極其量，亦必至如佛家之於一切衆生，皆令入無餘涅槃，而拔其苦厄，如基督教之拔除淨盡人類深心之原罪，如回教之求一絕對的公平正義之實現，及道教之求長生不死而後已。此求各種價值之實現生發之超越的圓滿，與永恆之理想要求，明爲吾人所認爲當發出而能發出者。由發出而信仰其爲能必達，信仰有使其必達成可能之超越的存在，如宇宙眞宰或神或彼界或其他超越境界等，亦爲理所當然，爲吾人可由形上等加以說明者。唯此信仰之如何實現，則可非人之所知，吾亦可不必亟亟於求知。在此諸點上，吾殊不願與一切宗教家之思想有異。然吾以爲依儒家義，於此吾人當有一言，進於一般宗教家之所言者，則爲吾人尙須由此信仰本身之自覺，而生一自信。卽自信吾人之能發出或承擔此信仰之當下的本心本性，卽具備、或同一于、或通于此信仰中所信之超越的存在或境界，此信仰中之一切莊嚴神聖之價值之根原所在者。卽吾人於此，不能只是一往依其心靈之無限性超越性，以一往伸長，以形成種種宗教信仰。且必須有一心靈活動之大回頭，以自覺此信仰，而再回頭驀見此信仰中之一切莊嚴神聖之價值，皆根於吾人之本心本性之自身。吾人之此一自覺，可隨吾人之信仰之一直向上超越、求無限而俱往，而一面涵蓋之，一面凝攝此信仰中所表現之價值，而歸其根原於吾人本心本性之自身。在此處，吾人卽必須於信仰一超越的存在或境界之外，轉而自信吾人之本心本性之自身，而有一超越的自我之主體之自信。由是而儒家之自信精神，卽可順承人之一切宗教精神，而不加以否認，而在一念之眞正自覺處，卽就此人之超越人自己之宗教精神，以證悟此涵蓋於宗教精神之上的人之自信之精神。此自信精神，乃卽表現于宗教中之超越的無限的精神之自覺其自己，而自信其自己處。是卽爲不能再加以超越之一人類精神。如再超越之，便成墮落。而人類宗教精神之發展，最後實卽亦向此自信之精神而趨。此在佛教爲禪宗，在基督教爲神秘主義，在道教爲全眞教。而儒者之自孔孟以降，卽重求諸己的自省自知自信之精神。此精神終將爲人類一切宗教之結局地。其所以能爲結局地，並非必依於吾人之將人以外以上之問題，存於不論，而是依於人之可自知自見：其所以欲論及或能論及人以外以上之問題，而表現超越的無限的宗教精神，正依於人自己具有此具超越性無限性之本心本性。而吾人亦唯在此處，可以言依儒家義，人亦當肯定一切人之宗教精神，可以言儒家精神，足以爲一切宗教精神之一基礎，可以言儒家能涵攝一切宗教精神。

關於儒家之此種自知自信之精神，在孔子唯是於其生活中表現之。在孟子則由性善義以指明之，直至宋明儒乃眞光大而發揮之。此所成之教義，乃「人之本心本性卽天性天心」之天人合德之教。然在宋明儒，則偏在據此義以斥其他宗教。而吾人之言，則兼在據此義以涵容裁成一切宗教；而使人可於其一切宗教生活、宗教信仰中，只要一念眞自覺，皆能見得此物事，以廣開方便之門。而今後之儒家人物，亦未嘗不可由去硏究、欣賞、或姑信仰一宗教，藉以爲覺悟吾人之本心本性之超越性、無限性之資糧，以擴大儒者成聖成賢之修養之方。宋明儒之以儒學與其他宗教相抗，固有樹立儒學之壁壘之功。然使儒學與宗教爲敵，則亦正不免使儒學之地位落於相對之中。而吾人今之不使儒學與宗教爲敵對，則謂儒學之地位在一切宗教之上之下皆可。謂其在下，乃言其所表現之超越無限精神，不如其他宗教之明朗。謂其在上，則言其能使人由人之自覺其宗教精神，或自宗教精神之自覺，以建立一更高一層次之自知自信。而此正所以樹立儒學之一獨特之地位，而擴大儒學之道路者也。

如吾人以上所言儒學精神與宗教精神之關係之言為不誤，則吾人今日之提倡儒學，可不反宗教，亦將不反與宗教問題密切相連之形上學，以論人在宇宙之他位。人能論人在宇宙之地位之形上學精神，自亦即人之能超越其自己以用思，而表現其思想之超越性無限性者。此何可反？然吾人仍終當歸於自覺此形上學精神之屬於人。而人能為形上學的存在之本身，亦即解答人自己在宇宙之地位之一鑰。此中將無人在宇宙為一飄萍，或無足重輕之結論可得。唯吾人今將暫不論此問題。至於反宗教、反形上學，而祇自局限於人之現實存在之儒學，則此決非緣孔孟宋明儒之儒家精神之向上發展，以更升進之儒學。而惟是儒家精神之膠固沉陷於現實，而下淪於與世俗之功利主義、實證主義為伍之事。此儒學之流弊，誠可使人聊自欣樂於暫得之人生，或使人生之盡責之事，成當一日和尙撞一日鐘之類。人生如此，自無究竟之安身立命處。然吾人之肯定形上學與宗教，而直下由人之宗教與形上學之精神要求與思想，所自成處，求自知自信人之超越性無限性之本心自性，而立根於此；則此心此性之高明深遠，至少與一切宗教形上學之內容之高明深遠同量。凡宗教形上學中，足資安身立命之處，皆為吾人可求之於此心此性者，而一無遺漏矣。此便不得言無究竟之安身立命處。如謂此心性中無究覺之安身立命處，則根于此心此性而生發之宗教精神與其所信、及所成之形上學思想，皆從根動搖，又何能有究竟之安身立命處乎？

（十一）儒家之安身立命之道之切摯義與篤實義

吾人如能深切了解儒家之本性本心，即一切宗教精神與信仰之所自發之根源所在，則知儒者所言之盡心知性之道德上實踐工夫，即一直承順一切宗教之根源處，再自上而下所開啟之實踐工夫。人由盡心知性之功夫，所知之此心此性，乃陽明所謂「無聲無臭獨知時，此是乾坤萬古基」之良知，中庸所謂「肫肫其仁，淵淵其淵，浩浩其天」之大本大中。此自是一無限而超越之主體。然其爲無限與超越，則初不由其能次第拔除限制，次第超升於苦痛罪惡之上，或無盡鋪開其對衆生之大悲，而求無限延展其精神或身體之生命等而見。此初祗是此一切無限性、超越性，皆如含苞未放，而團聚爲一腔生意，一片生幾，自爾周流於一當下之心。此之謂肫肫之仁種。此肫肫之仁種，看似無一毫精采之表現，只是一渾然之化育之能。亦無形迹可見，非思慮所對之境。卻是直接蘊藏於吾之自然生命與身體形骸中，而直接爲其主宰，以使此形色之軀，整個爲此仁種之生幾，所潤澤而具德者。人之德充內形外，而顯乎動靜，發乎四支，而通於人倫庶物，家國天下。則儒家之言盡倫盡制，貌似平庸，而此復有大不平庸者存。此大不平庸處，在此中之心性或仁種，既超越於此身體形骸之上，又貫徹於身體形骸中，再運用此身體形骸，以迸發昭露於此身體形骸之外，以達於人倫社會關係中之他人之精神，對他人之心性或仁種，加以吹拂，以使之亦化育而生長。此方是眞正之樹立吾人之現實生命，亦使人安身而立命的切摯之道。而其他之宗敎，因其重在由此心此性之超越性、無限性之表現，以建立超越的信仰，遂不免視此身爲情欲之罪惡之所依，爲苦之積聚處，爲鍊養之鼎爐之工具，此正是未能善於安頓此身，而樹立此身之生命者也。

吾人之言安身立命，其本意原爲自安此身，自立此命。而通常人對此辭之習慣聯想的意義，則如爲求得一此身此命之外之另一處，而安放置立此身此命於上。於是一超越的宗敎信仰，遂若成爲人之唯一的理想的安身立命之地。而實則當吾人思一超越的宗敎信仰而求安身立命時，吾人尙只是懸此身此命於此所信仰者之前。吾人眞欲安身立命，更必須實踐此信仰，而徹此信仰于此身此命方可。然此所信仰如初爲超越外在，其如何徹得下來，以眞實貫注于此身此命，便有種種問題。而此超越外在者，如不同時化爲內在，則此身此命與所信者，仍畢竟爲二。而儒家則凝攝外向之信仰成自信，而自信其此心此性，內在於此生命此身，便更如無何徹得下來之問題，而一切工夫要在充內形外。此方是直下安此身立此命之道也。

由儒家之重直下充內形外，以安身立命之道，故其仁心之昭露流行於人倫社會之關係中，必然形成一由近及遠之秩序。由孝親而敬長，由齊家而治國、而平天下，再以其情及於禽獸草木。此仁心之流行昭露，因需經由層層具體的人與人關係中，一一通過去，故其阻隔亦有重重，宛若人仁心之流行，隨時可以阻隔而停止，局限於某一具體特定的人間關係者。因而不似基督教佛教，順一往平鋪之人類觀念、衆生觀念，將原自上帝之愛或同體大悲，直鋪出去，顯出愛流洋溢，悲心泉湧。然實則在後二者中之愛之悲，亦可是自此心此性，泛濫而出，而並非落實下來，以順軌道流行之所生。果落實下來，以順軌道流行，仍終不能離此親親仁民愛物之序。而人之依此序，以自重重阻礙中透過去，人之仁心之流行昭露，乃與艱苦之感相俱，亦可顯為篤實之行。篤實之行，其價值以質顯，而不以量顯。則通過去者有多大，亦並非問題所在。故一家之孝子賢妻，其德行不必在一國之忠臣之下，而忠臣之德行，不必在為天下人打報不平者之下，亦不必在只言人類愛，同體大悲，而缺所依之序，以昭露流行其愛心悲心之基督教徒佛教徒之下也。

我們雖承認儒家之重盡心知性，身體力行，由近及遠之道，足以使人安身立命，然我們亦不能以只有此現實的家庭、社會、國家、人類內部之道德實踐，即足為儒家之精神生活之全幅內容。人在如此現實的家庭、社會、國家、人類中之道德實踐歷程，在其層層進展中，固為使吾人之生命不斷擴大，而實顯吾人之心之性情之流行，或昭露吾人此心之超越性、無限性者。然此現實的家庭、社會、國家、人類，要為一有限之存在。吾人生命之擴大，心之性情之流行等，要不能安於此限制之內，而終必將洋溢出於其外，且進而洋溢出於特定的自然物，如禽獸草木等之外。由此儒家之心情，即達於另一種形而上的及宗教性之境界。此卽對天地、祖宗、及歷史人物或聖賢之祭祀崇敬的心情。

（十二）三祭之宗教意義與宗教價值

關於中國人之對天地、祖宗、與聖賢人物之祭祀，是否涵宗敎性，乃爲人所爭論之一問題。明清之際羅馬敎廷禁止中國天主敎徒祭祖祭孔，卽以之爲涵宗敎性者。而當時在中國之傳敎士，則議論不一。利瑪竇等以此祭祀不過表示一愼終追遠之思念，只爲一道德性之感恩紀念儀式。而民國以來之人，亦蓋以祭天等皆涵宗敎性者，故廢祭天之禮，進而輕祭祖、祭聖賢之禮。於是學者於荀子之所謂禮之三本所在，爲歷代儒者所重之對天地、祖宗與先師祭祀，咸視爲非儒學之本所在。而以儒學之本，唯在學術思想與政治敎化之事上。基督敎徒及其宗敎徒，亦樂聞儒學中全無宗敎性之言，以反證儒學之缺點，而必待于其他宗敎思想之補足，以使中國文化更形豐富。然其他宗敎思想之輸入，可使中國文化更形豐富，是一事。而儒家之是否具宗敎性，不信其他宗敎只信儒學之純粹中國人，是否當有宗敎性之禮儀與生活信仰，又是一事。而對此二問題之答案，吾人之意，皆當爲肯定者。

吾人不能謂祭祖宗與天地聖賢，只爲一儒家哲學理論，因此爲中國過去民族生活中之實事。亦不能謂其爲一般之道德心理或道德行爲。因一般之道德心理與行爲，皆不以死人及天地爲對象。吾人對死者，可有一歉疚之心理，然此不須表於祭祀之行爲。吾人於死者，亦可有一未了之願，而於人死後表示一還願之行爲，如延陵季子之不忘故，脫千金之劍兮帶丘墓。然此還願之行爲，不相續生。而中國儒者所尙之祭祀，則爲當祭祀以時，永無斷絕者。又一般道德心理，道德行爲，皆爲實踐自己之所命令于自己者。吾人亦唯尅就人實踐自己所命令于自己者，乃得言其爲道德心理或道德行爲。然人之祭祀，則不只爲實踐此一當祭祀之命令之事，而同時復求與所祭祀者在精神上交相感通，而配之以一定之禮儀者。此中所祭祀者，爲一超現實存在，與宗敎之對象同。而此禮儀之意義，與一切宗敎之禮儀，亦皆同爲象徵的，卽不發生實際的效用價值者。祭祀時，吾所求者，乃吾之生命精神之伸展，以達於超現實之已逝世的祖宗聖賢，及整個之天地，而順承、尊戴祖宗聖賢及天地之德。則此中明有一求價值之實現與生發之超越的圓滿與悠久之要求之呈現，乃視死者亡而若存，如來格生者，以敬終如始，而致悠久，使天地與人，交感相通，而圓滿天人之關係。則此三祭中，明含有今人所說宗敎之意義。

在不以此三祭涵重要之宗敎意義者所持之理由，或是說此三祭中通常祇有一報恩思念之意識，而缺一向所祭者祈求之意識。或是說在三祭中之對象，皆初爲一現實之事物，此現實之事物初爲感覺所對的，而非一絕對超現實之神。又或謂此三祭中，缺乏僧侶以爲人神之媒，亦無一定之經典，以傳達神對人之啓示，亦缺對獨斷敎條之信仰。然依吾人之見，則宗敎精神本可不須僧侶與一定之經典。如神秘主義之宗敎精神，卽不依賴此二者。三祭之對象之聖賢祖宗，雖曾爲現實存在者，然在祭時畢竟非現實存在。又天地中之具體事物，雖爲現實，而天地中一名之所指，可涵天神地祇，亦可指一統體之自然生命或宇宙精神，或天帝之先萬物性與後萬物性（可參閱拙著中國文化之精神價值第十四章中國人之宗教精神與形上信仰）。此即皆爲涵超現實之意義者。又宗教之精神，無論重祈求與重報恩，皆同爲一種與超現實者感通之事。此二者之不同，唯在重祈求時，則吾人望超現實之宗教對象之神等，降臨于我，而重報恩時，則吾人惟伸展吾人之精神，以致吾人對超現實者之誠敬，而表現一對超現實之宗教對象之純粹的精神嚮往，另無所求。故此上諸說，皆不足據以否定三祭中之宗教性。

而三祭中之宗教性之異於一般高級宗教者，則在此三祭中所祭之對象，似爲多而非一。又所祭之對象，爲祖宗聖賢，皆爲可增加者。此即使其所祭之對象，似爲變而非常。而各人之祖宗不同，各地之聖賢不同，則又使宗教對象，爲因人因地而異者，此即使一普遍之教會成不可能。遂使祭祖宗聖賢之事，永爲各個人之事，而不能爲一貫相傳、普遍存在的教會之共同事業。

以中國三祭中之宗教性意識，與有教會、有僧侶、有爲神所啓示之經典及獨斷之教條、重祈求及信定數之神或唯一之神，並信一絕對超現實世界以上之神佛之其他宗教之意識互相比較；則此三祭中之宗教意識，似較缺乏宗教性之堅執與迫切感，及由超世間與世間之對峙而生之超越感。然此畢竟爲得爲失，則未易言。

從一方面去看，人在宗教意識中，多宗教性之堅執與迫切感，可使人之宗教之感情，較爲熱烈，而多可歌可泣之行。然亦可使人多宗教性之熱狂，宗教性之偏見，而難有宗教之寬容。

人之富於由世間與超世間之對峙而生之超越感者，較易有一絕對自俗世超拔之志願，以形成高卓神聖之宗教人格。然亦可使人之宗教精神，與其他之人文精神，更不易融和。人於此或順其宗教之精神之一往向上，而更絕塵不返，與世隔絕，或至對世間人，生一高傲藐視之心；對塵世之問題，亦可視若無足重輕，而冷然遇之。

又人所信之神為定數或唯一之神，又有神所啓示之經典，及獨斷教條，與僧侶教會之組織等，固可使人之宗教精神更易集中，以形成宗教團體，宗教事業，而在社會，形成力量，以影响人心。但此種制度的宗教，亦為更具排他性者。西方歷史中之宗教與政治之爭權，及各種宗教戰爭，各教會間之軋轢，亦正由於此。

又人對神多所祈求，如祈求神助吾之去罪，固可增强吾人之罪業感，及改過遷善之意。在祈禱中，吾人由靈交，而覺自己之道德力量，生命力量增加，亦為一事實。但祈禱中之力量之增加，亦可由其他修養方法以得之。如瑜珈行及宋儒之誠敬工夫等。而人對神多所祈求，則人之偏私的欲望之滿足，亦可求之於神。而人於其偏私的欲望，自信已得神之允諾帮助時，又可使其偏私的欲望，如被一神聖之外衣，而有躲閃之地，更不易拔除。

而中國傳統之宗教性的三祭，則因其不重祈求而特重報恩，故此祭中之精神，為一絕對無私之向上超升伸展，以達於祖宗、聖賢、天地，而求與之有一精神上之感通。則此中可不生任何流弊，而其使人心靈之超越性無限性得表現之價值，則與一切宗敎同。而此所祭者中，包含自己之祖宗，自己地方或自己所特崇拜之聖賢人物，而不只爲一普遍之神或佛或天地；則表示一對於「我之個體之特殊存在，與所祭者之特殊的生命精神之關係」之重視。此中我所祭者，不必爲他人之所祭者，卽使我之祭有一唯一無二之獨特意義，而非他人之所能代，亦非他人之祭其所祭之所能代；而使我之祭之精神，更易於當下充實飽滿於我與所祭者之關係中。由人類之自然生命及文化生命之延續，而人類所祭之世界中之祖宗及聖賢人物，卽有增加。此卽使人類所祭之世界，與人之自然生命之進展、文化生命之進展，同時開展。而此祭中之精神，亦卽爲一開展的，而非永遠封閉於一定之神的。便可使人之宗敎性的精神本身，亦時在生長、創新、擴大之中。則人類所祭之對象，其總體之在增加變化中，正所以使人類之宗敎精神，與人之自然生命、文化生命互相呼應，而如如相孚者。則中國之三祭之價值，正有高於其他宗敎者在。

（十三）三祭之宗教價值質疑及其解答

在懷疑中國之三祭之宗敎意義與價值者之理論，是中國之三祭中之祖宗、聖賢人物，初畢竟是人而非神非佛。祖宗、聖賢初皆只是一具體之人物，故吾人於祭祀時卽對之有一具體的想像。如中國禮記祭義所謂「思其笑語，思其所樂，思其所嗜」，或懷念昔賢之氣象風儀等。於此，吾人在祭中之心靈，便易局限於想像中之意像。然吾人之心靈本爲具無限性者，實不能在此諸意像中，得其皈依之所。而吾人之祭天地，亦只能透過物質的天地之形像，或天地中之萬物之形像，以致誠敬，此仍不能使吾人達於純精神的宗教境界。而在吾人崇拜一具無限性之人格神或佛時，則使吾之心靈，自覺與一純精神的無限的存在相覿面，此卽可使吾人之心靈，在一純精神的境界中，得其皈依寄托之所，故中國之三祭中，雖包含宗教性，然不能與一般宗教有同等價值。

然在吾人之意，則以爲在一切宗教之儀式中皆有圖像。在佛教中，固有佛像。基督教中亦有耶穌上十字架等之圖像。此圖像與其所信之神話、奇蹟，同爲宗教中所不可免，皆所以使吾人憑藉之以生一超現實對象之意像，而超越現實世界事物之想念者。故其價值本爲消極的，而非積極的。如人積極的視此意像圖像本身，爲其所崇拜之對象，則爲宗教精神之物化，而成偶像崇拜。但人畢竟視此意像圖像之價值，爲消極的或積極的，則看人自身之態度。人如只視其價值爲消極的，則任何具體的意像圖像，皆不致局限吾人之心靈。而吾人尙有理由以說，三祭中對父母聖賢之平生事蹟之想念，較一般宗教中之圖像，及神話所引起之意像，更不致局限吾人之心靈。因在一般宗教中所引起的意像，乃不關於現實世間之事實者，或只關於一與現實世間之事實脫節之超越事實者。以其脫節，故吾人想念之時，卽不能由之以過渡至其他想念。此可促進人之宗教信仰之專誠，但亦可使人之宗教心靈，更局限陷溺於此所想念者之中。而在三祭中，人所想念之祖宗聖賢之事蹟，與天地萬物之形像等，則乃在現實世間曾存在，而在現實世間之自然秩序、歷史秩序中者。因而吾人想念之，卽同時置定之於自然秩序中，而成為客觀存在者。而置定之為客觀存在者，吾人卽自諸具體之意像中超拔。由是而此具體的意像，便能一方使吾人超越當前之現實世界，又可使吾人之心靈，得不陷溺局限於其中者。而在中國之三祭中，在家廟與聖賢之廟宇中，祖宗聖賢之神位牌，皆只書名而不畫像，像皆在其旁，或另一室。此卽使人專誠致祭時，除以名字凝聚誠敬之心外，更無其他之具體的意像者。則謂三祭使人不易達於純精神之境界，亦無是處。而此中關鍵，則要在吾人祭時之心靈本身，是否為一純精神的心靈。如祭時之心靈，非純精神的心靈，則一般宗敎中之圖像、與神話，所引起之意像等，正更使人之心靈陷溺局限，而更遠離其所信之具無限性之神佛等者也。

又一看輕中國人三祭之理論，是說此中之祖宗、聖賢、天地，乃為多數，而人之心靈為一，人格為一。故宗敎之發展，乃由多神至一神。而人亦只在唯一之神前，乃有其宗敎精神最高之凝聚。此凝聚，不僅為統一的敎會之存在所必需，亦為一人之宗敎精神之凝聚所必需。

然在吾人之意，宗敎精神固當有一凝聚之所，然亦當有一開展之地。而絕對只信神之「一」的宗敎，亦事實所未有。如基督敎之一體之神，仍有三位，佛有三身。佛之法身，上帝，為佛耶二敎所崇信之宗敎對象之自體。佛之報身為釋迦一人，與上帝之化身為耶穌之一人，為此自體之顯於自然界。而佛之應身與聖靈，則對各個人各時代之人而顯。此乃因超越而唯一之宗敎上的崇信對象，仍必須連繫於自然，且必以個人之為多，而分別對諸多個人顯示也。此卽「超越原則」與「現實原則」，「一」之原則與「多」之原則，終必須結合。而在中國之三祭中，則人各有其祖宗，代表「多」之原則。各地方與各職業之人，各有其所祭之聖賢人物或祖師，代表「多」之原則。同以孔子爲聖，同以黃帝爲祖，代表「一」之原則。總而論之，則祖宗與聖賢，皆代表「多」之原則。而宇宙之一切存在、生命、精神、價値之全之實體，總體之天地，代表「一」之原則。聖賢祖宗，曾生於現實世界，代表現實原則。天地先人而有，亦可後人而存，指宇宙之存在、生命、精神價値之全之實體或總體，爲無限，爲超思議所及，代表超越原則。而天與地分言，則天代表宇宙之存在、生命、精神、價値之實體之理念，超越於已成就之一切現實事物上之超越原則。「地」代表現實事物之已成就而保存者之總體，爲現實原則。又以祖宗、聖賢人物分言，則祖宗爲我之現實生命所自來，代表現實原則，祭時重親其所祭。聖賢人物，爲超越於我之一切人所共崇敬，代表超越原則，祭時重尊其所祭。而在此三祭中之現實者爲眞曾現實者，超越者亦爲貫於現實之超越者。多爲眞多，一爲由多之自己超越所顯之實體或總體之一。此卽異於佛敎基督敎中之佛所化爲應身之多，聖靈之遍感一切人之多，皆非眞多。佛之法身之現爲報身，上帝之化身爲耶穌，人亦只能視之超自然現實者之表現於自然現實，亦不能眞視之爲自然現實中曾眞實存在之人也。

如說中國之三祭之宗敎精神，有何缺點，則我們只可說此乃在其不如回敎精神之重絕對公平的正義，不如道敎精神重不死以求長生，亦不如基督精神之强調人類之共同罪惡，更不如佛敎精神之重視世界之苦。此卽使中國於儒敎之外，必有道敎之存在，使中國民間信有閻王，能作公平之審判，亦使回敎在中國宗敎世界中顯一特殊之價値，使佛敎得盛於中國，並使基督敎在今後之中國有存在之價値者。而此亦卽吾人之承認各宗敎之地位之一理由所在。然吾人如以此而謂一人在三祭外，必須兼信一其他宗敎，則亦無必然之理由可說。因吾人亦可依于慈悲、寬恕、仁愛等心情，而不求「善惡報應，絲毫不爽」的絕對公平的正義之實現。吾人亦可依形上學，以建立一「凡眞正合理者必在宇宙中實現」之原則與信仰，以滿足吾人之求絕對公平的正義必實現之要求。吾人可不求不死，而視死亡爲人生存在之段落，並藉死亡以凸顯吾人之一生，以爲後人之鑑，或藉殺身以成仁，而使死亡表現重於泰山之價値。吾人亦可依形上學以建立一切人生價値，皆必然保存於宇宙，並建立人在死後，其精神生活仍有一向上之發展，以達其生前的不容已的欲完成其人格之要求等信仰，因而根本不求長生。而對基督敎所謂人類有共同之原罪，人生以罪孽爲本質，及佛敎之視世界爲苦海，吾人皆可有不同之主張。則持諸宗敎之長，以言人非信其一不可者，卽無必然之理由可說。

自一般人之生活及心理上言，則人之信一宗敎者，實際上恆由其有一深重之罪孽感，或無可奈何之苦痛，或心猿意馬，覺無處交代此身心。於此則基督敎佛敎，及任何有一獨斷的敎義之宗敎，皆可使人當下得一安慰，而定下心來。此處吾人如欲由一般道德敎訓，以去其罪惡，或由環境改變，以去其苦痛，或由一精神操練，以定其心，皆似迂遠而難收必然之效。反之，人於此如能信一宗敎，將其自己交付於神或僧侶之前，則如可立即自自己之罪惡苦痛解脫，而負擔盡釋，心靈亦易於安定和平。此點吾人絕不否認。此乃由一般宗教之超越信仰，所最易引致之精神效果。由此而吾人承認若干人，實最宜有此類宗教之信仰，而此類宗教之功能，有非一般哲學、其他社會文化、與儒家教化之所能代替者。此亦即一般宗教在事實上必需存在之理由之一。

然在事實上言，則人有自覺罪孽深重，自覺有無可奈何之苦痛在身，或對自己之心猿意馬，毫無辦法者。然人亦有不自覺有何等之罪孽苦痛，而自覺能主宰自己之時。如此則此類宗教，只對覺罪孽深重等之人爲必需，便亦將對不覺罪孽深重等之人爲不必需。

此處吾人如欲使後一類人亦信宗教，唯有指出其不自覺有罪時，實有罪，其不自覺苦時，實有無限煩惱在心。或進而以耶穌之言，謂一切人皆有原罪，唯信耶穌方能贖罪。謂佛之知見，實見衆生在苦海，唯佛法乃能使人離苦得樂。

而依吾人之見，則基督教特重人之原罪，較庸俗之性善論，固意味遠爲深厚。庸俗性善論諂媚世界，而基督教之原罪論，則可使人對其種種深心之罪過，痛自反省。然只一往言原罪，亦有所偏。蓋吾人亦可由人之能痛自反省，以知罪而悔罪，以謂人原有一超越於罪以上之良知，以言超越的本心本性之善。此即儒家之傳統教義中，言性善之本義所在。而儒家之所以要人自覺自知自信者，亦只是知此心此性。此處便斷不能說原始罪惡。至於衆生之苦痛，亦唯自衆生之執着其個體性之生命處說。然衆生亦皆有超越其個體性，以與其外者眞實感通之活動。此處卽見生命生幾，此中卽有生趣。則說世界爲苦海可，說其爲生命流行，生幾洋溢，生趣盎然之境亦可。而在人上看，則人生是否苦，亦有二面之理論可說。煩惱固在人之內心，自得亦在人之內心。而吾人縱遭遇一人生難遇之苦境，人亦未嘗不可一念放下己私，而頓時天淸地寧，而自得自樂。在佛法看來，此自得自樂，亦不足取。但吾人今不討論此中之問題，吾人只藉此說明謂人皆有原罪，人生皆在苦海之說，至少不必爲一切人所承認。

至此卽發生有一極重要之問題，卽人如根本不信原罪，不信人生是苦海，是否尙有理由，勸人必求神拜佛，而表示一宗敎性之活動？或假定人已去其一切罪，衆生已拔盡一切苦，是否基督敎佛敎，尙有存在之必要？卽不對照人生之苦罪，宗敎性之活動是否可能？

此如依基督敎佛敎說，則似當爲人如無罪，衆生如無苦，人皆在天堂，世界皆極樂，卽無宗敎存在之必要，宗敎性活動，唯是面對人生之苦罪而成立。

（十四）儒家之宗教性活動永恆的必然存在性及三祭之形上學意義

但如吾人謂儒家之三祭亦是宗敎性之活動。則此諸活動，並非面對人生之苦罪而成立。吾人之祭父母、聖賢、天地，皆非因自覺自己有罪，以之爲贖罪之儀式。亦非因自覺有苦痛，求其拔除。吾人之祭，唯在使吾人之精神，超越吾人之自我，以伸展通達於祖宗、聖賢、天地，而別無所求者。而此卽為一純粹的表現吾人心靈之超越性、無限性之宗敎活動。則吾人苦當祭，樂亦當祭。有罪當祭，無罪亦當祭。此方使吾人之祭的宗敎活動，成為無待于我之具體的情形之為苦為樂，為有罪或無罪，而使宗敎性之活動，成無條件的正當者。由是而縱吾人之靈魂，皆至天堂，至極樂世界，另轉他身，吾人仍當還祭曾生於此世界之祖宗、聖賢之一度存在之生命，此方是儒家之宗敎精神之極致。

儒家之此種宗敎精神，其根本上之一極高明之一點，在其並非依於人之需要而立。因人自覺有罪惡苦難，而信宗敎。此只是因人有需要，故信宗敎。此中之宗敎似尊而似卑，以其只為滿足需要之手段故。而在儒家之三祭中，則要在全不依吾人對祖宗、聖賢、天地之有所需要而建立。此種祭之意義，卽先秦儒家所謂大報本復始。祖宗為我之生命之本，我之祭之精神，卽回到祖宗那裏去。聖賢人物為我所受之人文敎化之本，我之祭聖賢之精神，卽回到聖賢那裏去。天地、為我與一切萬物所依以生之本，我之祭天地之精神，卽回到天地那裏去。此祭之精神，要在返本報本。返本報本，卽超越末之現實上之限制，以表現我心靈之超越性無限性。這個道理，如用形上學的話說，則天地之化生萬物，人類生命之孳生，人文敎化之流行，都是一向前開展，向外放散的歷程，亦可說是向下洩漏、墮落的歷程。而人之自覺心，則能收拾、凝聚此所開展、放散、洩漏、墮落出之一切，而攝住之、貞定之。而由人之自覺心靈所發出之返本、報本之祭之精神，則直接將此歷程，全幅加以回抱，以向上向內，求直達本源，以翻轉回應此整個之歷程。此歷程原是由无而有，由幽而明，由無形而有形，由陰而陽。此翻轉回應，則是由有入无，由明而幽，由有形而無形，由陽而陰。二歷程一來一往，而幽明之際徹，形上形下之世界通，一陰一陽之道，保合而成太極，而後宇宙人生之事物之流行變化，乃闢而翕，散而凝，元亨而利貞，以不已也。

此外儒家之三祭之宗敎意義，吾人復可自吾人在本文上篇所謂宗敎精神之根原，在求價值之保存與生發之超越的圓滿悠久去了解。我們說世間自然事物之生長，人類文化之開發，人格世界之成就，皆爲創造價值，實現價值之事。然此一切存在之自然事物，已成之人文人格，皆如爲一成卽向歷史之世界，過去之世界，沉入而永逝者。此處卽動人之大悲哀。而宗敎之根本要求，則在求肯定一保存一切有價値者之超越的絕對存在。此爲神或佛敎之阿賴耶識、如來藏或佛之類。由此而世界乃變而有常。有毁者，亦有自古固存而永不毁者。而此宗敎家心中之神等，卽一面爲創造世界，一面爲保存世界者。創造是乾道，是天德，保存是坤道，是地德。而乾坤天地亦卽一切創造之原，萬物保存之府。一般之自然事物人間事物，在不斷創造中，而形而上的宗敎性的神與天地等，則不斷創造之而又保存之。然神等在創造事物時見天德，而不見地德。在其保存事物時，則顯地德而不顯天德。二者不一時並呈于人前。故吾人在觀萬物之生時，吾人可感天地上帝之恩。而當萬物死亡消逝時，則吾人雖可念其尙存於天地之內，上帝之懷，然亦感其對吾人，如畢竟空無所有，以其不能再來也。因而吾人不能不致憾于天地與上帝。然在吾人之祭天地，祭聖賢祖宗時，則吾人之心，可兼具保存與創造之功，而秉呈一具體而微之天德地德之全。因吾人念祖宗聖賢時，祖宗聖賢之德，重呈於我心，此卽已返于天地之內，上帝之懷，而爲其所保存之存在與價值，再回到人間，而秉爲我所保存。而我之保存，卽爲天地上帝之保存之事以外，另一保存之事。而此保存之事，卽爲我之當下所生發所新造，而爲我之一創造。此之謂卽保存卽創造之人心。一般世界之事物，皆由創造而成，而不能自保存其成。天地或上帝，能創造秉能保存。然其所正創造者，非所保存，所保存者不能再回到人間。而人則獨能於祭時，於心中將祖宗聖賢之德，重呈於我心，而使之爲我所保存，而我於保存時，卽創造我如是如是保存之活動。此卽人之祭之精神，所以補天地或神之所憾。吾人又可謂人在祭天地時，乃使天地之創造萬物之自强不息之德，保存涵藏萬物之博厚無疆之德，同爲我當下之所創造之一念所持載。而此一念，卽本身是地德天德之全之直接表現。天地之德與人之德，互爲其根，而互相保合成太和。然後價值之生發創造無窮，其保存亦無窮。斯可致價值之生發創造與保存之圓滿與悠久。此圓滿與悠久，固超越的洋溢於吾人祭之精神之上，亦內在於吾人當下一念之祭之精神中。此之謂，鬼神之爲德，其至矣乎。洋洋乎如在其上，如在其左右，體物而不可遺。此之謂儒家之極高明而致博厚之宗敎精神。此宗敎精神因不自求超拔罪苦之動機入，故永無斷絕，亦不歸極於祈求崇拜，而由報本返始之情，以歸極於讚嘆。嗚呼至矣！

復次，中國三祭中之宗敎精神，不特不由自己之罪苦之求超拔之意識入，而且正根於不信人之有原罪。如人有原罪，則祖宗、父母、聖賢人物之死亡，皆爲帶原罪以去者。而吾人一念及此，則吾人對祖宗、父母、聖賢人物之崇敬之心弱。而依中國之儒者之敎，則吾人對於已逝去之古人及父母，皆只當思其功業德行，而忘其一切不德之處。所謂隱惡揚善，以孝子慈孫之心，爲先人補過是也。而此隱惡補過之精神，亦卽直下使其罪惡之存在，自吾自己之心中超拔。此卽吾人對古人已死者之赦罪心情。在形而上之世界，烏知吾之此赦罪之心情，其不能轉而感格此古人與已死者之靈魂，以使之更超升而向上，以日進高明耶？然吾人可姑不問此問題。至少，吾之忘却一切古人已死者之罪惡，此本身要卽爲一寬恕而忠厚之精神。人誠以此精神觀世間，以互恕他之罪，則人之罪，亦卽漸在人之互恕其罪中相忘，而歸於各自求超拔其罪過之事。此卽儒家躬自厚而薄責於人之敎。此敎之義，要在看人自己之過，而視人皆可以爲堯舜，塗之人可以爲禹，滿街皆是聖人。則與此精神相應之宗敎，宜其爲積極性的報恩崇德，以對天地祖宗聖賢之祭，而難乎其只爲一消極性的解脫罪苦之宗敎矣，更難乎其爲一先定人爲罪人，而向人傳敎之宗敎矣。

（十五）宗教世界中之太和

上文所論，吾以爲大體已足够說明，中國儒家之三祭中所包涵之宗敎精神與其價値，至少並不在世界諸大宗敎之下。由此卽可說明人之信儒學者，並不必信其他宗敎，乃能補足其精神上之空虛。儒家之精神固重現實倫理及社會政治之事業，然儒家精神，亦實有一超現實而極高明之一面。此除其心性論與天道論之形而上學，思想理論外，在生活上則表現爲三祭之禮。此三祭之禮之價值，乃中國之禮敎衰落以後，人所忽畧者。由此而世人之視儒學，低者乃只視之爲歷史，高者亦只視之爲一種哲學，而忘其爲一種生活。而知儒學之爲一種生活，又或只知其爲一重人生情趣之藝術性生活，或只知其爲一種重道德修養之道德的生活，而不知言其爲藝術性生活，乃言儒家之重樂之一面。言其爲道德的生活，則指其重禮之一面。而儒家之禮實以祭禮爲中心，而樂則所以行禮。由祭禮之樂，以通天地鬼神，而徹幽明之際，則此禮樂之生活，皆涵超現實之宗敎意義與形上意義。而世俗之儒，則溺於卑近凡瑣之見，反以儒家之只談現實自詡，而忽視儒學精神高明一面。一般宗敎徒，則亦有意無意的抹殺其此一面。由此而人或則據儒學，以反宗敎，以爲儒學只可與科學結合，或則以儒學缺乏上面一截之宗敎精神，欲在儒學之頭上安放一上帝或佛。然實則儒學之精神，固可與科學結合，然其本身亦有宗敎性，因而不能爲反宗敎者。其所涵之宗敎性與其形上學、人生倫理思想配合，已儘足够使人安身立命者。至於儒學與其他宗敎之融合問題，則主要是在中國之整個之人文世界，承認其他宗敎之一地位之問題。此並不繫於信儒學者之須兼信一宗敎。而所謂在中國之整個之人文世界，承認其他宗敎之地位之問題，卽一肯定其他宗敎之不同價值之問題。而此問題之答案，則要在於人本心本性上，求出不同宗敎精神要求所自生之根據。由此而吾人可一面與各宗敎以應有之地位，而同時又不失吾人之重本心本性之自覺之儒家立場。而吾人亦卽可不動吾人之立場一步，不依傍繫屬於任何特定之宗教，而尊重宗敎。吾人知各宗教各有凸顯之精神，卽知對具不同的精神要求之人，不同之宗教，卽各有其所契之機、所呈之用，因而儘可並行不悖。而吾人之立場不動，亦卽所以成就此並行不悖者。反之，如吾人自身傾欹於一宗教，而與其他宗教爲敵對，卽反使人類宗教之世界中，只有敵對衝突而無融和。而一切宗教間之關係，便只有如東風西風之互相摧壓，而皆戰慄於存在與可能被消滅而不存在之間，而一切非宗教徒，則將只成爲宗教徒所爭取以擴大其勢力，而壓倒對方之對象。此卽不特非吾人之不幸，而且爲一切宗教徒與非宗教徒之不幸。故吾人之立定吾人之立場，不特爲求儒家之精神，不致中斷所必需，亦爲使一切宗教徒及非宗教徒，安穩的存在於世界之所必需。而吾之立定吾人之立場，卽爲兼成己與成人之事，成就儒學，亦成就宗教之事。在此義上吾人卽可說儒家之精神之存在，將爲一切宗教存在於中國於世界之一基礎。而亦爲使一切宗教之逐漸匯通融合，成爲可能之眞實基礎。

然吾人欲達到上列之理想，則儒家精神不能不在中國之社會文化中獲得其應得之地位。其今日之衰微，及其立於四面楚歌之地位，必須加以改變。此中除純粹之思想之樹立之工作以外，尤需有志之士之實現此思想於個人生活上之道德實踐，及社會文化政治敎育上之事業的實踐。而通此二者的，卽爲新的禮樂之建立。由此而儒家之三祭之禮，天地、祖宗、聖賢之神位必需恢復。一切喪葬之禮與婚禮，亦不能只任敎徒主持，而與此禮配合者，則必需有套音樂、文學、建築之藝術，卽樂。此皆尙有待於能志於道，兼通於藝之創造者。而本此禮樂精神、以從事個人之道德修養，及社會之事業開創者，則初只能爲一些少數的人。此一些人之關係與集合，非職業團體之結合，亦不同於今日之教會，亦不似今之政黨組織，亦異於一學術團體，而只是以一無形的師友之道義相感，而橫通天下之志，縱貫百世之心。而此即終將爲四海之人道立極，爲世界之宗教立樞，以轉移世運，斡旋天心，有志之士，盍興乎來。（民主評論七卷二十三期四十五年十二月）

國家圖書館出版品預行編目資料

中國人文精神之發展

唐君毅著. – 校訂一版. – 臺北市：臺灣學生，2000[民 89]印刷

面；公分 –(唐君毅全集；卷 6)

ISBN 978-957-15-1020-0 (平裝)

1. 人生哲學

128 89007311

唐君毅全集 卷六

中國人文精神之發展

著作者：唐君毅

出版者：臺灣學生書局有限公司

發行人：楊雲龍

發行所：臺灣學生書局有限公司

臺北市和平東路一段七五巷一一號

郵政劃撥戶：〇〇〇二四六六八號

電話：（〇二）二三九二八一八五

傳真：（〇二）二三九二八一〇五

E-mail: student.book@msa.hinet.net

http://www.studentbook.com.tw

本書局登記證字號：行政院新聞局局版北市業字第玖捌壹號

定價：新臺幣三五〇元

一九八九年二月全集校訂版

二〇一八年五月全集校訂一版三刷

11901

ISBN 978-957-15-1020-0 (平裝)